名古屋の明治を歩く

N A G O Y A N O M E I J I

溝口常俊 編著
Tsunetoshi Mizoguchi

風媒社

はじめに

名古屋発見の町歩きを時代別に楽しもうという企画が始まり、江戸時代に焦点を絞った案内書が２０２１年3月に『名古屋の江戸を歩く』と題して出版された。尾張徳川家の幕藩社会にあって、絵図、日記、紀行文などが詳細に読み解かれているので、武士のみならず庶民の生活にまで思いを巡らしてタイムトラベルを楽しむことができた。

その続編となる本書は時代を明治に移して、郷土の歴史に詳しい方々に執筆をお願いしてできあがった書物である。

明治時代の名古屋の特徴は何かというと、第1章で述べられているように、城下町から工業都市への変貌である。織物と焼物という江戸時代からの伝統工業を基盤として、繊維工業、機械工業、陶磁器産業、車両産業等が次々と誕生していった。その一方で忘れてならないのが、軍需産業地化が大きく進められたことである。名古屋城内に陸軍鎮台本部・練兵場ができ、熱田神宮の東には兵器製造所が設けられた。

こうした暗黒面を含めての都市化がいかに進められたかを実感するために、洋風建築、公園、そして繁華街めぐりをしたのが第2章の「明治のまちをゆく」で、城と駅と道と川と港に眼を向けて語ったのが第3章の「明治のまち物語」である。

ではこうした名古屋の明治のまちを誰がつくったのか。第4章「名古屋の歴史とルーツ」で詳細に語られている。名古屋区長の吉田禄在を筆頭に、ジャーナリスト、洋学校・幼年学校・女学校や狂言共同社の設立者の尽力に頭が下がる。さ

らに大須映画街と4大呉服店の役割、そして関西府県連合共進会の開催の影響力、エネルギーとしての電力と石炭需要の創出も大きかった。同章の最後に熱田神宮が登場し、「国家神道を軸にした国づくり」の流れに沿って熱田神宮の社殿が地元の伝統ある尾張造りから、その格式を伊勢神宮と同じにしたいとのことで唯一神明造りに建て替えられたという重い歴史が語られている。

以上、簡単に内容紹介をしたが、明治の名古屋がバラ色の工業都市というだけでなく国の歴史を背負った歴史ある文化都市であったことも知っていただければと思う。

溝口常俊

名古屋城　西面　（明治中期）名古屋市鶴舞中央図書館蔵

［目次］

名古屋の明治を歩く

はじめに　溝口常俊……2

第1章　城下町から工業都市へ——地図でたどるその変遷……7

明治19年 名古屋明細地図に描かれた名古屋　伊藤正博……8

明治43年 名古屋市実測図に描かれた名古屋　伊藤正博……14

第2章　明治のまちをゆく……21

明治建築のすゝめ　村瀬良太……22

明治中期の名古屋繁華街をゆく　森 靖雄……32

明治35年の名古屋をゆく——泉鏡花と柳川春葉の名古屋見物　高木聖史……40

[トピック] 明治初期 愛知県下のコレラ禍──衛生行政の始まり 松浦國弘……47

第3章 明治のまち物語……55

明治の名古屋駅──吉田禄在伝説を斬る 松永直幸……56
明治の名古屋城──第三師団と名古屋離宮 松永直幸……62
明治の堀川 伊藤正博……67
明治の熱田港 安井勝彦……75
明治期名古屋の交通事情 伊東重光……78
明治期名古屋の火事と消防 伊東重光……84
[トピック] 明治期 愛知県の遊廓──旭廓の誕生とその後 松浦國弘……90

第4章 名古屋の歴史とルーツ……101

名古屋区長・吉田禄在のまちづくり 真野素行……102
明治のジャーナリズム──大口六兵衛を中心に 木下信三……108
洋学校と幼年学校 山下達治……114
明治名古屋の女学校 朝井佐智子……120

狂言共同社の設立――狂言和泉流継承の組織を結成　林 和利……124
大須は映画街になった　小林貞弘……126
明治の4大呉服店　菊池満雄……132
日本有数の近代都市へ――第10回関西府県連合共進会の開催　寺沢安正……136
明治名古屋のあかり――文明開化とともに　寺沢安正……142
名古屋の石炭需要と石炭商　森 靖雄……146
明治中期に変わった熱田神宮の社殿　山本耕一……150

参考文献……154

おわりに　溝口常俊……157

第1章

城下町から工業都市へ

——地図でたどるその変遷

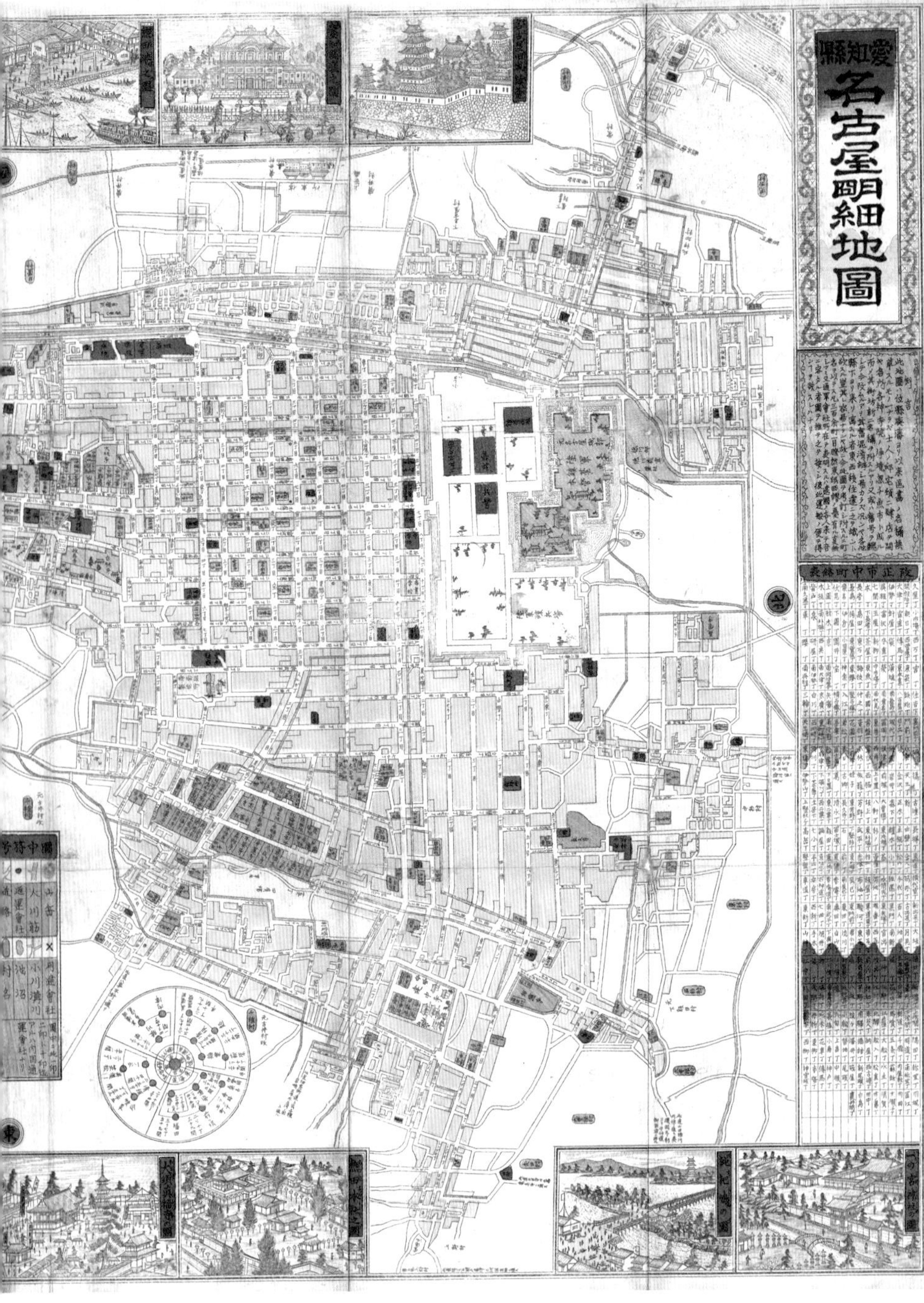
愛知縣
名古屋明細地圖

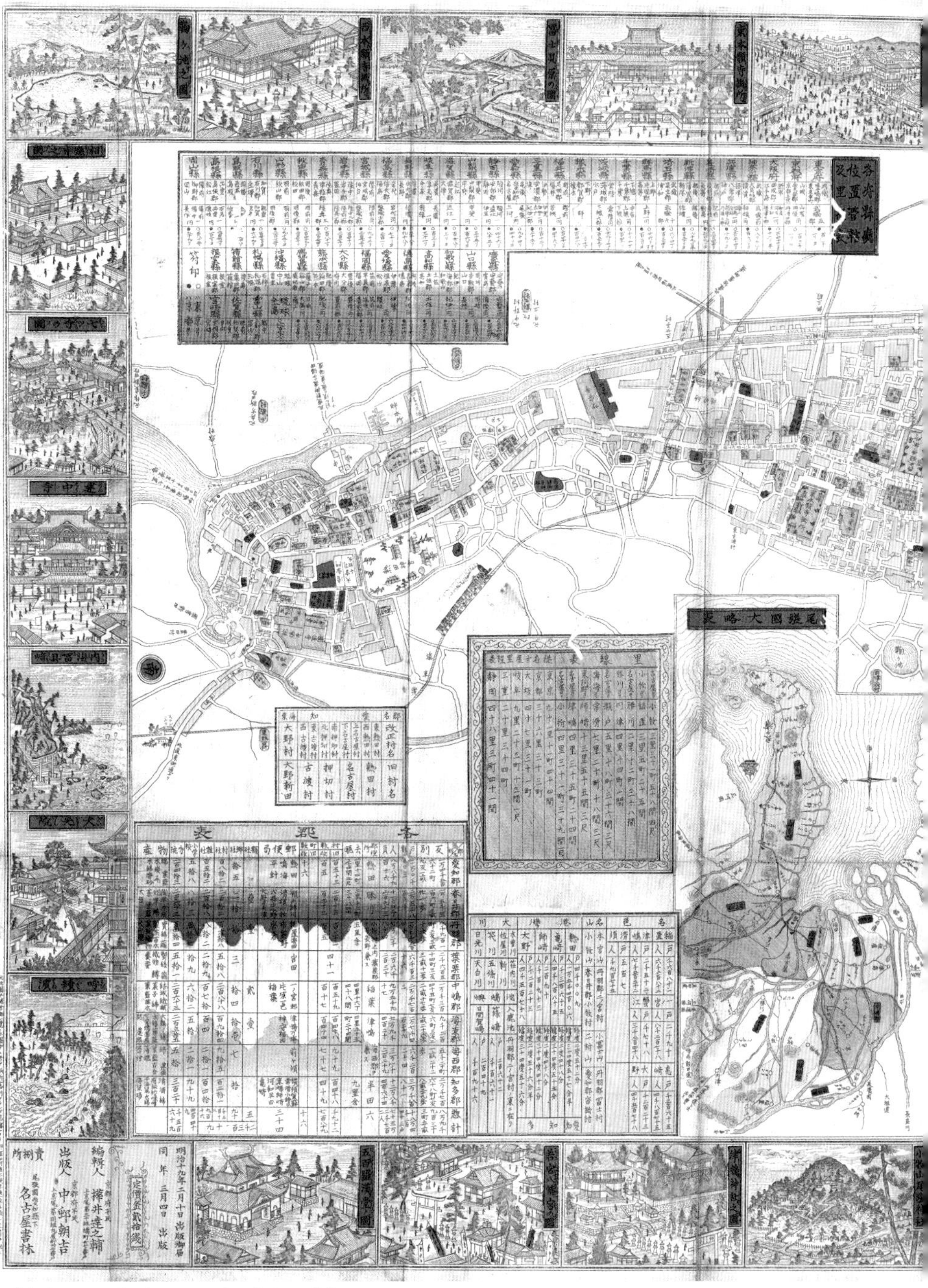

「名古屋明細地図」　1886 年　伊藤正博蔵

明治19年 名古屋明細地図に描かれた名古屋

伊藤正博

城下町から産業都市へ

この地図が発行された1886年（明治19）頃は、城下町の名古屋が、さまざまな課題を乗り越えて少しずつ近代的な産業都市へ変身し始めた時代である。当時の人口は13万人前後で、明治初期より5～6万人ほど増えている。

◉愛知県庁・区会所

尾張藩は1869年の版籍奉還により名古屋藩に、1871年の廃藩置県で名古屋県になり、翌年に愛知県に改称されている。この頃の県庁は広小路と久屋町が交差する所に置かれ、官選の知事が任命されていた。

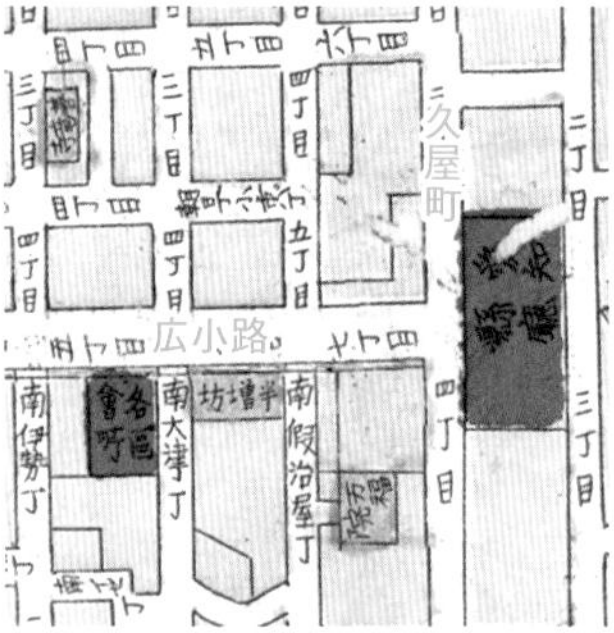

名古屋の町は、1871年に第一大区、1878年に名古屋区になっている。事務をとる区会所（区役所）は、旧藩士邸などを転々と移動していたが、1880年に栄町に庁舎を新築し移転した。

この頃の記録には「県庁や区役所の職員で洋服を着る者が増えてきており、やがて一般の人も洋服になるだろう」と書かれている。

◉名古屋鎮台《ちんだい》

名古屋城には、陸軍の鎮台が置かれている。

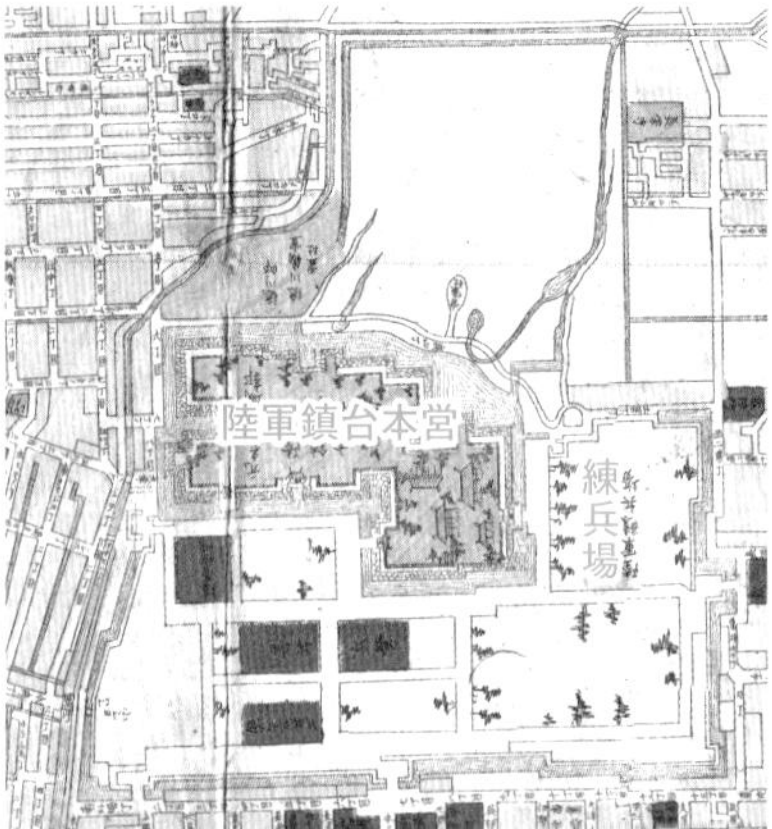

1871年に東京鎮台第三分営が置かれたのが始まりで、2年後に名古屋鎮台になっている。

本丸に鎮台本営があり、三の丸には兵舎、東大手門の北西に練兵場があった。当初は旧藩兵が、1873年に徴兵令が施行されると徴兵された兵士が駐屯した。

地租改正に反対する農民が蜂起した1876年の伊勢暴動、1877年の西南戦争などに出兵している。

◉失業士族救済
…産業を興せ

城下町だった名古屋は士族が多く、1887年の調査では人口13万人のうち士族が2万7千人弱となっている。失業士族救済のため、

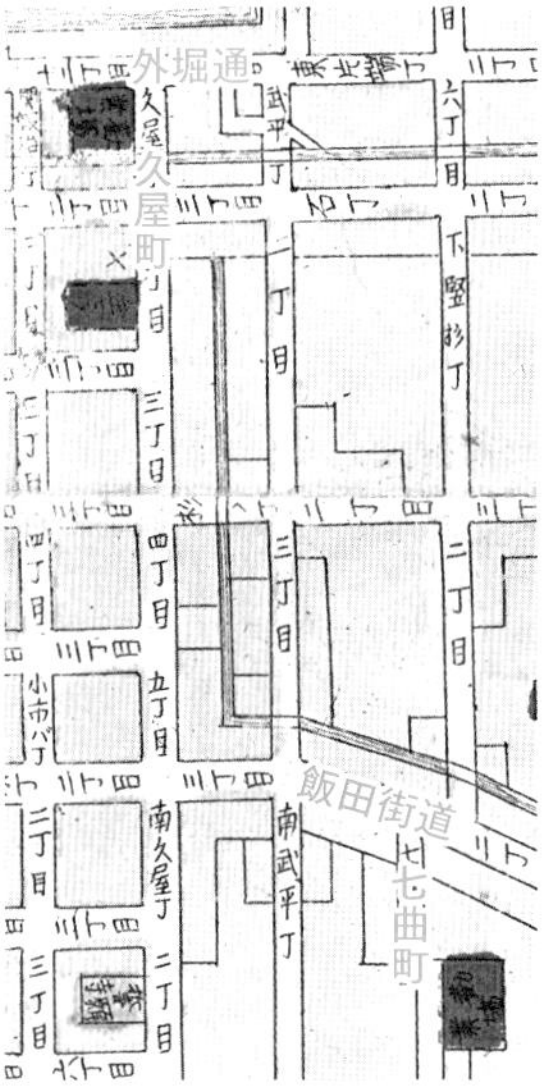

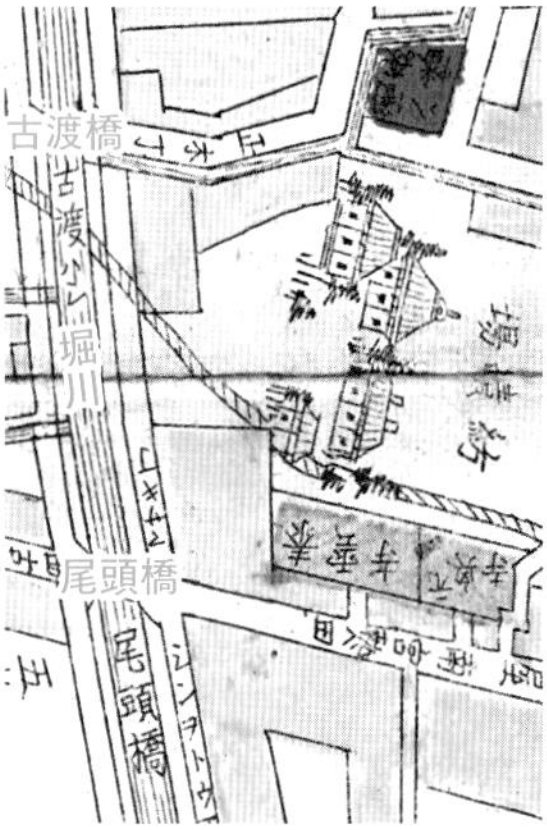

農業に従事する「帰農」が勧められ、北海道の八雲への集団入植もおこなわれた。しかし多くの士族に仕事を与えるには、名古屋に産業を興すことが必要であり、さまざまな施策がおこなわれた。

●機織りを教える…勧業場

地図に「勧業場」が2カ所描かれている。これは士族授産のための施設である。

1877年に県が久屋町に織工場を設立した。士族の婦女子に機織り技術を教え、綿織物や結城縞《しま》を製造している。入場希望者が多いため、1879年に筒井町と下堀川町（日置橋東岸）に、その翌年には上名古屋村に分場も設置されている。1878年には七曲町に愛知物産組の織物工場が祖父江源次郎などによりつくられ、縞織物などを製造した。県の織工場を卒業した者を主に採用し、1880年時点では226人の従業員のうち128人が士族であった。

●新しい作物…栽培所

農業の振興も図られた。「栽培所」がそれである。1874年に内務省から果樹や野菜などの新品種を譲り受け、納屋橋東南に栽培所を開設した。しかし環境が適さなかったので1月後に西二葉町に移転している。1877年には東外堀町と白壁町に支場が設けられ、栽培技術の研究や新品種の普及を図っている。

●近代工場…名古屋紡績

古渡橋南東に広大な敷地の「紡績場」がある。これは名古屋紡績だ。名古屋の豪商たちが資本金3万円余で設立し、1885年に営業を開始した。蒸気機関が動力で4千錘《すい》の紡績機械が稼働する近代的な工場である。

県下で盛んに栽培されている綿を使用して綿糸をつむぎ、織物工場へ供給した。士族救済も目的としており、初期は士族か士族の紹介がある者しか採用しなかった。

この時代、繊維産業以外にマッチ・時計・陶磁器などの製造も始まり、工業都市名古屋の萌芽が見られる。

文明開化始まる

◉通信網…郵便局・電信局

明治になり日本は中央集権国家になった。政府の指示を全国各地へ迅速に連絡できる体制を固めることが必要となり、郵便事業と電信網の整備が進められた。

1871年（明治4）に郵便制度が始まり、翌年には名古屋にも電信局が設置された。広小路と本町通が交差する南東に郵便局、南西に電信局が向かい合って建っている。

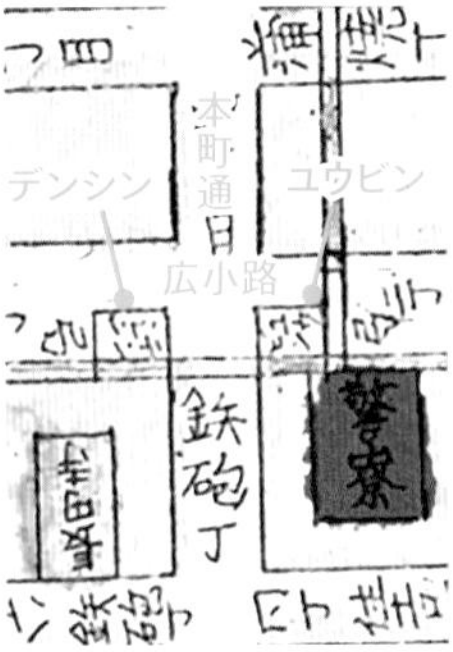

◉西洋医学…愛知病院・医学校

西洋医学の病院や学校も出来ている。堀川岸に病院と書かれているのは、愛知県病院と愛知県医学校が建つ場所だ。

1871年、本町に公立病院と仮医学校が開設されたが、翌年廃校となった。その後、1873年に西本願寺別院に仮病院ができ、翌年に医学講習所が付設された。

病院と学校は、1877年に堀川岸に新築移転した。堀川に面して門があり、北側が医学校で南側が病院だ。オーストリア人のローレッツ等が治療と教育をおこない、学校には寄宿舎も設けられていた。

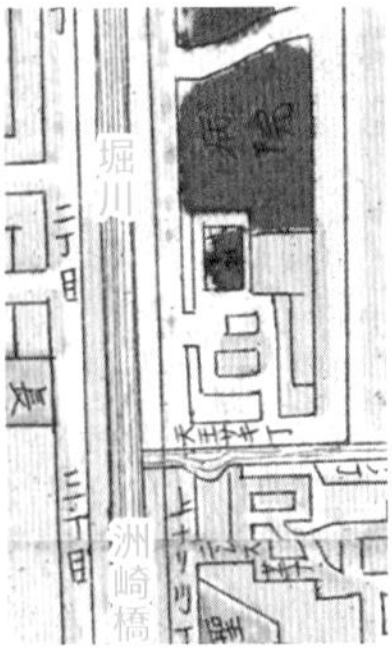

1880年に、後に東京市長などを務めた後藤新平が病院長兼学校長になった。1882年、板垣退助が岐阜での演説会で暴漢に襲われたとき、後藤新平がここから駆けつけて治療をしたというエピソードが残されている。

◉近代教育……師範学校など

外堀通の南側に、師範学校・中学校・商業学校が建ち並んでいる。

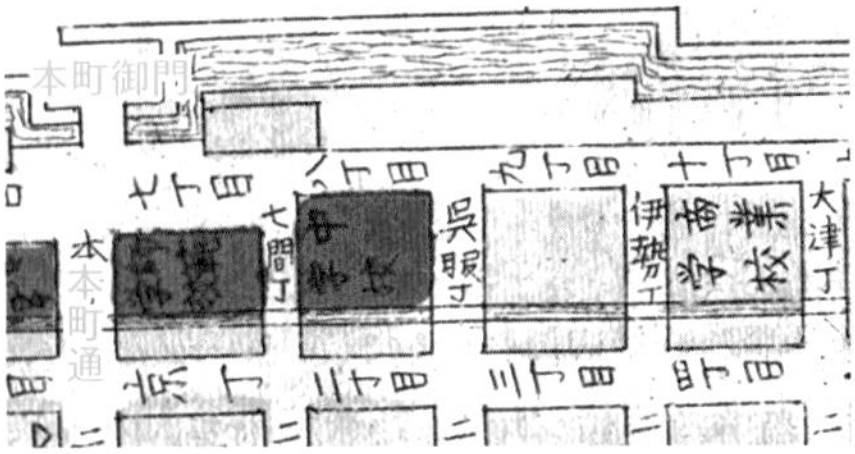

明治になり、藩校や私塾に代わる義校《ぎこう》の設立が奨励された。1872年の学制発布を受け、義校を基盤にして小学校の設立が進められた。

教員の育成が急務となり、1874年に官立愛知師範学校が本町に設立されたが2年後に廃校となり、設備等を愛知県師範学校が受け継いでいる。

高等教育を受ける準備教育をおこなう学校も誕生している。

1870年に藩立名古屋洋学校が開校し、その後、名古屋県英語学校、愛知県成美学校に名称が変わっている。この頃、坪内逍遙・二葉亭四迷・加藤高明などが通学していた。

1874年に官立愛知英語

学校が設立されて成美学校の施設などを引き継いだが、1877年に廃校となり、それを引き継いで愛知県中学校が誕生した。

　1884年には商工業者の子弟教育のため、県立名古屋商業学校（通称：CA）が創立された。この学校には、翌年夜間部も開設されている。

◉街道から鉄道へ

　文明開化の象徴である鉄道が通っている。

　名古屋最初の駅は熱田駅だ。関東と関西を結ぶ幹線鉄道を建設することになり、資材の運搬のため武豊線の建設が進められた。1886年3月1日に武豊・熱田間が開通している。この時の熱田駅は、鉄道と東海道が交差する南側に設けられた。駅から街道を使って周辺地域へ輸送するのに便が良いのでここが選ばれたのである。

　線路はさらに延長され、5月1日に名古屋駅が開業した。場所は名古屋市街地の西、田圃が広がる笹島であった。この地図には、駅への道路が整備される前の様子が描かれている。

◉北方への舟運　黒川開削

　名古屋の舟運は熱田へ通じる堀川しかなかった。1877年に黒川が開削され、犬山や瀬戸へ舟で輸送ができるようになっている。

◉税制改革…藩蔵は監獄に

　明治になり地租改正がおこなわれると、税金は現金で納められるようになった。納屋橋の東南にあった年貢米を収蔵する広大な藩蔵は不要となり、監獄に変わっている。

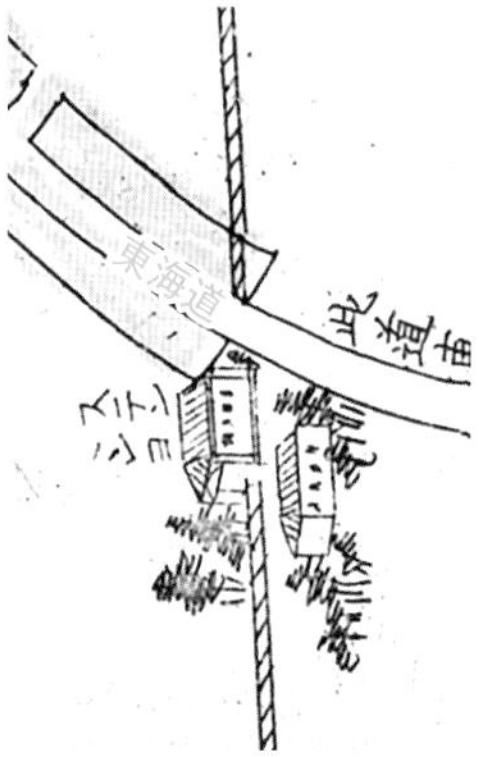

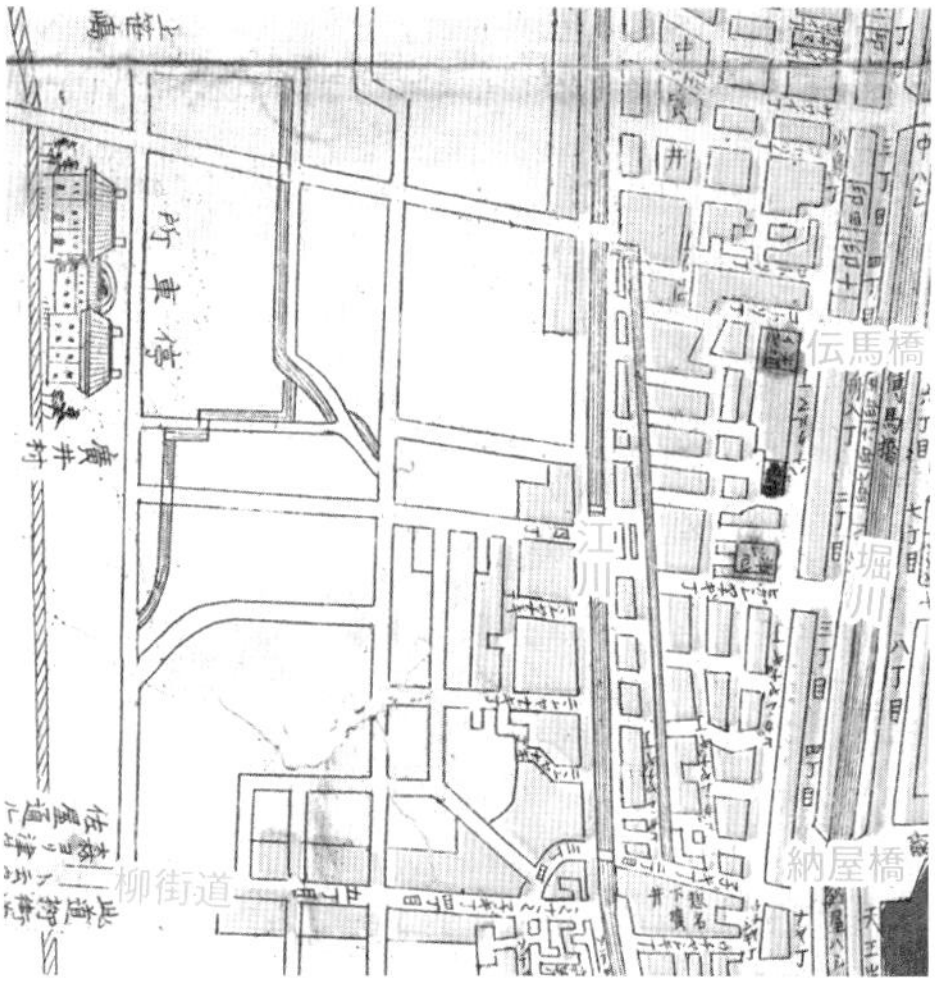

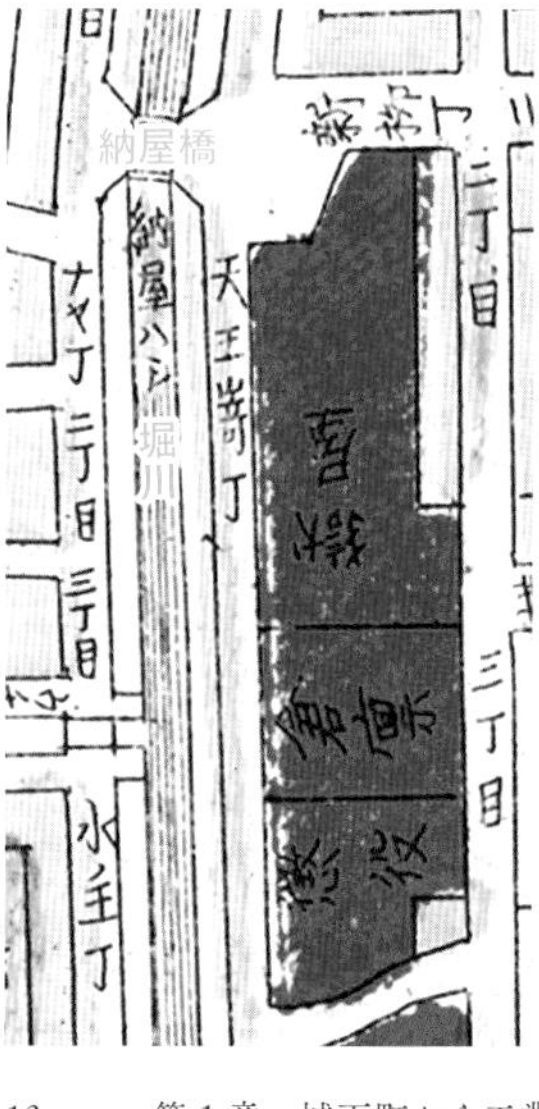

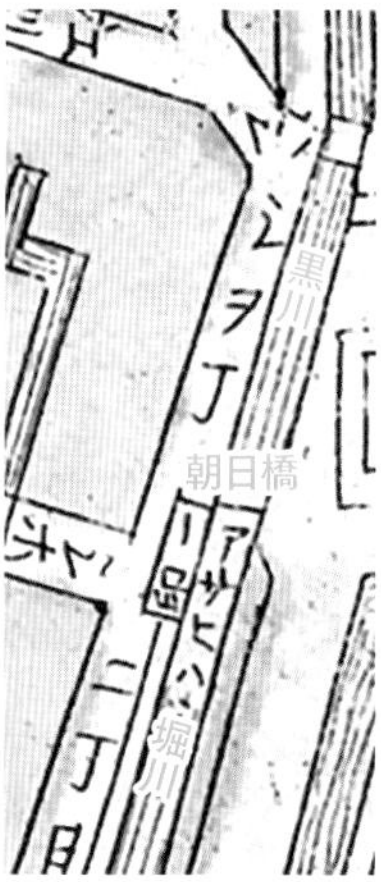

名古屋市實測圖

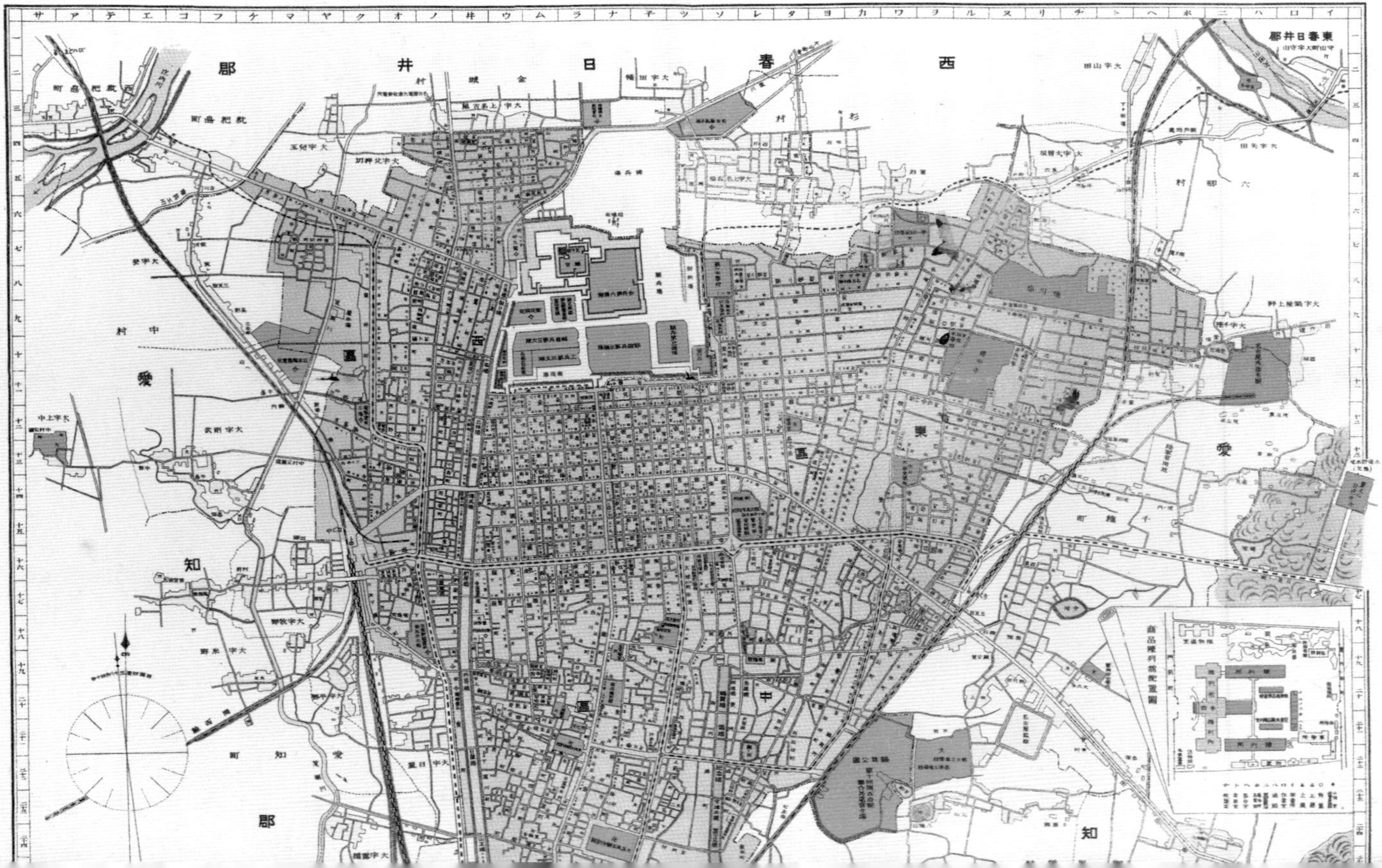

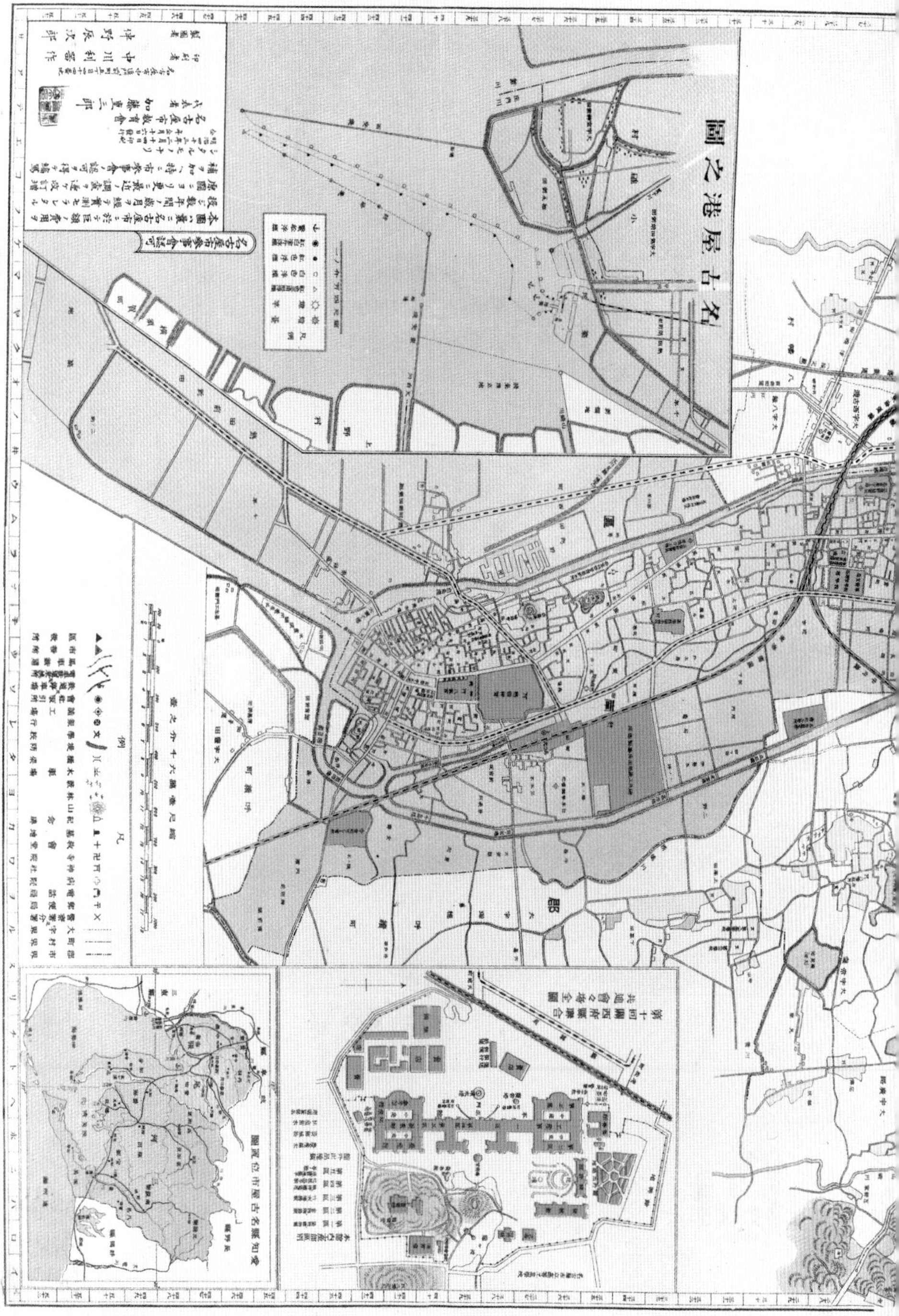

「名古屋市実測図」 1910年　個人所蔵

明治43年 名古屋市実測図に描かれた名古屋

伊藤正博

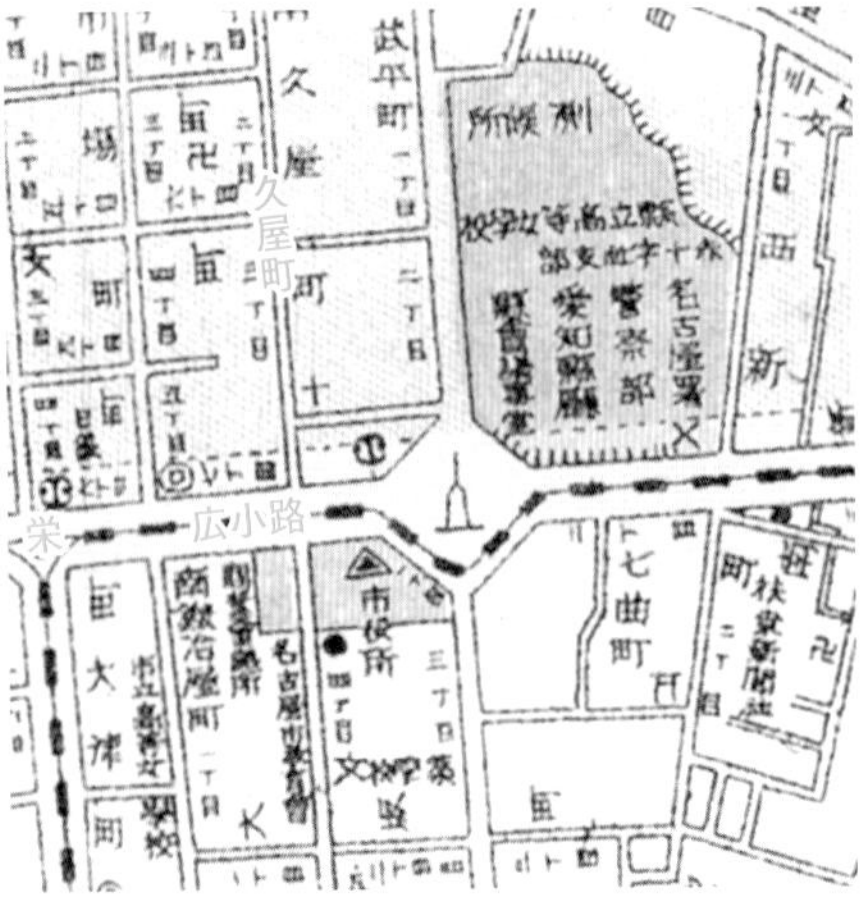

日本有数の近代工業都市

この地図が発行された1910年（明治43）頃の名古屋は、日本有数の工業都市になっている。市域も拡大し、人口が40万人を超える大都市である。

◉愛知県庁・市役所

1900年、県庁は少し東北へ移転し、行き止まりになっていた広小路が東へ延長された。

名古屋は1889年に市となり、1907年に熱田町を併合し、翌年に4区制を施行した。市役所は1909年に、現在中区役所がある場所に移転している。

◉電灯がともりガスが来た

堀川に架かる洲崎橋の南西に名古屋電灯がある。この会社は失業士族救済のため政府が県に貸与した勧業資金で設立された。

伏見に本社と石炭火力による発電所（現・電気文化会館）を設け、1889年から電気の供給を始めている。その後、1901年に洲崎橋南西に最新鋭の設備を持つ発電所を増設した。ここは発電効率が飛躍的に高く、古い設備は使用を中止し、1904年に本社も移転してきた。ここ1カ所で名古屋と熱田へ電気を送っているのである。

新堀川に架かる立石橋《たていし》の北西に、名古屋瓦斯《がす》の製造工場がある。

1907年からガスの供給を始めた。その頃の用途は照明が多く、熱源用・動力用がそれに次いでいた。この時代の電球はフィラメントが炭素線なので効率が悪く、同じ明るさならガス灯の方が安いので家庭でもガス灯が使われている。

◉輸出の花形　陶磁器産業

名古屋駅の北に日本陶器がある。1904年に設立され、輸出用陶磁器と内地向け洋食器を生産している。

1911年に名古屋港から輸出されたもので一番多いのが陶磁器である。375万円余で、2位の生糸83万円余の4倍以上だ。

明治になり、名古屋では輸出向け陶磁器の上絵付が盛んになった。瀬戸や多治見で生産した素地に名古屋で上絵付をして完成品にしたのである。東区の旧武家屋敷跡にたくさんの絵付工場ができている。

そのような下地があったので、名古屋に日本陶器が設立された。

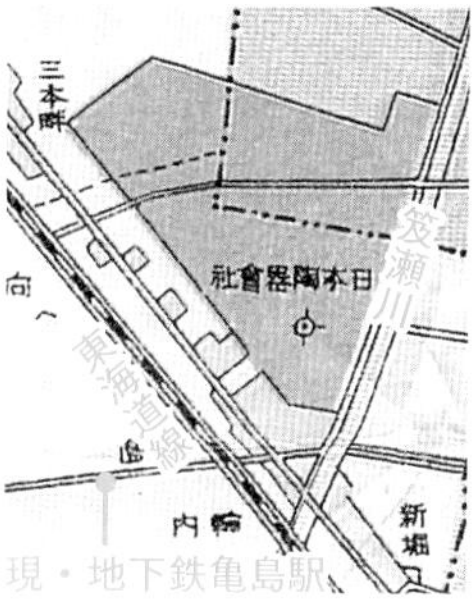

◉繊維産業の興隆

明治20年代（1887〜）になると繊維産業が盛んになり、近代的な大工場が次々と操業を始めた。

現在の名城公園の東にはこの地方で一番大規模な名古屋製糸場がある。黒川を挟んだ北には帝国撚糸織物が操業している。

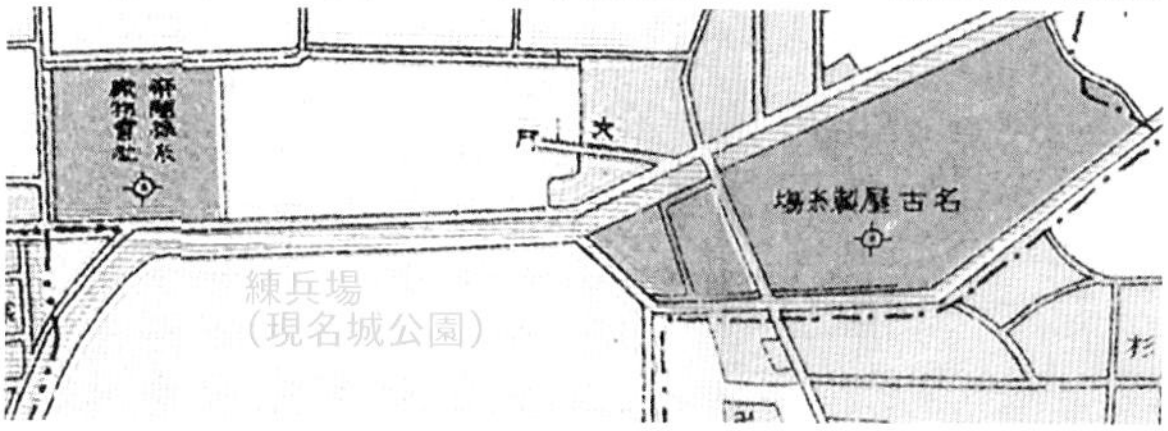

堀川の洲崎橋から瓶《かめ》屋《や》橋付近にかけて、三重紡績の工場が3カ所ある。元は名古屋分工場は名古屋紡績、尾張分工場は尾張紡績だったが、競争力を強化するため三重紡績に合併された。

地図に載るような大工場のほか、市内では織物・染色・縫製などの工場がたくさん操業している。

◉良質な木材　日本車輌

新堀川岸に日本車輌がある。今の車輌は金属とプラスチックが主要材料だが、昔は床も壁も木でできていた。木材の集散地である名古屋は、車輌をつくるのにうってつけの土地だ。

1896年に会社が設立され、木材はチーク材などを除いて内地産を使用し、鉄材は主にイギリス製を使って車輌をつくっている。

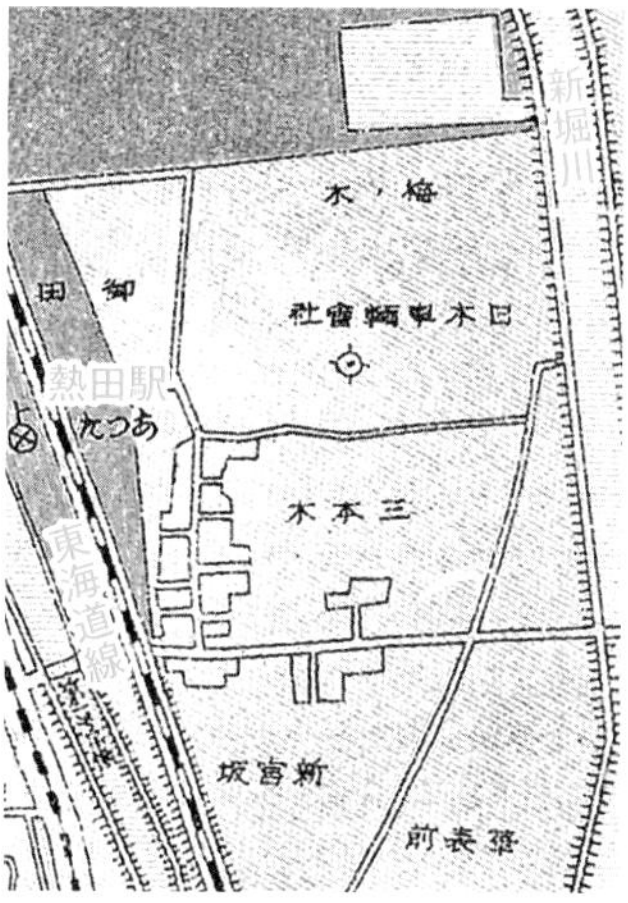

交通網整備と輸送力強化

◉四方へ延びる鉄道網

熱田・名古屋駅の開業で始まった鉄道も整備が進み、現在の鉄道網の原型ができている。

1889年（明治22）に東海道本線が全通し、1896年には熱田駅が現在の場所へ移転している。この年、中央本線が一部開通した。当初は名古屋駅・千種駅しかなかったが、1911年に大曽根駅も開業し、この年に中央線は全通している。

1898年に私鉄の関西鉄道が名古屋・大阪間を結ぶようになり、1907年に国有化され関西本線になった。

名古屋と瀬戸を結ぶ瀬戸電は1905年に瀬戸から矢田までが開通し、翌年大曽根まで延伸された。1911年には堀川駅まで開通し、堀川の舟運とリンクするようになった。

また、名古屋駅と名古屋港を結ぶ臨港線が1911年に完成し、海運と鉄道輸送の連携を担っている。

◉市民の足…路面電車

1898年に名古屋駅から県庁（久屋町）まで、路面電車が走るようになった。那古野に本社を置く名古屋電気鉄道が経営している。京都に続き日本で2番目に早い開通である。

順次、路線が延長されて、東は覚王山、南は熱田を経て名古屋港、西は枇杷島まで線路が延びている。また、新栄から鶴舞公園を経て門前町に至る路線もある。

◉舟運の改善…熱田運河ほか

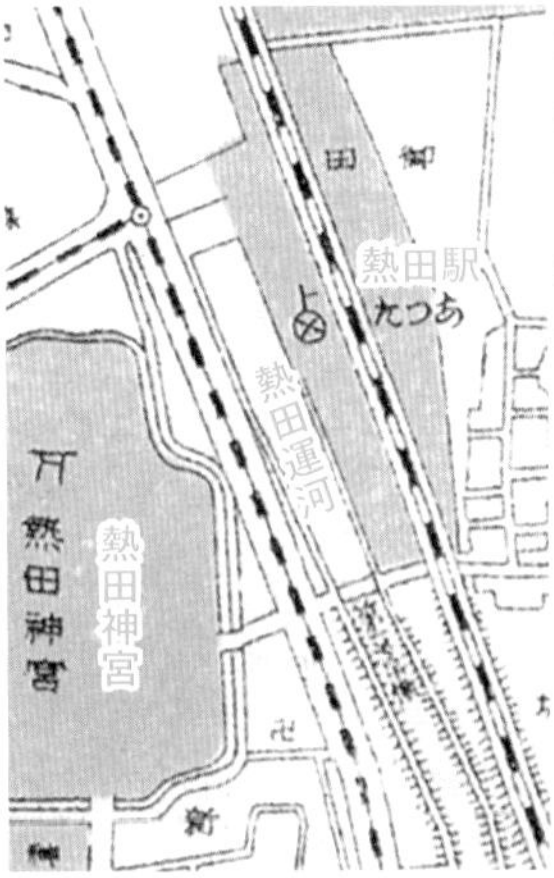

新堀川の下流部から熱田駅まで熱田運河が延びている。これは1896年に熱田駅が現在地へ移転し、翌年、鉄道輸送と熱田湊の海運を連結するため開削されたものである。

名古屋台地と御器所台地に挟まれた低湿地帯を精進川が流れていた。あふれやすい川で、江戸時代から改修が課題になっていた。

1904年に日露戦争が勃発した。軍は兵器増産のため、熱田の低湿地に盛土をして兵器製造所を建設することにした。

一方、名古屋市はこの機会に精進川を改修して新しい運河を造り、掘削土を軍に売れば費用の一助になると考え、翌年から工事を始め、1910年に新堀川が完成した。

それまで熱田から名古屋への舟運路は堀川しかなかったのが、新堀川というもう一筋のルートが誕生したのである。

◉名古屋港開港

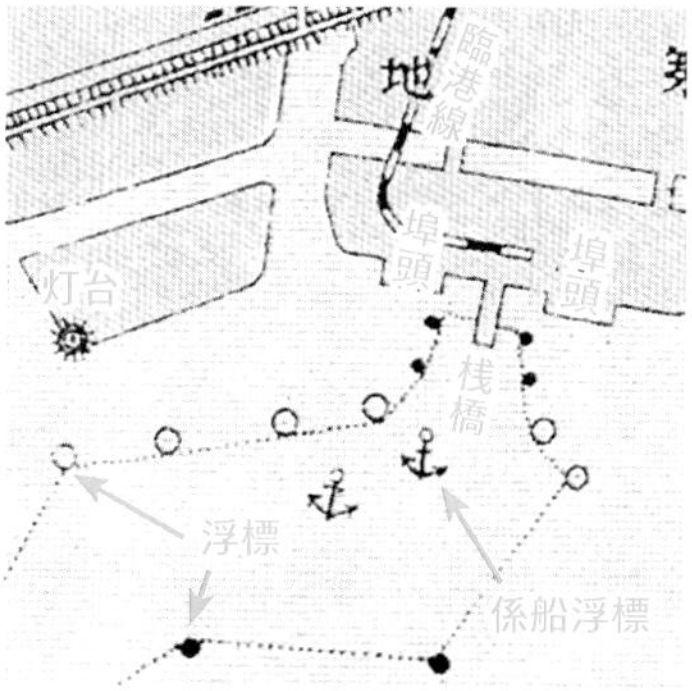

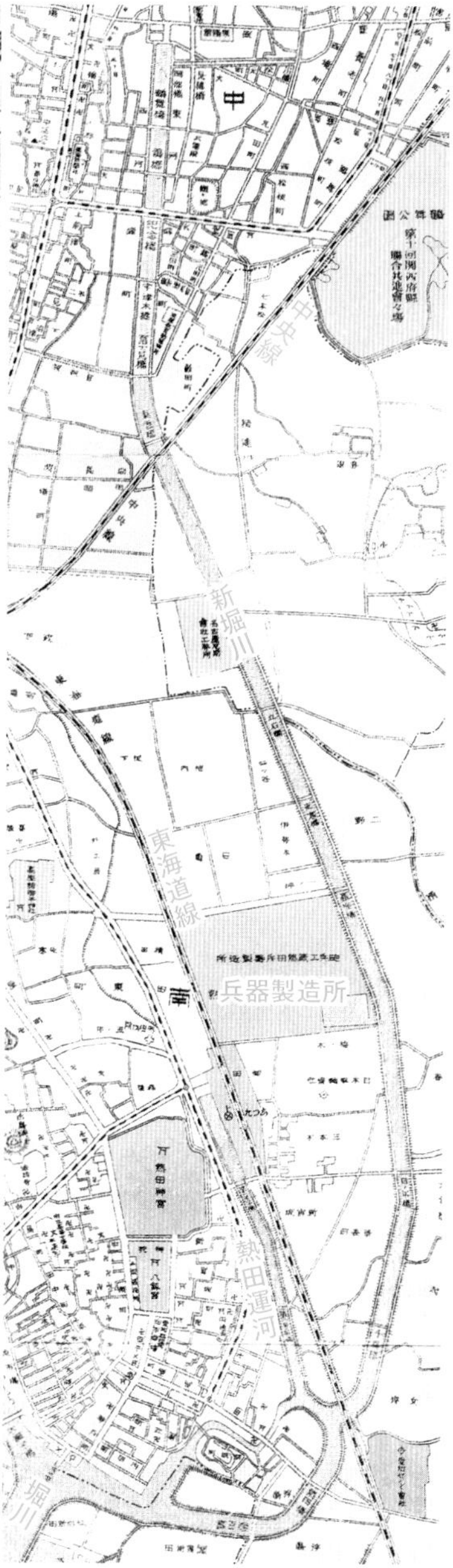

名古屋港ができている。

それまで使われてきた熱田湊は水深が浅く、干潮になると小舟さえ自由に航行できない港であった。

1896年から築港が始まり、1907年にはほぼ完成して、海外貿易ができる開港場に指定された。それまでの輸出入品は横浜や神戸を経由するため、輸送費がかさみ日数もかかった。開港されたことで名古屋の産業は競争力を増し、その後の発展に大きく寄与している。

●道路の整備

名古屋の近代化とともに、道路整備が進められた。

鉄道駅ができると、駅と市街地を結ぶ道路が必要になる。1886年の名古屋駅開業時には、駅から納屋橋と伝馬橋への道路を新設し、併せて納屋橋から長者町通までの広小路を拡幅している。

千種駅開設に伴い、広小路が久屋町で行き止まりとなっていたのを、県庁を移転して千種駅までの道路を1908年に新設した。これにより市を東西に貫く道路が完成したのである。

南北の幹線も整備された。1908年に、栄から熱田伝馬町までの南大津町道路が整備され、密接な関わりを持つ名古屋と熱田の便が良くなった。また西部の南北幹線である江川線が、柳橋から船方まで1911年に竣工した。

イベント関連の道路も整備された。1910年に鶴舞公園を会場に開催される第10回関西府県連合共進会に向けて、築地口から熱田駅への築港線、上前津から鶴舞公園を通り新栄町まで延びる公園線が前年につくられている。

栄町交差点から東を望む。右手が電気鉄道栄町運輸事務所。左端は日本銀行。
(『愛知県写真帖』) 1910 年

名古屋開府三百年紀念祭典　山車　1910 年　名古屋市鶴舞中央図書館蔵

第2章 明治のまちをゆく

明治建築のすゝめ

村瀬良太

明治39年頃の名古屋の西洋建築

鈴木禎《ていじ》次の名古屋観

　1931年（昭和6）4月5日、建築学会東海支部創立記念講演で、建築家鈴木禎次は明治39年頃の名古屋の状況についてこう述べている。

「もつと都かと思ひましたら丸で田舎です。（中略）街といへば廣小路以外に街らしい街はなく商店だか住居だか判断出来ぬ家が列んで淋しいのです。（中略）コンナ所で「アーキテクチュアー」などと言つた所でどふにもならない。飛んだ所へ来た、此奴は失敗だつたと思ひました」

　鈴木禎次は、1905年（明治38）に設立された名古屋高等工業学校（現名古屋工業大学）建築科に教授として招かれ、設計を通じて名古屋の街の西洋化、近代化に貢献した人物である。同校の学科長として15年にわたり学生を指導した。また名古屋財界人との結びつきも強く、百貨店建築や銀行建築を多数手がけた。現存する旧名古屋銀行本店ビル（1926年）をはじめ、かつて広小路通には鈴木の手掛けた建物がずらりと立ち並んだ。

　冒頭の一文は、江戸っ子で話し上手だった鈴木の洒落の効いた口上だったろうが、詳細な描写からは明治の名古屋の生々しい姿も垣間見える。

　当時の名古屋は、確かに田舎だった。それが大正時代を控えた頃の明治末期のようすだった点に着目したい。

明治初期の洋風建築

　実はそれ以前にも、名古屋に西洋建築はたっていた。例えば、1871年に建てられた名古屋郵便局と名古屋電信局は、お雇い外国人シンクレソンが設計したという木造の西洋建築だった。名古屋郵便局はその後、東京帝国大学建築学科を卒業した佐立七次郎の設計で栄町に建て替えられた。

　また、名古屋城御深井《おふけ》丸に残る乃木倉庫（旧歩兵第六聯隊弾薬庫）は、明治初期頃に東京鎮台第三分営が名古屋城内に設置された折に建てられたレンガ造の弾薬庫だ。屋根に瓦が載るため蔵のようにも見えるが、妻側の破風を三角形にし、壁面のコーナーには

図1　旧歩兵第六聯隊兵舎　博物館 明治村
熊本仁志 撮影

図２　大正頃の広小路通のようす。左手に見えるのが辰野金吾の「日本銀行名古屋支店」で、その奥が「日本生命名古屋支店」。右手に見えるのが鈴木禎次の「いとう呉服店」
名古屋都市センター提供　村瀬 着彩

角石のような装飾が施されて、西洋建築を意識していたことがわかる。

鎮台の建築としては、同時期に二の丸御殿に西洋建築風の2階建の兵舎が8棟建てられ、戦後も残って名古屋大学の校舎に使用されたが、1963年ごろに取り壊されている（一部は博物館明治村に移築、図1）。

その他にも、愛知県庁舎や名古屋警察署など、共に明治初期頃に建てられた西洋建築風の建物があった。

だが、1891年に尾張地方を襲った濃尾地震で、それら木造あるいはレンガ造の西洋建築たちは全壊、もしくは半壊するなど大きな被害を受けた（図3）。その影響で、震災後の名古屋では工場や倉庫以外でレンガ造の建物はほとんど建てられなくなり、近鉄愛知駅（1895年）などの西洋建築も木造で建てられた。

濃尾地震と辰野金吾

濃尾地震が日本の建築界に与えた影響は大きかった。震災後、多くの建築家や研究者が地震の調査に訪れた。その中に鈴木禎次の恩師で東京駅の設計でも知られる辰野金吾

図３　濃尾地震で倒壊した名古屋郵便局
名古屋市鶴舞中央図書館蔵

もいた。この調査で、レンガ造の耐震性の低さや和風建築の小屋組みの脆弱性が改めて確認された。そして、鉄骨造や鉄筋コンクリート造の研究が始まるきっかけとなった。

　鈴木が東京帝国大学造家学科に入学したのもその頃で、辰野の指示で卒業後も鉄骨造の研究を続けることになったという。

　1910年、広小路通に辰野の手になる日本生命名古屋支店が、鉄骨造のまわりにレンガを積む鉄骨レンガ造で建設された。隣接する日本銀行名古屋支店（1906年、辰野・長野宇平治設計）と共に、明治後期の名古屋を飾った西洋建築だった（図2）。

鶴舞公園の噴水塔

建築家鈴木禎次の仕事

　鈴木禎次は、来名して以後目覚ましい活躍を見せた。教壇に立つ傍ら、名古屋の財界人から入る設計の依頼を数多くこなした。

　特に、いとう呉服店十五代目伊藤次郎左衛門祐民《すけたみ》との繋がりは深く、いとう呉服店や松坂屋、伊藤銀行、その他宿舎や邸宅まで幅広く手掛けている。残念ながら今ではほとんどの建物が姿を消しているが、栄の松坂屋本店は増改築を繰り返しながら現存している。また覚王山の揚輝荘《ようきそう》内にある伴華楼《ばんがろう》も鈴木の手になるものだ。ただいずれも大正時代のもので、明治の建築ではない。

　そんな鈴木が明治期に手掛けたとっておきの建築がある。鶴舞公園の噴水塔だ（図5）。

鶴舞公園と第十回関西府県連合共進会

　この噴水塔は、1910年（明治43）に鶴舞公園で開催された第十回関西府県連合共進会の折に建てられた。鶴舞公園は、共進会の会場として整備された公園で、田んぼの広がる湿地帯を、新堀川の開削工事で出た土砂を埋め戻して整地した。会場の基本設計は曽根中條事務所が担当した（図4）。

　鈴木禎次は特別委員に就任し、会期後も公園に残る建物として計画された噴水塔と奏楽堂を設計している。ただ奏楽堂については、1936年（昭和11）に老朽化のため建て替えられ、1995年に鉄筋コンクリートで建設当初の姿に復元された建物であるため、ここでは触れない。

図4　第十回関西府県連合共進会正門

名建築の条件

　ではなぜ噴水塔がとっておきの建築なのか。

　その理由として、鈴木禎次がこの共進会を「名古屋市が大発展の端緒をなしたことは澤山あるが建築は一大躍進を致しました」と位置づけている点だ。実際、この前後から

図５　輝く鶴舞公園の噴水塔。8本の円柱は白大理石で、それ以外の部材は花崗岩。円柱に筋彫りが施されていないため、トスカナ式とも紹介される。ただ上に載る円盤状の梁にあしらわれた桁先飾り（3本筋の装飾）からドリス式ともみなせる。このような形式の建物としてルネサンス期の建築家ブラマンテが聖ペトロの殉教地に設計したテンピエット（小神殿）を想起させる。テンピエットはサン・ピエトロ大聖堂やイギリスのセントポール大聖堂、フランスのパンテオン、アメリカの合衆国議会議事堂などのドームに連なる近世の古典と称される。また現在は上部水盤の8本の注ぎ口から放水されているが、共進会のころは垂直にも水を噴き上げていた。

鈴木の手掛けた建築が広小路通を中心に街を彩り始めていく。噴水塔は名古屋近代建築発展史の記念碑としての役割を担っているのである。

もうひとつの理由が採用されたデザインにある。「ローマ様式」と紹介される場合が多いが、西洋建築史に倣って判断すると、むしろ「ルネサンス様式」といったほうが良い。確かにローマ時代にこのような円形神殿も見受けられるが、むしろそれを希求したルネサンスの形式に近いように思う。モールディング（筋彫り）のないドリス式の円柱がエンタブラチュア（梁）を掲げ、そこにトリグリフ（桁先飾り）が取り付く構成は、盛期ルネサンス建築を代表するテンピエットを思わせる。

鈴木禎次は、愛知県商品陳列館（図6）やいとう呉服店をルネサンス様式で設計し、以後松坂屋はこの様式を伝統として採用していくことになる。ルネサンス様式はいわば、この頃の鈴木禎次のデザイン・アイデンティティーだった。

図６　ルネサンス様式で設計された愛知県商品陳列館
名古屋市都市センター提供

奇跡の瞬間

そしてもうひとつの理由が、噴水塔が奇跡的な建築美を獲得している点だ。その瞬間を見るためには、太陽の高い季節の昼過ぎに行く必要がある。

噴水塔頂部の8本の注ぎ口をもった水盤が太陽と重なる時、鋭角に降り注ぐ陽光が塔内部の床面に反射し、ドーム天井と円柱を内側から照らすのである。その時、水盤は逆光でシルエットとなり、降り注ぐ水が光の筋となって、エンタブラチュアで跳ね返った水滴とともに噴水塔をキラキラと輝かす。

まさに神殿というべき美しい姿が、わずか数分の間現れるのである（図5）。

おそらく、鈴木禎次も噴水塔の図面を引いた弟子の鈴川孫三郎も、こんな効果は想定していなかっただろう。ただ、名古屋近代化の画期となった一大事業のモニュメントが奇跡的な建築美を獲得できたことに、歴史的な必然性を感じてしまう。

鈴木はこれ以後、本格的に設計活動を展開し、名古屋のみならず東京、大阪、京都などにも数多くの建築を手がけ、八面六臂の活躍を見せた。

明治和風建築散歩

それ以外の名古屋の明治の建物

ここまで西洋建築と鈴木禎次に焦点を当ててきたが、明治に建てられた和風建築についても少し紹介したい。

年代の古い順からいこう。南区元鳴尾町に残る鳴尾公会堂は、１８７２年（明治５）に公布された学制にともない建てられた旧鳴尾小学校だ

図7　建中寺徳興殿内観。129畳もある2階の集会室は、木造とは思えないほど広い。国登録有形文化財
竹内久生 撮影

（図8）。明治維新後の新しい気風を伝える西洋建築を大工たちが見様見真似で建てた建物を擬洋風建築というが、主に学校などで採用された。

有名なところでは、長野県松本市の旧開智学校（1876年）や、尾張の大工棟梁の名跡伊藤平左衛門九世が手掛けた静岡県磐田市の旧見付小学校（1875年）があるが、名古屋では鳴尾に残っている。

図8　旧鳴尾小学校。雨戸の部分がかつてはベランダだった。

外観を見るとほぼ和風の建物だが、入り口の車寄せの柱頭に西洋建築とも言いづらい不思議なデザインが施され、現在は埋められてしまっているが、かつては建物正面にベランダがあった。

東区の建中寺境内にのこる徳興殿《とっこうでん》は、1896年に名古屋商工会議所の事務所として建てられた木造2階建ての建物だ（図7）。元は栄町にあったが、1922年（大正11）に大池町に鈴木禎次の設計で新ビルが建てられると隣に移築された。その後、1937年（昭和12）にビルの増築にともない建中寺に引き取られた。

愛知県内でも指折りの大きさを誇る木造の建物で、現在は境内にある幼稚園の発表会などに使用されている。

中村公園には、第十回関西府県連合共進会の頃に建てられた迎賓館が残っている。大正天皇（当時は皇太子）が名古屋に行幸した際に休憩した建物で、正面玄関には立派な唐破風の車寄せがつく。1923年に名古屋市に寄贈され、現在は中村公園記念館として使用されている。

明治時代は、和風の木造建築にも名作が多い。身分制度がなくなり、商人たちが競って銘木を使用した贅沢な邸宅をつくったのもこの頃だ。

一方で、小屋組みにトラスを使用した洋小屋が広がり、木造の構造形式にも発展が見られた。明治建築といえばレンガ造の西洋建築のイメージが強いが、和風建築にも見所のある建物が残っている。

旧名古屋控訴院

大正時代の明治建築

名古屋にはもう一つ、レンガ造の見事な西洋建築がある。旧名古屋控訴院地方裁判所区裁判所庁舎、現名古屋市市政資料館だ（図9）。1922年（大正11）に名古屋城東側の外堀沿いに建設された。

年代的には大正期の建物となるが、構造、デザインともに明治建築に軸足を置いているため、ここでの紹介を許されたい。

旧名古屋控訴院は、赤いレンガと白いボーダーの色合いにジャイアントオーダーの構成、正面中央にはドームを頂く、ドイツ風ネオ・バロック様式の建築として位置づけられる。なぜこの様式を採用したかについては、1889年（明治22）に発布された大日本帝国憲法に遡る必要がある。

官庁街計画とネオ・バロック様式

旧憲法の策定を進めていた外務大臣井上馨は、第二帝政下で勢いに乗るドイツに範を求めた。同時に、井上が内閣に設置した臨時建築局のもとでは官庁集中計画が進められ、当時ベルリンで活躍していた建築家ヘルマン・エンデとヴィルヘルム・ベックマンを招来する。ここで官庁街をヨーロッパに引けを取らない装いとする壮大な構想が立ち上がった。

この時に採用されたデザインが赤いレンガと白いボーダーのドイツ風ネオ・バロック様式だった。19世紀中頃から、イギリスをはじめフランス、ドイツなど北欧諸国ではルネサンス・リヴァイバルが起こり、先述の鶴舞公園の噴水塔のようなデザインが再び脚光を浴びていた。その発展型で、装飾をより派手で豪華にしたものがネオ・バロック様式である。

井上の構想した官庁街計画は幻に終わったが、司法省庁舎や大審院庁舎はこの様式を採用し1896年に完成した。

習熟した様式建築

それから時代は下り、1922年。発展を遂げる名古屋に、ネオ・バロック様式を基調としつつも派手な装飾を抑えた旧名古屋控訴院が完成する。範を求めた大審院庁舎からすでに四半世紀が経ち、様式建築への理解も深まって、建材にも自由で柔軟な発想が持ち込まれた。

図９　名古屋市市政資料館。赤と白の構成と抑制の効いた装飾が美しい。中央車寄せ上部のドームは木造。

図10　大階段とマーブル塗りの独立柱。壁面の付柱や壁面装飾もマーブル塗りで仕上げられている。

赤いレンガの外観は、実は構造のレンガではなく表面にタイルが張られたものだ。同様に、白いボーダーやジャイアントオーダーなど大理石に見える部分も、中央の車寄せ周りや窓台には本物の石を使い、それ以外は人造石洗い出し仕上げとなっている。

そのような模造仕上げは内部空間でも使用され、大階段の6本のオニキス（黒瑪瑙）の柱は、下部のみ大理石で上部はマーブル塗りという左官仕上げとなっている（図10）。

ただ、これら模造仕上げは、ほとんど本物と見分けがつかない。

響き合うオーダー

外観を美しく整える様式的デザインも洗練されている。

正面中央のバルコニーのある車寄せでは、イオニア式オーダーの独立柱が存在感を放つ。一方、両脇に伸びる翼廊には、主階（2層目と3層目）をつなぐジャイアントオーダーの薄い付柱が整然と並び、背景に控えている。

また、建物端部の角家のジャイアントオーダーは翼廊のものより太さと厚みを持たせ、上部には装飾のついた手摺壁をのせている。そして、中央バルコニーの壁面よりも少しだけ突出させることで、全体のプロポーションを引き締めている（図11）。

これらオーダーを絡めた壁面装飾の微妙な凹凸差が陰影となってエッジを際立たせ、全体を中央をひきたてつつ秩序だった構成にまとめ上げているのである。

図11　角家のジャイアントオーダー。上部には手摺壁がのる。

中央車寄せ上部のバルコニーには裁判の公正さを示す神剣と神鏡のレリーフが嵌まり、かつてはその上部の手摺壁に菊の御紋が嵌められていた。さらに上空には西洋で真理を現すドームがそびえる格好となり、真理、天皇、法の順列が暗示されていた。

このような西洋建築の様式のバランスの取れた構成や図像的装飾、また建材の柔軟で自由な選択は、大正、昭和になってようやく達成できたものだった。それは、明治時代に希求した西洋建築の理解と熟達を示している。

二人の設計者

旧名古屋控訴院の設計は、司法省技師の山下啓次郎と金《かな》刺《せき》森太郎によって手がけられた。山下は帝大で辰野金吾に学び、司法省営繕課に入省後は千葉や奈良、鹿児島などの監獄を手掛けた。一方の金刺は、旧制中学出の叩き上げで、多くの建設現場に携わった後に司法省に入省。１９１６年に再建された大阪控訴院では設計監督を務めた。

この二人の存在が名古屋控訴院を特徴づけている。西洋建築を直に見聞した山下がオーダーの響く全体のデザインを担当し、現場にあって柔軟に建材を使い分け、辣腕を振るったのは金刺だったろう。

名古屋控訴院の竣工から1年後、関東大震災によって、明治以降建設されてきた東京や横浜のレンガ造の建物は、一夜にして灰燼に帰した。濃尾地震以後に研究されていた鉄骨造や鉄筋コンクリート造は、関東大震災を経て、ようやく本格化していった。

皮肉にも旧名古屋控訴院は、レンガ造による最晩期の明治建築の代表作となったのである（図12）。

図12　中庭の風景。外観と違って、このレンガは構造体がそのまま現れている。左上のガラス窓にはレンガ壁で切り取られた空が映り込み、幻想的な風景をつくりだしている。水野晶彦 撮影

明治の建築が語るもの

名古屋控訴院は1975年に、一度取り壊しの憂き目にあっている。というよりも、実質は解体の決定が下された。今よりも古い建物に無頓着な時代である。司法省と名古屋市の間で手続きも終わり、あとは取り壊されるのみとなっていた。

それを救ったのは名古屋市の職員たちだった。彼らは局を超えて保存の道を探った。そして、明治村に深く携わった名古屋大学教授飯田喜四郎の協力を仰ぎ、国の決定を覆す大逆転を果たした。

名古屋に残された明治の建築は決して多くはない。だが僅かに残された建物にはさまざまなドラマが宿っている。時としてそれは、奇跡的な瞬間で我々を出迎えてくれるのである。

＊協力：名古屋市緑政土木局
名古屋市市政資料館
名古屋市緑化センター
博物館 明治村

明治中期の名古屋繁華街をゆく

森 靖雄

明治時代の名古屋市街地

「明治時代」は、まだ藩政時代の名残が色濃く残る初期から、「脱亜入欧」を目指す欧風化の努力時代や憲法制定を経て、やがて「大正デモクラシー」期を迎える前夜まで、日本も名古屋もめまぐるしく変化した時代であった。そのため、一口に「明治時代」といっても、そのどの時期に注目するかによって街の様子は大いに異なる。とりわけ「小売り」分野に視点を当てようとする本節では、重点時期を定めないと描き出すことができない。

そこで、この節では、明治のほぼ中間期、年次でいえば1880年代末（明治20～22年）頃に焦点を絞って見てみることにしたい。この時期については、森靖雄編著『尾張・三河 明治の商店絵解き散歩』という本が出ているので、愛知県内主要都市の商売の様子について興味のある方はご参照いただきたい。

この時期の特徴を要約すれば、人々の暮らしは基本的に近世とそれほど大きくは変わらず、他方、名古屋市内などでは外国からの輸入品を扱う店や新しい売り方が増え、そうした新しいモノやコトが好きな人たちが競って求めたり食べたりしつつあった。例えば、夜のくらしの主役であった「あかり」を見ると、多くの家では、図1の写真のような、小皿に入れた菜種油に灯心を浸して点火した「灯明《とうみょう》」を光源とする「行燈《あんどん》」であった。「明るさ」がお金に変わる商店の店先や、街の辻、橋のたもとなどの街頭や裕福な家、富農の家などでは、輸入品であった「灯油」を燃やす明かりを利用した、図2の写真のような「ランプ」が普及しつつあった。

それと並行して、1880年代の後半になると図3のように各地で発電が試みられ

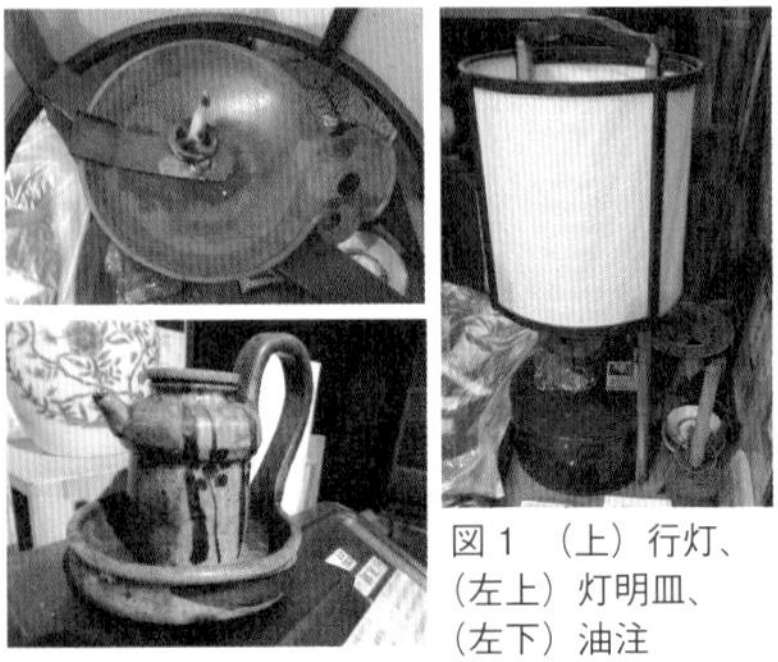

図1　（上）行灯、（左上）灯明皿、（左下）油注
元尾張藩御用商人「熊野屋」蔵

図2　ランプ　（左）一宮市木曽川資料館蔵、（右）岡崎美術博物館蔵

た。その多くは石油を熱源とした火力発電であったが、初期には送電技術が低く距離が延びるほど電気が減衰するため、営業的に成り立つのは発電所から数百メートルの範囲が限界であった。名古屋での

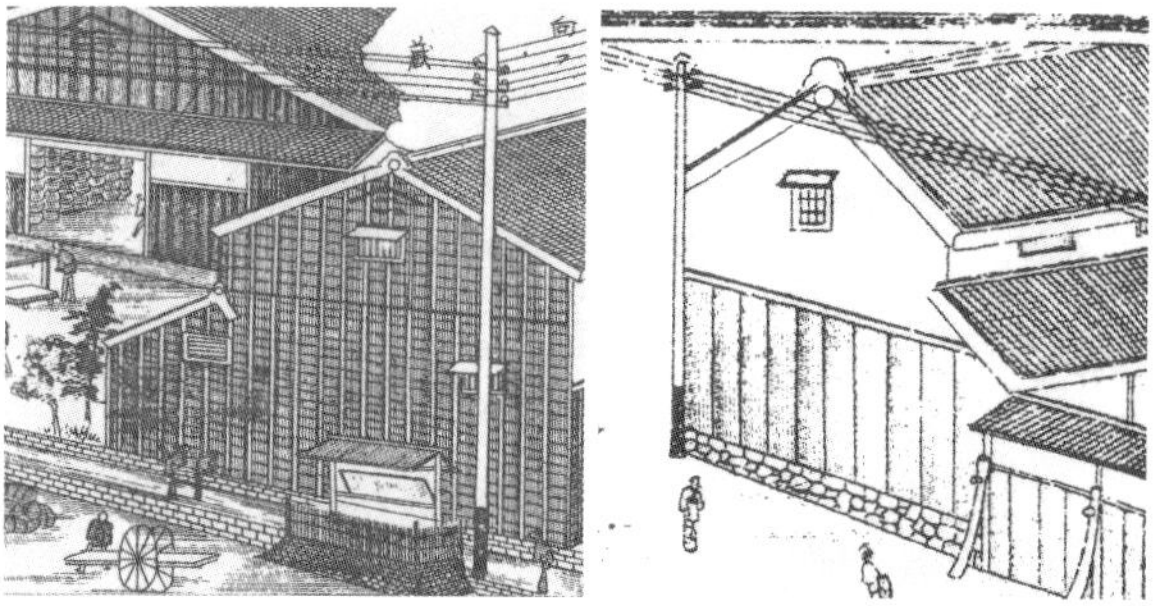

図３（左）亀崎町（現半田市、『尾陽商工便覧』）（右）豊橋町（『参陽商工便覧』）いずれも名古屋電灯以前にすでに送電がおこなわれていた。

本格的な発電は、士族授産の一環として1889年（明治22）に現在の伏見の「でんきの科学館」の場所に創業した「名古屋電灯会社」であった。ここも当初は火力発電であったが、送電開始は2年後の1887年11月3日とされる。ところが輸入品である電球が届かず、実際の開業は12月15日にずれ込んだ。大都市の送電開始としては、東京、神戸、大阪、京都に次ぐ5番目。開業当初の電気使用目的は電灯だけであったが、契約数は400灯ほどであった。

間もなく、大須などの遊郭でも使用の動きが出て、名古屋商業会議所を動かしていた奥田正香らが旭廓《あさひぐるわ》の経営者らによる民間資本を募って、「名古屋電力会社」を創業した。両社は市内の契約者の取り合いで摩擦が起きた。名古屋電力は間もなく現在の（今はもう廃止されたが）八百津発電所を建設して運営経費《ランニングコスト》が低い水力発電所を建設し始めたが、資金難で頓挫する。そこで、当時の名古屋政財界が介入して名古屋電灯と合併させ、新しい名古屋電灯会社に再組織して今日の中部電力の基礎を築いた。その合併を推進したのが福澤桃介と下出民義で、この二人の役割については本書146〜149ページで紹介する通りである。

名古屋の繁華街とそれぞれの特徴

明治中期の名古屋商業に関しては、ほぼ同じ時期に発行された2点の資料がある。本書8〜9ページに紹介された1886年（明治19）発行の「名古屋明細地図」と、1888年発行の『尾陽商工便覧』（詳しくは『尾張・三河 明治の商店絵解き散歩』参照）である。

碁盤割

城下町名古屋の中核である名古屋城は北と西を庄内川で守る形で、お城は城下町の北端に築かれ、東は武家屋敷で固めた。したがって市街地はお城の南に広がる。城の南に接して正方形やそれに近い矩形の道路が整然と並んだ一区画がある。現在の地名でいうと、北は都心環状線が上空を覆う東西道路「東外堀通」、東はテレビ塔などが建つ久屋大通、南は広小路（ここだけはもう二筋ほど南まで同じ区割りが続く）、西は伏見通、で囲まれる一区画である。名古

屋の城下町が造成された時に、清須城の城下町をほぼ丸ごと名古屋へ引っ越させた「清須《きよす》越《ごし》」の際に、商人の多くをここに集めた名古屋の商店街発祥の地で、その区画形状が似ていることから「碁盤割」と呼ばれている。

従って、この一角は、今は事務所系のビルが増えたが、名古屋城下町が形を整えた1615年（元和元）前後からおおよそ400年にわたって、一大商業地区であった。大津通、久屋大通、伏見通など戦後拡幅された道路もあるが、

図４　上から、明治中期の伊藤呉服店、同大丸屋呉服店、林市兵衛時計店　いずれも『便覧』

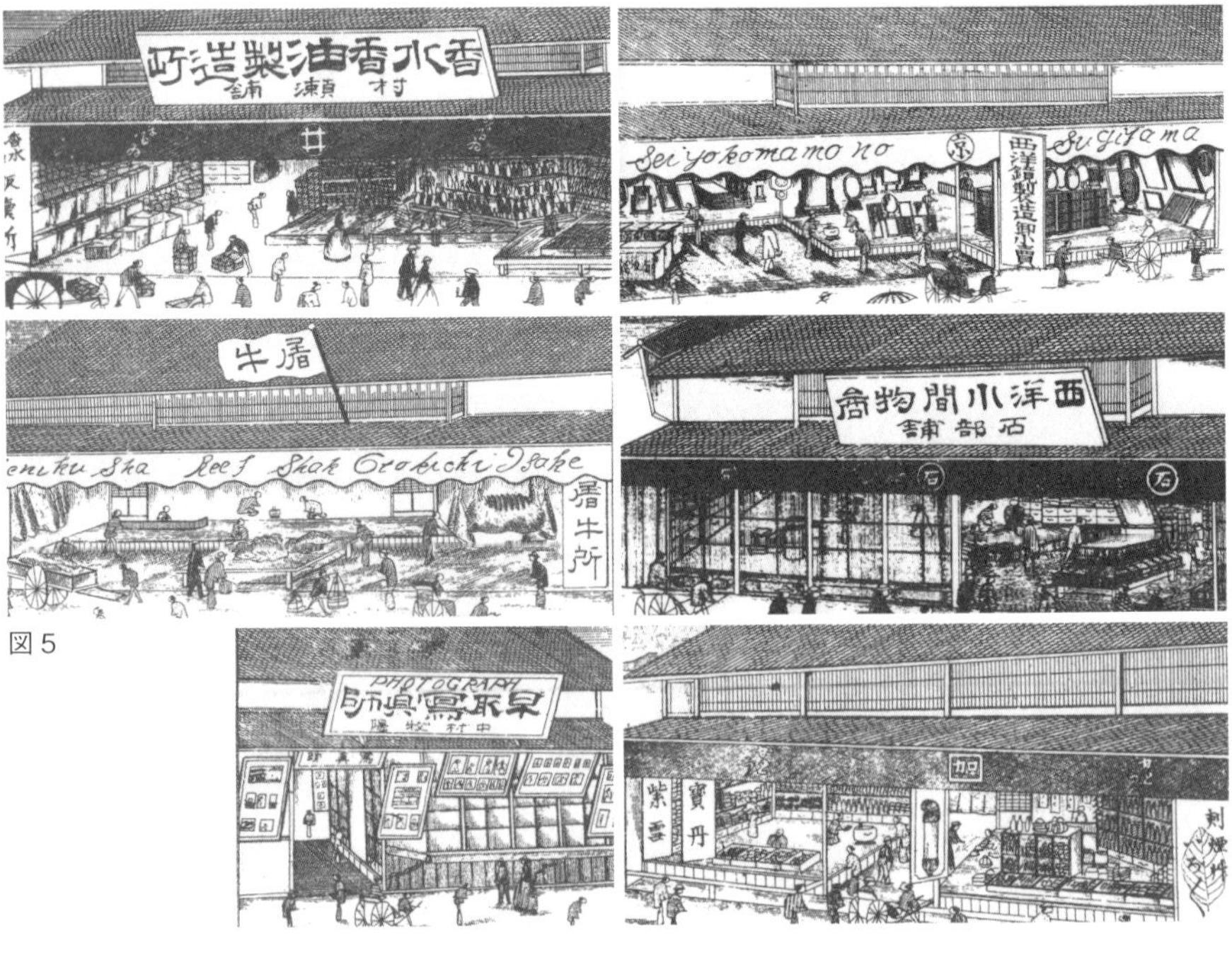

図５

大半の道路は道幅も創設以来のままである。

当然のことながら、商家の盛衰・変転は避けられないが、『尾陽商工便覧』(以下、『便覧』)には、今は「松坂屋大丸」となっている「伊藤呉服店」と「大丸屋呉服店」が、いずれも本町通近辺で図4のような店で営業していた。同じ通りには庶民にも売られるようになった「時計」の店もあった。林市兵衛は、本業は尾張藩最大の材木商であった「材摠《ざいそう》」で、のちに愛知時計を創業した(図4)、掛け時計の日本最大のメーカーであった。ちなみに掛け時計は、機械《メカニック》と振り子以外の部分は大半が木製であった。自家製の掛け時計の売り始めがちょうどこの時期なので、この絵図に描かれた時計が輸入品か自社製品かは微妙である。

ほかにも、図5にあるような、西洋鏡屋、タバコ・キセル屋、香水・香油屋、牛肉屋、早撮り写真屋や、マッチメーカー、洋服仕立て屋、ランプ屋など、多様な新しい商品や輸入品を扱う店が出現した。

円頓寺商店街

城下町発展とともに町民が増え、旧城下町の周辺に新しい住宅地や商店街も形成された。中でも、碁盤割の日用品商店街であった茶屋町の通りや魚町通りにも便利な、五条橋から名古屋駅へ通じる円頓《えんどう》寺《じ》の通りは庶民的な店が多い商店街として発展した。

栄地区

碁盤割の南東角に当たる栄交差点(現・栄町通りと武平町通りの交差点)の周辺には、図6のような名古屋市役所、北東角(現・愛知県芸術文化センター、ＮＨＫ放送センタービル辺り)に図7のような愛知県庁、そして県会議事堂、その東に愛知県警察署、武平町の通りに沿って県庁の北には県立女学校、その北に愛知県測候所が並び、官庁街を形成していた。

ちなみに図6の市役所があった場所は、現在の栄交差点の南西角である。当時の市長がいとう呉服店の伊藤祐民《すけたみ》に百貨店の創業を勧めたところ、祐民は「市役所の場所を譲って貰えれば…」と答えた。その数年後に市役所は現在の場所へ移転したため、跡地はいとう呉服店に譲られ、伊藤家はここに名古屋最初のデパートを開業した、という逸

図6　名古屋市役所　1880年8月新築移転
名古屋市鶴舞中央図書館蔵

図7　愛知県庁　1877年竣工
名古屋市鶴舞中央図書館蔵

話が伝えられている。

広小路と堀川・笹島停車場

その栄を東端として西へ広小路通が続く。当時は堀川までが広小路で、街づくりではこの道が一応城下町の南限に近かった。一応と断る理由はのちほど説明する。広小路は、その後拡幅もされたが、開設当時は名古屋でもっとも広い道路であった。防火帯を兼ねていたため、当時としてはだだっ広いこの道には恒久建築は許されず、広場が続くような感じであった。そのため、この通りでは掛け小屋による芝居や、露店などが立ち並び、常時お祭り広場の様相であったと伝えられている。

広小路の西端「堀川」は、名古屋城の築城や名古屋の城下町づくりと並行して開削された人工河川で、名古屋の物資輸送の大動脈となり、今日、史跡化した「四間道《しけみち》」に残るような問屋街が両岸に連なっていた。

図8は、当時天満橋東詰で汽車・汽船積荷物問屋を営んでいた「大六組」の店舗である。帆船が天満橋まで遡上した図は帆柱がつかえて下流の橋をくぐれなかったはずで、誇張であろうが、左の写真のような船で建物のすぐ下まで荷物を運ぶことができ、船と問屋の間で直接荷物の揚げおろしができた。図8でいうと、川側から荷揚げして、店の手前の道側で営業活動をするという構造であった。

図9の写真は明治末期の堀川風景である。右端近くに大量の木材が立っているので、下流の白鳥付近を撮影したと思われるが、川と商家の関係は絵図とそっくりである。

広小路の西は田舎道で、1886年に、西の突き当たりの広大な湿地を埋め立て、通称「笹島ステンショ」「笹島停車場」などと呼ばれた官設鉄道「名護屋《なごや》駅」が開設された。それに合わせて笹島まで広小路の延長が決まり、栄と笹島を結ぶ路面電車線も敷設された。

この駅は翌1887年に300mほど北に、当時は東洋一の規模といわれた駅舎が完成し、駅名も「名古屋駅」に改称された。電車線も延伸され、旧笹島駅は貨物専用駅として残された。現在の「東海道線」は、建設当初の事情から「中山《なかせん》鉄道」と呼ばれていたが、1885年に「東海道線」と決まった。

図8　堀川沿い天満橋の船問屋「大六組」（『便覧』）

図9　明治末期から大正初めころの堀川
（『愛知県写真帖』）1913年

大須

もう一度栄に戻って、先ほど碁盤割の南限をやや曖昧にしたのは、広小路の南に「大須」と「熱田」の二大繁華街があり、明治後期に路面電車も開通した大津通や、本町通（途中で通りの名称は変わる）などを行き来する人の動きがあったからである。

栄の交差点から約1・5㎞南へ行くと「大須」に着く。この一帯は名古屋城下の南を守る要害地域で、市内最大の社寺集積地域である。特に大きい社寺は例外なく尾張藩の庇護を受け、万一南から攻められた時には、ここが兵站基地と出撃基地を兼ねる役割を担っていた。

そうした危険性を帯びた地域であるため、一般庶民は敬遠して住まず、刑場もあればお寺詣り・お宮詣りもできる、色町（旭廓）や芝居小屋などもある、そうした来客相手の飲食店や写真館なども多数営業するという、広義の遊びが混在する、尾張藩公認の遊興型歓楽街が形成されていた。

ここで立ち止まると、朝まで帰れなくなりそうなので深入りするのは避けて、もっと南下すると熱田に着く。

熱田

熱田の名は言うまでもなく「熱田神宮」に由来する。熱田神宮と伊勢神宮との関係など神話にわたる来歴は省略して、近世末期から話を始めれば、ここは東海道「宮宿《みやしゅく》」で、この宿から桑名宿までの海路7里（約28㎞）は、幕府が定めた東海道唯一の海上公路であった。そのため東から西へ行きたい旅客にとっては7里分歩かずにすむ、西から来る客にとっては、名古屋や江戸へ行くのに楽できる便利な宿場であった。そうした事情や、名古屋城下へ近いこともあり、東海道の中でも格別利用客の多い宿場の一つであった。名古屋市と合併したのは、1907年（明治40）で、それまでは愛知郡熱田町であったが、それ以前から商品流通や旅客の往来などでは事実上名古屋城下町と一体化していた。

図10は2隻とも日本郵船会社所属の客船で、中央の外輪船は旧共同運輸会社所属であった1884年進水の「駿河丸」721トンの鉄鋼船、左に見えているのは旧郵便汽船三菱会社所属であった1869年進水の「田子浦丸」762トンの木鉄混合船である。

図10　中央は「駿河丸」、左は「田子浦丸」（『便覧』）

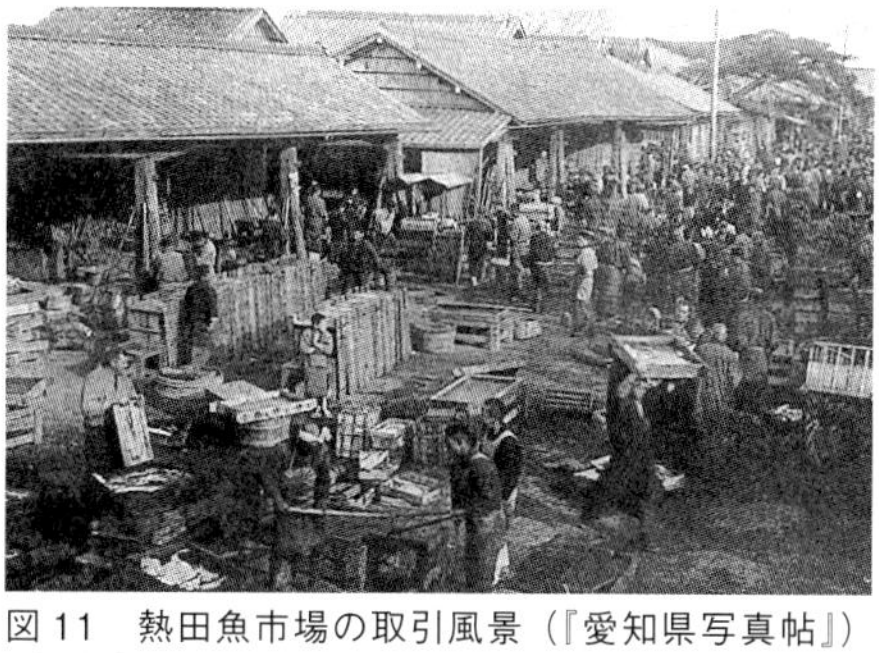

図11　熱田魚市場の取引風景（『愛知県写真帖』）1913年

両社は激しい競合の末1885年に合併した。こうした大手資本の参入によって帆船主体の地元中小海運業者は遠距離輸送がなくなり、自分たちも合併して会社化し、湾内や近県の輸送を中心に棲み分けたが、多くの個人経営の海運問屋は消えていった。

図11の写真は、熱田の魚市場であるが、おもに伊勢湾で獲れる魚貝類が運び込まれた。

「駿河丸」や「田子浦丸」のような大型船は、例外なく蒸気で走る汽船かそれと風力を併用する気帆船で、よほど悪天候でなければ定時運行ができた。三菱や日本郵船は出帆日時を定時化し、それを売りにして集客を図っていた。しかしこうした船を動かすには多額の費用が掛かり、短距離輸送には不向きであった。そこで鮮魚輸送など伊勢湾内では主に手漕ぎ船が活躍した。

伊勢湾周辺における鮮魚取引は早朝1回、熱田魚市場は朝夕2回競《せ》りがおこなわれた（鮮魚取引の様子は上の絵図参照）。競り落とされた鮮魚は、地方の市場や、熱田の魚市場へ運ばれて、そこで地方市場や市内の料理店など大口顧客に分売され、多くの魚貝類は朝食に間に合う時間に店頭や顧客へ届けられた。

この素早い輸送のため、競り落とされた鮮魚は一刻も早く他の市場へ届ける必要があり、そこで待つ荷受人は最先着船に運賃とは別に若干の報奨金を出す習慣もあった。そこで運搬業者は、船足が速い「早船《はやぶね》」と呼ぶ快速艇を用意して、運搬依頼を待ち受けるようになった。図12で舳先《へさき》がそり上がった細身の船が描かれているのがそれである。

こうしたあれこれの事情で、「七里の渡し」は関東方面からお伊勢参りや西国方面へ行くには熱田から船で行くのが便利で、歩かなくても済むため男には楽でもあった。ただ当時の小型船にはトイレがなく、女性は船旅を敬遠して歩く人が多かった。その場合は、鈴鹿山脈を越えて大回りする必要があった。

図13の絵図は宮宿から船に乗る人たちが前泊する、熱田

図12　浜の魚市場風景
亀崎の鮮魚問屋・梶川権左エ門
（『便覧』）

海岸の藤屋鎌太郎経営の蒸気船問屋である。こうした船問屋では、旅客の宿泊と輸送貨物の受け渡しを併せておこなっていた。

熱田港は木曽三川からの流入土砂が多く大型船が接近できず、大型船はここから4㎞ほど先の伊勢湾内の澪《みお》（海中の川）に巨大な柱を立てて、これに係留させた。この大型船と渡し場（埠頭《ふとう》）との間は、人も貨物も手漕ぎの小型船で運んだ。

熱田は外来品の出入り口でもあり、ほかではあまり見られない当時の最先端の商売も見られた。図14の絵図は、当時、大流行した乗り物「人力車」の販売店。今なら業務用自動車の販売店といったところである。いろいろなデザインの腰かけや幌を取り揃えて、好みの注文に応じていた。

図13　熱田海岸の蒸気船問屋（『便覧』）

図14　人力車販売店の店頭（『便覧』）

明治35年の名古屋をゆく
——泉鏡花と柳川春葉の名古屋見物

高木聖史

名古屋祇園うどん・きしめん調査

ご存じの方は少ないかもしれないが、名古屋市鶴舞中央図書館2階には名古屋なんでも調査団の詰め所がある。詰め所といっても、見た目はごく普通の図書館の窓口で、そこいるのもごく普通の司書にすぎない。もちろん専任というわけではなく、司書として名古屋の調べものを手伝うこと（レファレンスサービス）、調査団員として資料の中に埋もれた名古屋の歴史・文化を紹介することを目的に日々活動している（図1）。

調査団が2019年におこなった「名古屋祇園うどん・きしめん調査」の調査報告書で少しだけ紹介したが、明治時代に特派員として名古屋を訪れた2人の小説家がいた。彼らは「幅《はゞ》三分《ぶ》ばかり長《なが》さは箸《はし》にて手切《ちぎ》りたれば知《し》るべからず、扁平《へんぺい》にして色淡黄《いろたんおう》なり、其状《そのじやう》頗《すこぶ》る条虫《さなだむし》に似《に》たり」と、きしめんの見た目をありのままに表現し、「きしめんと言《い》つて貰《もら》いたいね。是《これ》は他所《よそ》に類《るい》が無《な》からう」と土地っ子がきしめんを自慢するさまを観察している。

図1　マスコットキャラクターの758くん　名古屋なんでも調査団は2012年に結成された。

図2　名古屋の名産品（『愛知縣下商匠便覧』）名古屋市鶴舞中央図書館蔵

2人が名古屋見物で見聞きし、おそらく食べたであろう名物は、雑誌『新小説』（春陽堂書店）に掲載されている。これを手がかりに明治時代の名古屋の名所や名物をご紹介しよう。

特派員は小説家

1902年（明治35）、名古屋に市制が施行されて10余年、市域は現在の中区・東区を中心とする地域のみで、隣町の熱田や鶴舞公園辺りは厳密にはまだ名古屋ではなかった。熱田町が名古屋市に編入されたのは1907年のことで、後に鶴舞公園となる敷地はその2年後に編入されている。

この年、『新小説』は社会

欄を拡張して各地の都会の人情風俗、工芸、風景、その他を掲載することを決め、その最初に名古屋市と伊勢地方が選ばれた。特派員は尾崎紅葉門下四天王のうち2人、泉鏡花（1873～1939）と柳川春葉（1877～1918）。金沢生まれの28歳と東京生まれの24歳の小説家コンビだ。

2人の取材旅行の成果は、同年の『新小説』4月号・5月号誌上で「名古屋見物　附け伊勢まゐり」としてすぐさま披露されるが、まずは『新編泉鏡花集』（岩波書店）の年譜で実際の行程を確認しておこう。

1月31日、空前の人気作となった『金色夜叉』を断続連載中の尾崎紅葉宅を訪れた2人は、そのまま東京を出発して名古屋へ向かった。4日は和達陽太郎（当時名古屋市電話交換局長）宅に泊まり、5日は富沢町の花月楼でおこなわれた歓迎会に出席して、杉野喜精（当時名古屋銀行支配人）宅に泊まっている。6日は和達陽太郎夫人の瑾《きん》の案内で名古屋市内をめぐり、大須の宮房楼で宴会、7日からは和達陽太郎の案内で伊勢に向かい、10日の夜に名古屋から帰京している。

「名古屋見物」4月号の冒頭、特派員は夜汽車に乗り通して「1日の朝」に停車場《ステーション》に到着とあるので、2人が名古屋に滞在したのは2月1日から6日までの6日間ということとなる。

特派員は名古屋停車場に到着後、長者町まで電鉄にのり、そこから人力車で大須界隈にいっている。「名古屋見物」を素直に読み進めると、到着した日に前津の東陽館で宴会がおこなわれたかのように読める。名古屋名物などの話でおおいに盛りあがった宴会は4月号では終わらず、5月号も引き続き宴会の場面がずっと続いているのだと思っていると、きしめんの話題から急に熱田に場面が移動してしまう。そのあとすぐ本願寺の御殿（東別院）に場面がかわるのだが、5月号の終わり近く、広見でやや唐突に今日は「明治35年2月6日午後2時」だと日時を教えてくれる。

1泊後の2日目くらいに感じていると、いつの間にか時空を超えて名古屋滞在の6日間が終わってしまうのだ。すこぶる面白い読み物だが、わかりにくい部分もあるので若干の想像を交えて3つの観光ルートに整理してご紹介する。

明治35年の名古屋の観光ルート

6日間の滞在中は名古屋市内を行ったり来たりすることも当然あっただろうが、「名古屋見物」4月号・5月号の内容を地理上の位置関係も考慮して整理すると、観光ルートはおおよそ次のとおりになる。（○は4月号、●は5月号に登場するもの。数字はおおむね登場順だが位置関係から判断して一部いれかえている）

【名古屋停車場～大須～前津の東陽館コース】

①名古屋停車場に到着、電鉄（路面電車）で長者町（●長者町の湯）までいき、腕車（人力車）で大須へ

②大須界隈を見物（狐膏薬と熊胆丸の大看板、観世物、寄席、活動写真、水

族館、大須観音、新地（遊廓）、浪越公園、●愛知県博物館（猿面茶室、松月斎、動物園、五二会））

③前津の東陽館で宴会（美術品陳列所、2階は大広間、1階は桔梗・梅・萩・紅葉などの名のある小さい間）

【熱田コース】

❶熱田神宮に参詣

❷路《みち》しるべの石（東海道道標）を見物

❸七里の渡し前の伊勢久で食事

【東別院〜前津コース】

❹本願寺の御殿に参詣（図3）

❺広見で餅と眺望を楽しむ（遠望に久屋の記念碑、ここから少しいくと夜寒焼（不二見焼の誤りか？）の窯元）

❻三都無類の龍門を見物（茶室、庭園）

❼七本松の牡丹亭で食事

❽お池のあたり（大池）の周囲を散策

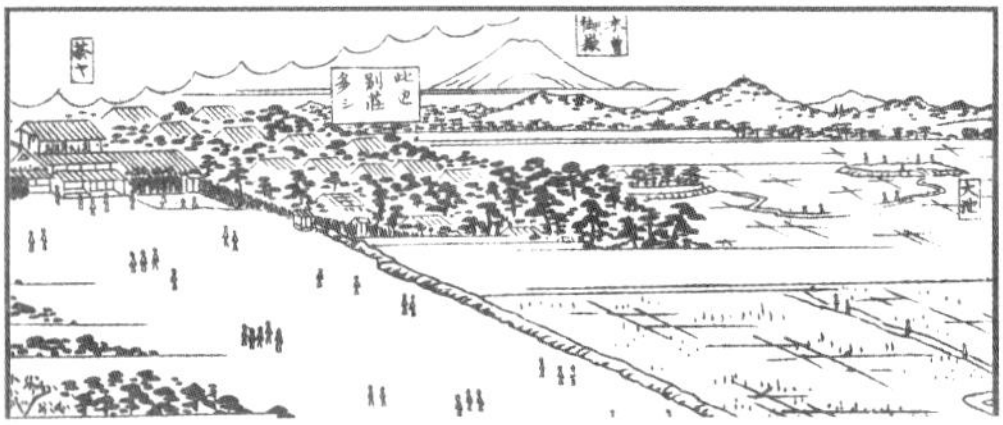

図3　東本願寺掛所其一（部分、『尾張名所図会』）名古屋市鶴舞中央図書館蔵
東別院裏では広見餅が売られていた。見晴らしがよく東には大池が見える。

前述のとおり、③東陽館の宴会の場面は4月号・5月号と号をまたいで続き、名古屋名物・名所・風俗の話で盛りあがる「名古屋見物」の一つ目の山場となっている。1日目は大須からすぐに東陽館の場面となるが、取材旅行の6日間に体験したことの多くを前倒しにしてここに詰め込んだといった感じだ。

明治35年の名古屋名物の食べもの

それでは、東陽館の宴会で紹介される名物の食べものの数々をご覧いただこう。

まずは菓子から。すべての菓子ランキングの中で第三位以下には落ちることがない（つまり一位・二位をあらそうほどおいしい）「羹甘《やうかん》」。赤と白の「外郎《ういらう》」は二日酔いの口にもあう。

焼芋のかわりに料理屋の中で屈指の得月の「鰻《うなぎ》」をまぶしで。さらに得月の「奈良《なら》漬《づけ》」は日本随一で折紙つきの名品だという説明のあと、「私《わたくし》は其《そ》のお香《かう》の物《もの》で茶《ちゃ》づりませう」とある。得月の鰻のまぶしは椀つきなので、食べ方は現在のひつまぶしとかわらない。

再び菓子が登場し、尾張藩主徳川義直に招かれて名古屋に住んだ明からの帰化人、陳《ちん》元贇《げんぴん》が製法を伝えたという「元贇焼《げんぴんやき》」は柳町の角で売っていた。

料理の話になると、芸妓が名古屋の有名料理店をうたって紹介してくれる。「味《あぢ》は河文《かはぶん》、眺《なが》め前津《まへづ》の香雪《こうせつ》軒《けん》よ、愉快《ゆくわい》お納屋《なや》の奥座敷《おくざしき》、席《せき》の広《ひろ》いは金城館《きんじやうくわん》、チョイと二次会河喜楼《にじくわいかはきろう》」

東陽館の場面以外では「広《ひろ》見餅《みもち》」が登場する。味はよいが餅をのせる器（盆）が独特で、筆簞笥《ふでだんす》の引出《ひきだし》のようなものしあるが、ちょっと想像がつかない。あと忘れてはならない「うどん・きしめん」は後述しよう。

明治35年の名古屋の風俗

東陽館（図4）の宴会では、当時の名古屋の茶の湯、生け花、衣服、化粧（「名古屋名物偉大なる白粉屋《おしろひや》」）などの風俗も紹介している。

「凡《およ》そ一町内《いつちやうない》に一構《ひとかまへ》ぐらゐ、茶《ちや》の湯《ゆ》、活花《いけばな》の宗匠《さうせう》の控《ひか》えて居《ゐ》ない処《ところ》はない、久田《ひさだ》、松尾《まつを》、千家《せんけ》表裏《おもてうら》、藪《やぶ》の内《うち》、流名《りうめい》も十指《じつし》をかさねて折《を》るべしだ、花《はな》の如《ごと》きも靖流《せいりう》、宗阿弥《さうあみ》、松《しやう》月堂《げつだう》をはじめとして其《そ》の数《かず》凡《およ》そ十七流《じうしつりう》」と、よそから来た人が驚くほど茶の湯や生け花が盛んだった。前津の「龍《りう》門《もん》」、日本三茶室の1つに数えられた「猿面《さるめん》の茶室《ちやしつ》」、尾張藩十二代藩主徳川斉荘《なりたか》が造った「松月斎《せうげつさい》」と、茶室関係の話を土地っ子などが熱く語るのも当然だ。

市中一般の衣服の趣味は上方風で、色はしぶいものが多いのだが、そのかわり帯はよそではあまり見かけないくらい派手だった。呉服屋は「伊藤《いとう》」（現松坂屋）、「大丸《だいまる》」、「桔梗屋《ききやうや》」、「十一屋《じふいちや》」、大須門前の「丸藤《まるとう》」が主な5軒で、この頃はある夫人が考案したという「江戸《えど》紫《むらさき》の縮緬《ちりめん》に縫模様《ぬひもやう》のある肩掛《かたかけ》」が大流行していた。男性の衣服では、長襦袢《ながじゅばん》を着ているのはよそにはないことだった。

そして、いよいよ名古屋名物の偉大なる白粉《おしろい》文化が登場する。「白粉《おしろい》を用《もち》ゆること三《さん》都随一《とずゐいち》」で、どうやらこの頃の名古屋の女性は白粉で真っ白だったらしい。しかし、もともと素肌は白くて、きめもよいとあるから、白粉文化が名古屋で偉大にまで発達した理由は謎でしかない。

図4　名古屋東陽館図　1899年　名古屋市鶴舞中央図書館蔵

ただ、「誰《たれ》が何《なん》といつても、名古屋《なごや》には美人《びじん》が多《おお》い」のだ。こちらの方はどこまで信じてよいのかわからないが、「色《いろ》が白《しろ》い、色《いろ》が白《しろ》い、狆《ちん》ころが聞《き》いて呆《あき》れら、饂飩《うどん》ばかり食《く》つてるからだ」と、ちゃんと理由が書かれている。

ここで名物のうどんが初登場すると、「きしめんと言《い》つて貰《もら》いたいね。是《これ》は他所《よそ》に類《るい》が無《な》からう」という土地っ子の発言がつるっと飛び出して、急に場面が東陽館の宴会から熱田に切り替わる。

熱田コースときしめん

明治35年の名古屋の観光ルートの1つに熱田コースがある。熱田町は正確にはまだ名古屋市ではなかったが、2人の特派員も特に疑問に思っていないようなので、名古屋と熱田は一体のものだったと考えてもよいのだろうか。

さて、熱田コースのメインデッシュは「熱田神宮」だとほとんどの人は思うだろう。しかし、泉鏡花らはそうではなかったようなのだ。わずかに、鳥居前の小石を拾って袂《たもと》に入れて熱田神宮に参詣するとなんでも願いが叶うと（小石はあとで返さないといけないとも）教えてくれているが、肝心の境内の方は広いとしか書かれていない。

それでは熱田コースのメインデッシュは何なのだろうか。もうおわかりだと思うが、それは「きしめん」である。「幅《はゞ》三分《ぶ》ばかり長《なが》さは箸《はし》にて手切《ちぎ》りたれば知《し》るべからず、扁平《へんぺい》にして色淡黄《いろたんおう》なり、其《その》状《じやう》頗《すこぶ》る条虫《さなだむし》に似《に》たり」という平打ち麺に、油揚《あげ》と菜っ葉をのせて「あつらへの汁《つゆ》加《か》減《げん》」で食べさせるものだ。書かれてはいないが、かつお節を薄くけずった花かつおものっていたことだろう。

2人の特派員の報告によると、当時のきしめんの値段は1杯1銭だった。明治10年代に愛知県中学校（現旭丘高等学校）に通った笹川臨風の想い出によれば「名古屋名物のきしめんは1杯8厘」（『明治還魂紙《すきがえし》』）だったので少々値上がりしているが、きしめんは安くておいしい食べものだった。

また、冒頭に載せた『愛知縣下商匠便覧』の図には「一八　うどん　きしめん」と書かれた看板がある。この「一八」はおそらくうどん1杯8厘の値段を表したものでこの「一八」を屋号とする店もあった（図5）。

図５　図２の看板を拡大

話を「名古屋見物」に戻そう。熱田コースの話は、❷路しるべの石（東海道道標）からはじまり、この道標を見て❶熱田神宮からもう2町も来たのかと驚き、❸七里の渡し前の伊勢久でご飯にしようと続く。

このような順番になった理由はやはりきしめんだろう。『名古屋見物道中膝栗毛』の「大竹屋　二八うどん」の看板の下にも描かれているこの1790年（寛政2）生まれの道標の話は、きしめんを紹介するうえで欠かせないと泉

図6　道標（『名古屋見物道中膝栗毛』）名古屋市鶴舞中央図書館蔵

鏡花らは考えたのではないだろうか。

なお、この道標は元の場所からは少し移動しているが、現存して熱田区の史跡となっている（図6）。

きしめんを再調査

それではきしめんと東海道道標がどのように関係しているのか調べてみよう。

「名古屋名物」では随筆ずきが、きしめんのことを「了意《れうい》法師《はうし》が海道第一《かいだうだいいち》と賞《ほ》めたでせう」と教えてくれるのだが、これは浅井了意の『東海道名所記』（1660年頃に成立）に書かれた「いも川　うどんそば切あり、道中第一の塩梅よき所也」のことだろう。

1682年刊の井原西鶴の『好色一代男』には芋川《いもかわ》の名物として「ひら温飩《うどん》」が登場するが、この芋川のうどんがきしめんと同じ平打ち麺であったことは、1853年に成立した『守貞謾稿』で確認できる。江戸で平打ちうどんのことを「ひもかわ」と呼ぶのは芋川がなまったもので、江戸のひもかわと同じものを名古屋では「きしめん」と呼ぶと書かれているのだ。

2人の特派員が東海道五十三次の熱田の宮宿まで足をのばし、わざわざ道標を見物しにいったのにはきっと何か理由がある。それは、名物のきしめんのルーツは芋川だと言いたかったのではないだろうか。

しかし、調査団の調査によると、芋川こそきしめんのルーツだと言い切ってよいのかは少し疑問だ。

「芋川」がなまって「ひもかわ」に変化したというのは確かにありそうな気もするが、「芋川」が「きしめん」にというのは無理があるだろう。そもそも芋川の名前のまま伝わらなかったのが不思議なくらい芋川と名古屋は近すぎるのだ。

芋川の場所については諸説あり、地名ではなく店の名前だという説もあるが、おおよその場所は東海道五十三次の池鯉鮒《ちりゅう》と鳴海の間の今岡村辺り（現刈谷市）であるということについては諸説一致している。

味の評価でも気になる史料がある。『国花万葉記』（1697年）に次のように記されているのだ。

「芋川温飩　道中一番のうどんの名物也。海道にしてはしかり。いまた繁花之地ニ出る麺類ニ不過」

後半の意味は、街道（にある茶屋の中）では確かにそうだが、繁昌した都会の麺類をこえるものではない、といったところだろう。

芋川に近い都会といえばまず名古屋だ。1802年に名古屋を訪れた曲亭馬琴が「此地うどんはなはだよし」（『羇旅漫録』）と記しているように、名古屋のうどんは全国屈指のおいしさで、織田信長の父・信秀の時代にはすでにこの辺りは麺の先進地域だったとも考えられている。

そして、諸国の名物珍味を記した『料理山海郷』（1750年）には幅五分（約1・5㎝）ほどの短冊に切った「きし麺」の作り方が載っている。花かつおを入れる点など、現在のきしめんに通じるものがあるが、残念ながらどこの料理かはわからない。

きしめん最大の謎である語源について言及しておこう。もともとは碁石《ごいし》型だったとする碁子麺説では形が変わっても名前が変わらなかった理由が必要になる。具が油揚になる前はキジ肉を使っていたとする雉子麺説や何らかの形で紀州と関連する紀州麺説なら一応の説明はつくが証拠がない。

雉子麺説や紀州麺説はそれぞれさらに細かな説にわかれて乱立しているが、前述の大竹屋が発祥だとする説もある。「熱田伝馬町の大竹屋といううどん屋の裏には稲荷大明神があり、そのお供への油揚を平打ちのうどんに入れたのが好評を得、七里の渡しの客がこれを好んで食べるようになった。ところが、大竹屋の主人の生国が紀州であったので、世人が紀州めんと言うようになり、それがなまってきしめんとなった」という熱田発祥説なのだが、やはり証拠はなく、残念ながら謎はいまだ迷宮入りだ。

東別院～前津コース

再び「名古屋見物」に戻ろう。場面は変わり本願寺の御殿からスタートする。本願寺の裏（東側）の広見へいく途中に、「四角《よつかど》に饂飩屋《うどんや》が並《なら》んで四軒《しけん》」とある。『名古屋見物道中膝栗毛』にもうどん屋が通りの両側で向かい合ってにらめっことあるくらいだから、名古屋も熱田もとにかくうどん屋が多かったのだ。

そして、遠望に久屋の日清戦役第一軍戦死者記念碑を見ながら広見餅を食べた頃にはもう「明治35年2月6日午後2時」だ。

ここから少しいくと「夜寒《よさむ》焼《やき》といふ瀬戸物《せともの》の竈元《かまもと》がある」というが、夜寒の里は現在の熱田区夜寒町辺りである。位置的に不二見焼の誤りだろうか。

次は、七本松の牡丹の名所、牡丹亭だ。ここは大鍋の煮込うどんを火鉢ごと座敷へ持ち出して食べさせるのが売りで、「予《あらかじ》め椀《わん》の中《なか》へ、生玉子《なまたまご》がポーンサ、熱《あつ》い処《ところ》を薬味《やくみ》でつるりと遣《や》る」とあるから、まさかのすき焼き風に食べるうどんだ。その帰り道には行楽地の大池（図7）を通り、泉鏡花らの「名古屋見物」は終了となる。

取材旅行から2年後の1904年（明治37）、泉鏡花は名古屋を舞台とした小説「紅雪録」と「続紅雪録」を発表している。

図７　明治中期の大池（麹池）
名古屋市鶴舞中央図書館蔵

トピック

明治初期 愛知県下のコレラ禍

——衛生行政の始まり

松浦國弘

図1 「団団珍聞」1886年6月5日号

近代化が流行に拍車をかけた

明治政府は1880年（明治13）7月9日「伝染病予防規則」（太政官布告第34号）を公布し、コレラ、赤痢、発疹チフス、腸チフス、痘瘡《とうそう》、ジフテリアの六つの伝染病を指定するが、当時、そのなかでも最も恐れられていたのはコレラ（暴瀉病《ぼうしゃびょう》、三日コロリ）であった（図1）。

そのコレラが1822年（文政5）、わが国に初めて入ってきて、九州をはじめ山陽道から東海道の一部を襲うことになったが、この時さいわいにも箱根に関所があったこともあり江戸にまで達することはなかった。しかし、それから36年後、外国との交易が活発となっていた1858年（安政5）、再びわが国に入ってきて、今度は江戸をはじめ九州から北海道に至るまでわが国全土にまで拡がり国民を翌々年まで苦しめることになった。

さらに4年後の1862年（文久2）にはこれまでのコレラの流行をはるかに超えた未曽有の大流行となり全国で56万人余の患者を出し、江戸だけでも7万3千人余の死者を出した。伝染病は人と人との交流、交通が頻繁になればなるほど、それに比例して患者と死者が増え続けるものであり、それは新政府にとってもっとも厄介な問題の一つとなった。

《悪臭》が原因とされた

このコレラの原因については当時の先進国ですらまだ科学的に十分に解明されておらず、コレラをはじめ伝染病の多くは街路に放棄された腐敗物や溝渠《こうきょ》に溜った汚水、さらには辻便所や各家から汲み出される糞尿の不始末から生ずる《悪臭》がその原因であると考えられていた。

　1872年（明治5）9月の「愛知新聞」（24号）もこの点に触れ〈凡人生身体ノ健康ヲ保スルハ先衣服、飲食其他居所ヲ始メ都而《すべて》其身ノ触ル、処清潔ナルニ因レリ。然ルニ当名古屋地之義ハ戸数稠密、人員夥多ニ而余裕之地ナク、随而塵芥其他百種ノ廃棄物往々庭隅、路傍ニ取捨、日ヲ積テ腐敗鬱蒸シ其臭気空気ニ混淆シテ人ノ呼吸ニ随ヒ肺腑ニ浸潤スレハ嘔吐、暴瀉等諸種伝染ノ病ヲ醸シ、人身ノ大害ヲ成シ候ドモ皆右腐臭ヨリ起候……〉と述べ、名古屋でもこれらの悪臭をいかに除去すべきかが喫緊の課題であると報じた。そこで名古屋区では第一大区小六区の服部権九郎（元賤民の頭）を街路清掃責任者に抜擢し街区の環境整備に充てることになった。

　彼はさっそく市中から掃除人を雇い街路の清掃と同時に主要な場所に板塀で囲んだ簡易な不浄場（道端に穴を掘りそこに桶を埋め込んだ簡易なもの）を設け道端に濫《みだ》りに放尿しないよう積極的に市民の衛生観念の醸成に努めた。

　しかし、当時の市民は明治になってまだ5年余、内と外を明確に区分する共同体意識から抜けきれず、自分の家の周囲は身綺麗にするが外では汚し放題、市民としての意識も乏しく、ましてや公衆衛生という観念からは程遠い状況にあった。そのため掃除人が日々街路や不浄場の清掃に努めても、お構いなくその周りを汚したり板塀を壊したりするのが常態化していた。

　そこで県では1873年（明治6）3月「四街ノ便所露出ニテハ健康ヲ害スルに付蔽蔭《へいいん》ヲ設クル旨ヲ諭ス」（無号布達）を発す。この布達に呼応し「愛知週報」（1873年3月）も〈県下街衢《がいく》ニ建置セル便所之義ハ不潔ヲ露ハシ置ケバ其臭気人身健康ニ害アリ……謂レナク之ヲ毀損《きそん》スル者アリ不埒ノ至ナリ、因テハ今般厳重ノ取締申付タリ。若シ右等暴行ノ者ヲ目撃シ捕縛シテ届出ル輩アラハ保護トシテ金三円宛与フヘシ。ソレ各町昼夜共注意シテ怠ル勿レ〉と、不浄場を破損する現行犯を見つけ捕らえた者には謝礼3円を与える、と法外な報償金を示して取締りを強化するが、市民の衛生観念はそんなに簡単に変わるものではなかった。

コレラに対する市民感覚

　こういう衛生環境のなかでコレラ厳戒の裏をかくように1873年の前半から全国的に天然痘（痘瘡）が流行し始める。さいわい天然痘には不十分ながら今日でいうワクチン・種痘法が開発されており、この伝染病に対し県では同年4月「種痘の欠クベカラザルヲ諭シ種痘所ヲ設ク」（無号布達）を、また1カ月後の5月にも「仮種痘所規則ヲ定ム」（無号布達）を発し痘瘡の流行に備えることになった。

　しかし種痘という得体のしれないものへの恐怖が先立ち市民の間には中々浸透していかなかったが、政府は1876年（明治9）5月「天然痘予防規則」を発して幼児への種痘を義務づけ天然痘流行の防禦に努めた結果、天然痘の流行は徐々に収まっていく。

　しかし明治10年代になると行政が痘瘡の根絶にかかずらっていた明治前半期とは一転、かつて幾度となく国民を苦しめてきたコレラが和歌山県や大阪府等に発生したというニュースが新聞に連日報道し始めるや愛知県でも一気に緊張が高まり、この頃からは県の布達もコレラ戒厳一色に変わってくる。

　県では1877年（明治10）4月19日、乙第97号を発し市民に〈……街頭路側、家裏之水通、便所ハ勿論、下水溜リ、腐敗物等清浄掃除シ、水行之淹塞《えんそく》ナラサル様相達候処、猶等閑ニ打過キ候者有之、就中《なかんずく》名古屋市街ハ下水溜リ及ヒ悪水流シ等ノ設ケナキ地、其十ノ六、七ニ居レルヲ以テ処々腐水淹溜《えんりゅう》セリ。右臭気ノ人身ニ害アル挙テ言ヘカラス。之カ為ニ無数ノ病根ヲ醸シ、甚シキハ暴瀉病ノ如キ大患危害ノ難症ヲ流行セシメ其惨毒許多ノ人民ヲ死亡セシムルニ至ル、之レ何ノ故ニ然ル、皆平常家屋ヲ不潔ニシ腐水掩塞之カ臭気ニ感スルニ仍《よ》レリ、実ニ恐ルヘキ慎ムヘキモノナリ……〉と注意を促す。

1877年(明治10)11月10日の「愛知新聞」は〈七間町通り富沢町二丁目、鈴木寅次郎ハ虎列刺病に取付れたと見へ軒にコレラと書ひた張り紙をされ、査公が軒下に立番をされるのハ実に怖ひ事で有り升から皆さん寒期になっても油断をせずと益予防を厳重になさいまし〉と当地にも出現したことを報じ始める。しかし、これは一過性の発病(疑似虎列刺病の可能性)で、その後しばらくは県内の発症は報じられることはなかった。

その年の年末(12月28日)、内務省(大久保利通)は「乙第百十七号」を発し全国各府県にコレラ大流行の注意を促す。翌78年に入ると内務省令に従い、愛知県でも2月19日、県下各戸長に〈流行病予防之為メ便所、下水、芥溜ノ構造及掃除ノ儀、別紙内務省乙第百十七号ヲ以テ被相達候処修繕掃除等未タ一定之方法難相設候。尤人家稠密之地ニ於テハ夫々着手可致ハ勿論之事ニ候條略左之法案ニ因リ其地適宜之方法相立速ニ可届出此旨相達候事〉布達(乙第五一号)を発し、下水浚方ノ事、便所掃除ノ事、芥溜掃除ノ事を徹底するよう促す。

しかし、さいわいなことにこの年、愛知県ではコレラの発生を見ることはなく本格的に流行し出すのは翌79年6月に入ってからであった。愛知県では6月20日、県内にも拡がりを見せつつあったコレラの流行に対し次のような布達(甲第90号)を出し市民に注意を呼びかけることになる。

虎列刺病ノ忽《ゆるがせ》ニス可ラサルハ一昨明治十年以来数度布達セシヨリ普《あまね》ク熟知セシ儀ニ候得共、本年四月以降愛媛県下ニ於テ該病頻リニ流行、延テ大分県下ニ伝播シ病勢甚劇烈瞬時間ニシテ斃ル、者不尠。両地トモ今ニ撲滅ノ期ニ至ラサルノミナラス已ニ兵庫、大阪、京都等ニ於テ頃日該病流行ノ趣、就テハ当県ノ如キ舟車便利ノ地方ハ病毒伝播モ一層迅速ナルニ付各自専ラ予防致シ不測ノ患者ヲ被ラサル様精々注意致ス可ク本年ノ如キハ季候不順ニシテ追々暑気ニ差向キ候ニ付食餌ハ摂生ヲ主トシ家屋其他勉テ清潔ニ可致此旨布達候事

明治十二年六月二十日

愛知県令安場保和

*コレラが全国に蔓延化してきたこともあり、同年6月27日、政府は「虎列刺病予防仮規則」(24条)を発布する。

一方、コレラに対する市民の感覚は〈コレラが一足飛で隣県迄押寄しと甲所乙所も予防の祈祷で七五三縄《しめなわ》を青竹に張て町々に立飾りしが、どふやらしたら予防祭とても云程に集合して頗る呑噬《どんぜい》を逞しくする其町の中にも一昨日、日出町辺では余り甚しい故、或る町内の医者が酒肴の代で石炭酸か硫酸でも購求て不潔の処へ撒た方が幾分かし宜ひと説諭したのも中々聞入ず、されば安房(阿呆のこと)に付る薬がないと匙を投出した……〉(「愛知新聞」1879年7月9日)という状況にあった。この月の中頃より愛知県でも新聞にコレラによる発病とか死者が相次いで報じられるようになってくると同時に、月末より県内のコレラの発生状況(県衛生課)が新聞に連日掲載し始める。この伝染病に対し科学的に対処することができなかった当時の社会では祈祷などによってそれを払い除けようとする市民の姿はある程度やむを得なかったに

しても、コレラの拡大を防止すると言われていた消毒剤（石炭酸等）すら拒否する市民の態度には行政も権力をもってこれに対処せざるを得なくなっていく。

村八分の恐怖

愛知県では同年7月4日、市民に対しコレラに罹った場合隠すことなく警察署にすぐに届け出るように次のような県令を出す。

各地方追々虎列刺病流行既ニ本県下ニ於テ類似ノ症ニ罹リ死亡候者モ有之候ニ付テハ該病ニ罹ルモ病名ヲ押匿シ届出テサル様ノ義有之候テハ、夫レカ為メ自然蔓延ニ至リ不容易儀ニ付、自今該病流行中吐瀉ノ症候アル者ハ最寄警察分署へ可届出此旨布達候事。但病症ノ模様ニヨリ警察官ヨリ検査候儀モ可有之候事

明治十二年七月四日
愛知県令安場保和

しかし、この布達が出されても市民はコレラに対する恐怖のゆえか、行政に対する不信感なのか、あるいは避病院への隔離に対する恐怖なのか、多くの市民は身近に患者が出ても病気を隠し続け警察へ届けようとはしなかった。なぜならコレラと判ればその家には「コレラ」と大書きされた紙が貼られ、避病院への患者の移送や排せつ物を運ぶ運搬車にもコレラと記した黄色の小旗が付されておこなわれたため、名古屋区という繁華な街中とはいえ未だお互いが血縁、地縁という助け合いのなかで営まれていた生活のなかで、コレラという恐ろしい伝染病に罹ったことが近親者や近隣に知れ渡ったときの恐怖は村八分以上に恐れられていたからである。

しかし、行政としては病勢の拡大を何としてでも阻止しなければならず、市民の非科学的な態度を容認しておくわけにはいかなかった。その1カ月後にも行政は再度布達（甲第37号）を発し市民に繰返し注意を促さざるを得なくなっていく。

管下各所ニ追々虎列刺病蔓延候処、中ニハ其病名ヲ嫌忌シ濫リニ該病者ヲ隠匿シ不届出者有之趣間々相聞エ候。若シ右等ノ次第有之候而ハ独リ其者斃ル、ノミナラス、之カ為ニ防予方法ヲ欠キ其毒焔ヲ近隣近郷ニ及ホシ終ニ幾多の生霊ヲ斃スニ至ルモ亦保シ難ク実ニ不容易儀ニ付、右罹病ノ者有之時ハ決メ他ノ妄説ニ惑ハス速ニ医士ヲ招キ充全ノ治療ヲ受ケ各々貴重ノ生命ヲ亡ハサルヨウ注意可致此旨諭達候事。

明治十二年八月一日
愛知県令安場保和

コレラに念仏？

前述してきたように数多の布令を出し市民がコレラに罹った場合にはその事実を隠すことなく警察に届け出るよう促す一方、防臭消毒剤（石炭酸、硫酸等）はすでに行政や一部の篤志家によって撒布されてはいたが、病勢の拡大化に伴い行政による薬剤散布だけでは間に合わなくなり、県令（甲第97号）を発し、劇薬であるこれらの薬剤を薬局が直接一般市民に売れるようにした。それほどまでに事態は切迫していたのである。さらに行政はこの布達を出した2週間後の7月16日、布達（第121号）を発し市民に次のような注意を促す。

糞尿運搬之儀ハ炎暑ノ候、別テ注意可致ノ処、即今虎列刺病流行候ニ付当分ノ内家稠密ノ箇所ニ於テ防臭薬相用サル糞尿ハ一切運搬差止メ候條此旨布差候事。但貧困ニシテ薬品買入難キ者ハ町村戸長へ申出候ハ、無代価下渡候事。

明治十二年七月十六日
愛知県令安場保和

しかし、行政がこれらの布達を出したからといって市民はそんなに聞き分けのよいものではなかった。明治に入って12年過ぎたとはいえ文明開化は一部の知識人の間での開化に過ぎず、前述してきたように大多数の市民の意識はまだ因循姑息《いんじゅんこそく》の真只中にあった。名古屋区の市民ですらまだそんな意識状態にあったことを考えれば市外区の住民の意識は想像できよう。

その事実を新聞は次のように報じている。

〈事例一〉知多郡豊浜村（旧中須村）ハ虎列刺病迫々蔓延の勢ありて去月廿八日より同三十一日までに死亡者七人、新患者八人、其後追々新患者が沢山あるより巡査七、八人、医員六人同村に詰め合せ専ら消毒法を施されしゆへ村民ハ一同苦情を鳴らし出張医員に迫り、医員が種々説諭するも中々聞入れず竹槍を携へて已に衝掛らんとする勢なれば、郡吏員始め巡査三十名程出張され漸く静まりしが、同三日ハ又村民が騒ぎ出で法螺貝を吹き鳴らし竹槍、出刃包丁、鎌等を持出し三百名嘯集《しょうしゅう》し同所の仮病院へ押寄せ強談に取掛りけれハ、郡長鈴木君を始め警察巡査数十名にて懇々説諭されしに、さすがの頑民も理解せしにや、皆地に伏して一礼し感服して帰りしと。（「愛知新聞」1879年8月7日）

〈事例二〉一昨日午後十時頃、北駅町を査官が付添ひ虎列刺病死人を舁き行くに、北駅町ハ総出して虎列刺死人を通してハ伝染の程も計られずと梯子《はしご》や大八車を角字といふ割烹店の前に並べ立て今にも巡査が舁ぎ込めば、竹槍を用意せよと罵り〳〵大勢待かけて居れば巡査も種々説論して通ろうとしたれども人民ハ更に聞入れず、剰へ小石を投掛るにぞ。舁夫ハ其侭棺をバ捨置き何処へか逃去りければ査官も迚《とて》も多勢に無勢敵し難きを悟られけん。直ぐ押切分署へ駈付けて委細の様子を話さるゝと直ぐ警部巡査十余人出来り並べ立たる車、椅子等を取払ひ何の苦もなく通り行きしが、兎角人民の頑愚なるにハ驚き入ます。（「愛知新聞」1879年8月8日）

〈事例三〉慨嘆すべきハ人民の頑愚にあり。目今流行病の為めに斃るゝハ洋医と警察官吏が申合せにて散布の石炭酸ハ毒薬にて病を蒔く種と云ひ、半死の病人を入院させて生肝を抜き外国へ送るとか、野蛮社会の口実ハ吾県のみか各県にも同じき咄あるか、昨今ハ該病の伝播熾盛んなるに随ひて人民ハ日に増、狐疑を抱き警察官に又向ひたる暴行の所為多かりしか。（「愛知新聞」1879年8月10日）

恐怖が恐怖を増幅させるのは無知からきていたものであったが、その結果はあらぬ結論に達するのは因循姑息の抜けきらない明治の初頭、時代に制約された市民の意識としては致し方なかったが、コレラの伝染は狐の仕業だとか、コレラに罹らないために百万遍の念仏を唱えるとか、コレラが自分たちの生活圏に入って来ないよう注連縄《しめなわ》をするとか、避病院への搬送に対してはそこで殺され生血を搾り取られるとか、はたまた生肝を切り取られ外国へ売られるなどの流言蜚語《りゅうげんひご》に惑わされ、竹槍や鎌、出刃包丁などを持って役人や警察等に抵抗するなど今日では考えられないようなことが県下はもとより全国各地で起こっていたのである。

今から考えればこれらの行動は滑稽を通り越し異常とさえ見えるが、140年前の伝染病に対するわが国の市民感覚はその程度のものであったのである。

衛生観念の誕生

1879年8月10日の「愛知新聞」の論説は、前述してきた県下各地で起きていたコレラに対する市民の非科学的な態度に対し〈……抑モ虎列刺病伝染ノ勢力タルヤ弾丸ヨリモ迅速ニ、虎狼ヨリモ猛烈ニシテ流行病中ノ最モ恐怖スヘキ者ナレハ、苟モ身命ヲ貴重スル者ハ誰カ之ヲ等閑ニ付スル者アランヤ。既ニ其ノ恐怖スヘキ者タルヲ知ラハ官庁ノ諭示ヲ俟タス人々各自ニ之カ予防ヲ忽《ゆるがせ》ニスヘケンヤ。各人既ニ予防ノ忽ニス可カラサルヲ知リ、官庁モ亦保護ヲ怠タラサルコト此ノ如シト雖モ、下層社会ニ至テハ其身命ノ貴重スヘキヲ知ルモ敢テ予防ニ注意セス、亦官庁ノ諭示ヲ遵守セス、啻《ただ》ニ遵守セサル而已《のみ》ナラス官庁ヨリ予防消毒ヲ下賜スレハ之レ毒物ナリト云ヒ、避病院ヲ設立シテ罹病者ヲ治療セシメントスレハ是レ真症患者ニ非サル者ヲ毒殺セントスル為メナリト云ヒ、或ハ其生血ヲ絞取セントスル者ナリト云ヒ、其ノ他何ト蚊ト云ヒ頑愚ノ僻説ヲ固執シ官庁保護ノ届行ク程却テ官庁ヲ怨望シ、勢ノ破裂スル所ハ遂ニ官庁ニ対シテ不当ノ挙止アルニ至ル。夫レ下等人民ト雖モ豈ニ其身命ノ貴重スヘキヲ知ラサランヤ。而シテ其所為此ノ如キハ他ナシ。其愚ト貧トノ然ラシムル所ニシテ、亦憐ム可キノ至ニシテ敢テ事ニ大害ナキ以上ハ姑《すべから》ク之ヲ激動セシム可ラサルナリ。此ノ如ク下等社会ハ容易ニ其迷霧ヲ一掃スル能ハサレハ暫《しばら》ク之ヲ度外視スルモ吾儕《わがせい》ハ聊《いささ》カ名古屋区ハ更ナリ、暫ク県下有志輩ニ冀望《きぼう》スル所ナキニ非ス……〉と述べ、下層市民の非文明的思考に呆れかつ慨嘆すると同時に、さらに薬局に対しても〈……虎列刺病将に熾ナラントスルヤ予防ノ忽ニスヘカラサルハ固ヨリ言ヲ俟ス。既ニ予防ヲ忽ニスヘカラサレハ亦之カ薬品ナカル可カラス。薬品ノ需用増加スレハ其価値モ亦随テ増加スルハ論ヲ俟スシテ知ル可シ。然リト雖モ虎列刺病ノ如キハ不時ノ天災ナレハ如何ニ銖両ノ利ヲ争フノ商売ト雖モ此時機ニ投シテ其私利ヲ経営セントスルハ実ニ公徳心ナキモノト謂フ可キナリ。若シ此悪疫流行ノ際ニシテ之レカ予防消毒薬ヲシテ徒ニ其価値ヲ騰貴セシメハ人民ハ将ニ之ヲ買用スル能ハサラントス、其不幸モ亦想フ可キナリ。然レトモ今日ノ商売ニ求ムルニ公徳心ヲ以テスルモ到底得易カラサル事ナレハ宜シク官庁ヨリ一片ノ諭達ヲ下シ此悪疫流行ノ時機ニ投シ之カ予防ニ必要ナル薬品ノ値価ヲシテ徒ニ騰貴セシメサランコトヲ。然ルニ官庁ハ未タ此諭達アリシヲ聞カス。是レ吾儕カ官庁ニ向テ此諭達アランコトヲ冀望スル所ナリ〉と述べ、防臭薬等をこれに便乗して暴利、私利を貪ることのないよう行政も諭達や布達を出し悪徳商法の取締りを図るべきだとしている。

＊1879年の全国のコレラ病患者数は全国で16万2637人、死者は10万5786人
（内務省衛生局）愛知県のコレラ患者数1923人、死亡者不祥

1879年のコレラの大流行に際しコレラを蔓延化させた最も大きな要因の一つに衛生に関して行政と市民との間に意思の疎通がなかったことを重視し、ときの政府は中央に「中央衛生会」なる組織を設け、下部機関として地方に「地方衛生会」を組織させ、伝染病に対する市民の意識を変えさせるため各地域に「町村衛生委員」の設置を義務づけることになった。

衛生とは本来、上から与えられるものではなく、市民ひとり一人が衛生とは何かを自分自身の問題として自覚して取り組んでこそ意味があるもので、民権思想（運動）の渦中にあったとはいえ、ことこの衛生問題に関しては市民の意識は行政に対して常に受身で、それは封建時代と何ら変わるところはなかった。この意味で衛生委員が各町村に設置され、市民と直接接触し彼らの衛生観念の醸成を図る組織が作られたことはこれまでのように汚れた地域に掃除人を派遣し、ただ掃除をさせていただけの時とは異なり大きな進歩といえた。

さらに愛知県ではこのため市

民の受動的な態度を変えさせるため1880年12月24日、告諭を発し「町村衛生委員相談会概則」（乙第202号）を設け、市民と直接触れ合い〈親ク考徴シ（その土地の）人情ヲ酌量シテ其利害得失ヲ常ニ研究シ〉（括弧内は筆者記）より効率的に衛生問題の解決に取り組むことになった。

＊衛生ハ人ノ健康ヲ衛護シ生命ヲ保全スルノ意ニテ其事タル百般ノ事業ヲ興起スルノ本原ナルヲ以一日モ忽諸スヘカラサルモノトス。然レトモ其事業ヲ施設スルニ当リ都鄙民情ニ適瀬サレハ実際行ハル可カラサルモノアリ。故ニ該委員ハ衛生ノ諸件ヲ親ク考徴シ人情ヲ酌量シテ其利害得失ヲ常ニ研究シ以テ衛生ノ方法ヲ改良セサルヘカラス。依テ委員ニ於テ別紙概則ニ準シ便宜集会ヲ為シ切実ニ商議ヲ遂ケ漸次職務ノ本分ヲ尽シ候様告諭可致此旨相達候事

（「町村衛生委員相談会概則」の序文）

1879年のコレラの大流行は次第に終息していくが、3年後の1882年（明治15）6月頃から再び流行り出す。12年当時のような大流行ではなかったが、新聞は連日コレラの発生状況や病状、それに対峙する市民の生活状況を頻繁に取り上げるようになってくる。

たとえば〈いよ〳〵当地へも虎列刺が侵入して猛威を逞志うするにぞ。区内の兄弟姉妹は大に狼狽し神仏へ祈願して虎列刺除け祭礼をなし、夜中は数百万の球灯を点して市街到る所に晃々たるは恰も万星の一時に堕落せ加な思ひなり。此の祭礼能く虎列刺を退治するや否や〉（「愛知新聞」1882年8月30日）と、相変らず神仏に頼る態度には変わりはなかったが、以前のように竹槍や鎌、出刃包丁を携えての行動とは異なりその姿勢には大きな変化が見られた。

このような行動の変化は衛生委員制度ができ衛生委員が直接市民に接触して衛生思想を喚起してきた効果なのかは定かではないが、この新聞を見る限り、3年前のコレラに対する市民がとった態度や行動とは随分異なり冷静な対応をしてきているようにも見える。

そのことは一週間後の同新聞が〈当区にも虎列刺病患者がボツ〳〵出て来るにより何れの町村も之れを避除せんとて今も其祭事ハ止まざるが、東門前町の戸長並に衛生委員ハ町内の者一同を去る一日同町の聖徳寺へ集会せしめ一同協議の上、本月中は決して蟹、蛸魚、瓜、西瓜、青柿の五種ハ食ハせぬことと志、若し之れに背く者ハ一円以上十円以下の謝金を取立つることに決し、又右の品を商ふ町内の者にて其当日在合せし品ハ衛生委員の給料にて之を買上げ悉く地中へ埋めし由なるが実に賞すべきことならずや〉（「愛知新聞」1882年9月6日）と述べていることからもその一端を窺い知ることができよう。

この記事を見る限り衛生委員の犠牲的精神によって市民のコレラに対する恐怖が和らげられ、衛生委員制度の効果が少しずつ出てきたようにも見受けられる。だがその後、この衛生委員制度は衛生委員が公民権を有するものから選ばれることになっていたため次第に人選難に陥り、さらに前掲新聞が報じているように衛生委員の身銭を切った衛生啓発など経済的問題も重なりなり手が少なくなり1885年（明治18）6月、当制度は廃止を余儀なくされる。

しかし、衛生委員を中心に整備されてきた地域の衛生環境を以前の状態に戻すわけにもいかず、その仕事は急遽戸長に引き継がれていくことになる。1886年に入ると再び全国的に天然痘が流行りだすと同時に、追い打ちをかけるようにこの年の中頃より1879年の大流行を再燃させるようなコレラの大流

行の兆しが見え始める。

衛生組合の設置

またやってきたコレラに対して新聞も〈明治十二年度の流行には医者が殺すの人民保護の巡査が何だのとて、中には随分な誤解より騒動も起せし程の事もありしが、何分未開の時なれば是非もなく、今は世の進むに従ひ斯かる馬鹿者は世に踵を絶ちし……〉（「扶桑新聞」1886年7月31日）と当時の状況を回顧して語ってはいるが、あれから十年を経ってもいないこの年、そんなに市民の衛生観念が向上したとも思えない。中等以下の市民に至ってはまだまだ〈……衛生の何者たるを知らず、又目今京阪地方に虎列刺病の流行する景況をも知らざる程の者多けれバ今回郡衙よりの注意に依り各町の戸長協議の上、一町ごとに一、二ヶ所づゝ説諭場を設け組長、戸長を始め人民を招集し各自に衛生上の注意を促し心得の要点を親切丁寧に懇諭し、尚ほ最寄りの寺院に於ても説教を開筵せしめ、該講席に於ても講師より懇篤に衛生上の事を演舌し、普く下民へ貫徹する様尽力する由……〉（「扶桑新報」1886年5月27日）と市民の衛生啓発に努めなければならなかったと同時に、〈区内に散在する不潔辻便所が漸々取替らるゝ差なれど、何分にも目今悪疫流行に付他の事件甚だ多忙故先づは可成清潔掃除し臭気止め等を撒布され、又下水溝の浚へ方に付ては区役所の土木係りにて此程中区内の各所へ日々百五、六十人の人夫を雇ひ入れ専ら至急浚へ揚の見込にて日々尽力され、尚亦昨日よりは二百五十余名に人夫を増員し本日迄に悉皆浚へ済にするの見込なりと〉（「扶桑新報」1886年6月22日）と市街の不潔な環境整備に万全を尽していた。

それにも拘らず虎列刺病は行政の施策を掻い潜り日本全土に猛威を振るい1879年に匹敵する大流行となった。このような状況のなかで、これまでの衛生行政の反省を踏まえ愛知県では1887年（明治20）6月、「衛生組合準則」（県令第70号）を設け新たな環境整備に取り組むことになる。これは各町内ごとに「衛生組合」の設置を義務づけたもので、この衛生組合のもと地域の伝染病を始めとする衛生行政の全般を取計ろうとしたのであった。

＊愛知県令第70号衛生ニ関スル事項実施ノ為メ準則ニ依リ衛生組合ヲ設クヘシ。但組合ヲ設クヘキ町村ハ別ニ之ヲ告示ス。この準則は全六条からなり、その第一項には〈人家、劇場、牧畜場、屠獣場、魚市場ヲ時々巡回シ邸内外ノ溝渠、下水及厠圊、芥溜、其他諸般ノ清潔法ニ注意スル事〉、以降七項まである。

1880年4月設置の町村衛生委員制度と今回の衛生組合との最も大きな違いは、前者が公選制であり特定の人に衛生行政を任せていたのに対し、後者のそれは一般世帯を組合員とする町組織によるもので、各家から会費を徴収して衛生行政を担っていったことであろう。各家から会費を徴収する以上、各自が衛生を自分の問題として意識せざるを得ず、その意味で市民参加による衛生の取組がこのときから始まっていく。1889年（明治22）10月、名古屋に市制が敷かれて以降、この衛生組合はその後、改変を繰返しながら伝染病に対する衛生行政の中核をなし発展していくことになる。

＊1886年の全国のコレラ患者数は15万5923人、死者10万8405人（内務省衛生局）愛知県内のコレラ患者数1143人、死者862人

第3章
明治のまち物語

明治の名古屋駅
——吉田禄在伝説を斬る

松永直幸

名古屋駅は資材運搬線の途中駅か

明治10年代東西両京（東京・京都）を結ぶ幹線鉄道は近世の中山道沿いのルートを通る中山道鉄道で進められ、1883年（明治16）残る大垣—高崎間の着工が決まった。京都から延びてきた鉄道は大垣・加納（後に岐阜と改称）・土田《どた》から木曽方面に向かい、名古屋は素通りすることとなる。他方中山道鉄道への資材運搬のため武豊から名古屋に向けて半田線（後に武豊線と改称）が敷設される。名古屋はこの資材運搬線の途中駅というわけだ（加納・名古屋間は尾張線または名古屋線と称して中山道幹線の支線として計画済み）。

本当にそうなのか？　実は半田線の敷設は、中山道幹線が名古屋経由で木曾方面に向う計画の一環であった。図1に見るように、資材運搬線として当初四日市線（垂井・四日市）の測量が進められていたが、地形・距離・工期・工費とも半田線が有利な結果が得られた。工程上からも名古屋から木曾方面に向かえば、大垣より東進する際予想される木曾・長良・揖斐川の架橋工事による遅延を避けることができるのである。半田線の工事は順調に進み、名古屋駅は中山道幹線の主要駅として1886年（明治19）5月1日開業した。さらに中山道幹線の一部として清州・一宮・木曽川へと工事を進めていた7月、幹線は東海道鉄道に変更されたのである。中山道幹線は名古屋経由ですでに名古屋まで来ているので、後に東海道鉄道への変更を容易にした。

歴史を変えた一枚の付箋

通説では名古屋区長吉田禄在が中山道鉄道敷設の困難さを井上鉄道局長に説き、東海道鉄道に変更させたという。しかしこのような重大な鉄道政策の変更を一局長が決めることができるのだろうか。

幹線変更の鍵は、遡る同年3月に井上が上申した「鉄道布設工事拡張の儀に付伺」にある。ここで井上は中山道鉄道と併挙して既存線から小田原、播磨備前、八王子などへ鉄道拡張の伺いを立てている。中山道鉄道の工事は難渋し、他方各地で私設会社による鉄道起業が計画されつつあり、それらに先《さき》んずるためである。この上申書は、図2のような厳しい付箋を表紙に付けて内閣から差し戻された。「区々の小支線」にとらわれず、「主眼たる東京大阪貫通の目的を達」せよという叱責である。そのためには「土地の険難等にて当初の路線を布設する能わさることあれば、其理由を明にして後速に改線」せよ、即ち理由を明らかにすれば東海道鉄道への変更を可とする上からの示唆である。この示唆に基づき井上は急遽中山道鉄道と東海道鉄道の比較測量に着手した。東海道の調査測量は前年密かに二等技師原口要に命じておこなわせていた。中山道鉄道については急いで三等技師南清を中山道中部に派遣して3カ月で実測させた。その結果によれば工事はなお7、8年を要し、開業後も傾斜峻急によって時間・運転費に問題があるというものだった。これらの調査結果を説明する図解を具して内閣の裁決を請い、ついに7月13日幹線が変更された

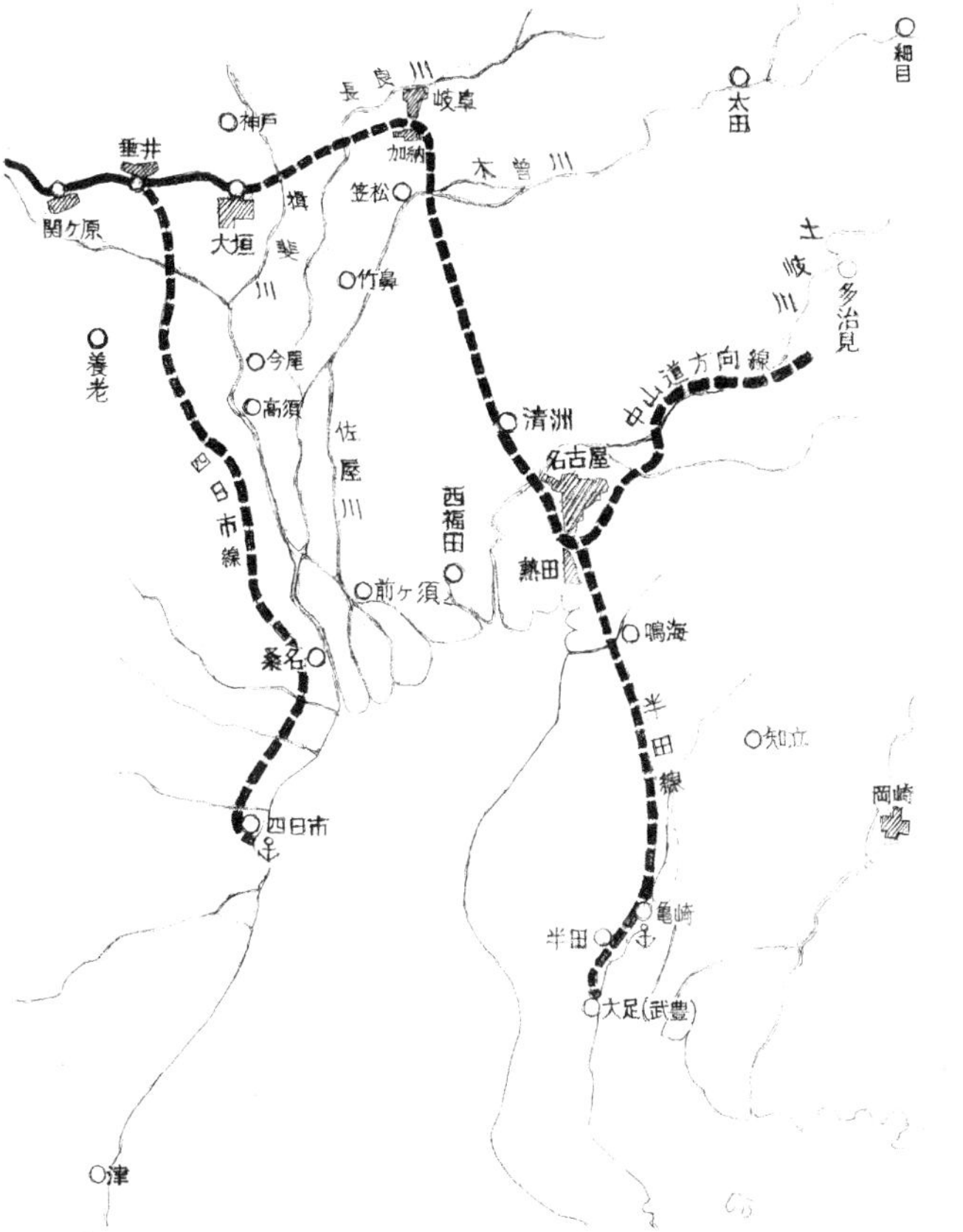

図１　「近国見取図」の略図　1885年6月　(澤田幸雄作成、『工部省記録』第9巻)
中山道幹線は名古屋を経由して木曾方面に向かう。

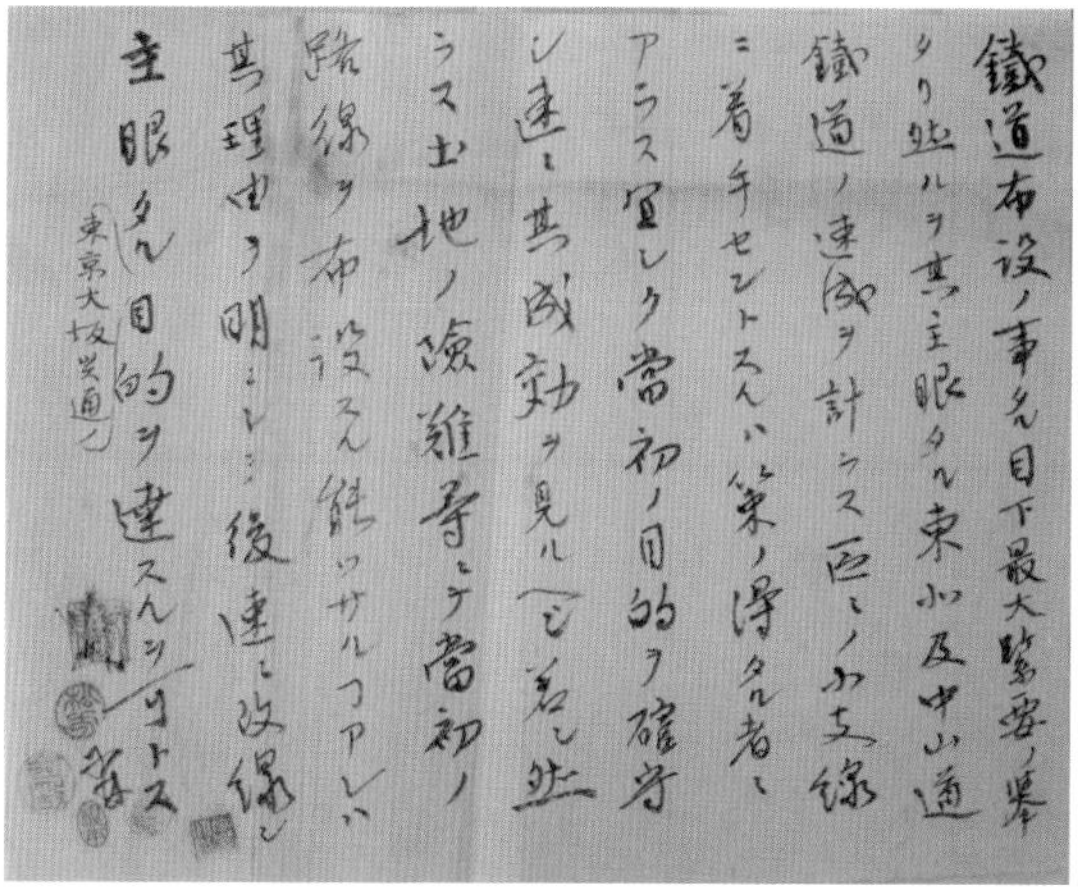
鐵道布設ノ事ハ目下最大緊要ノ挙
タリ然ルニ其主眼タル東西及中山道
鐵道ノ速成ヲ計ラス区々ノ小支線
ニ着手セントスルハ策ノ得タル者ニ
アラス宜シク當初ノ目的ヲ確守
シ速ニ其成効ヲ見ルヘシ若シ然
ラス土地ノ険難等ニテ當初ノ
路線ヲ布設スル能ハサルコアレハ
其理由ヲ明ニシテ後速ニ改線シ
主眼タル目的ヲ達スルニアリトス
(東京大坂鉄道ノ)

図２　内閣からの付箋(『公文別録』内閣　自明治一九年至大正元年)
東海道鉄道と中山道鉄道の比較測量を指示する。筆者は大蔵大臣松方正義と推定される。

のである。

このように幹線変更にあたっては政府内部においても内閣と鉄道局の間でこれだけ厳しいやりとりがあったのである。吉田の誘致活動が事実であり結果的にそうなったとしても、吉田誘致説は地元側からしか見ていない皮相な捉え方と言わざるをえない。

名古屋駅の位置

1876年（明治9）お雇い外国人・ボイルは加納から名古屋・宮（熱田）に至る尾張線を測量し、名古屋駅の位置は「堀川の岸にある低地にして市街の中心に対岸したる所なり」と記している（『日本鉄道史』）。尾張線は加納から南下してくると、鉄道の市街地への

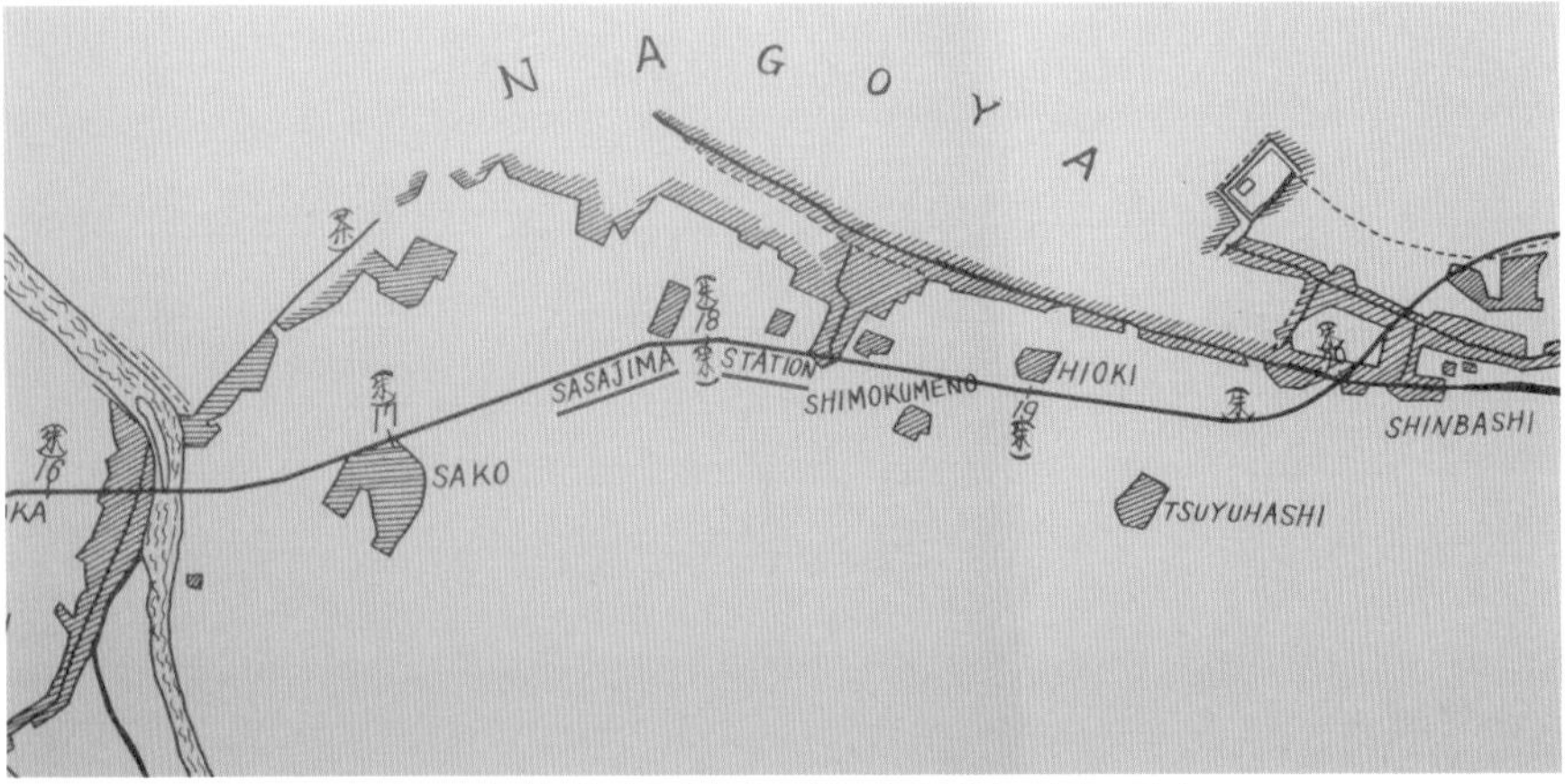

図３　「加納名古屋間路線実測図」（『工部省記録』第９巻）名古屋駅は笹島に予定。

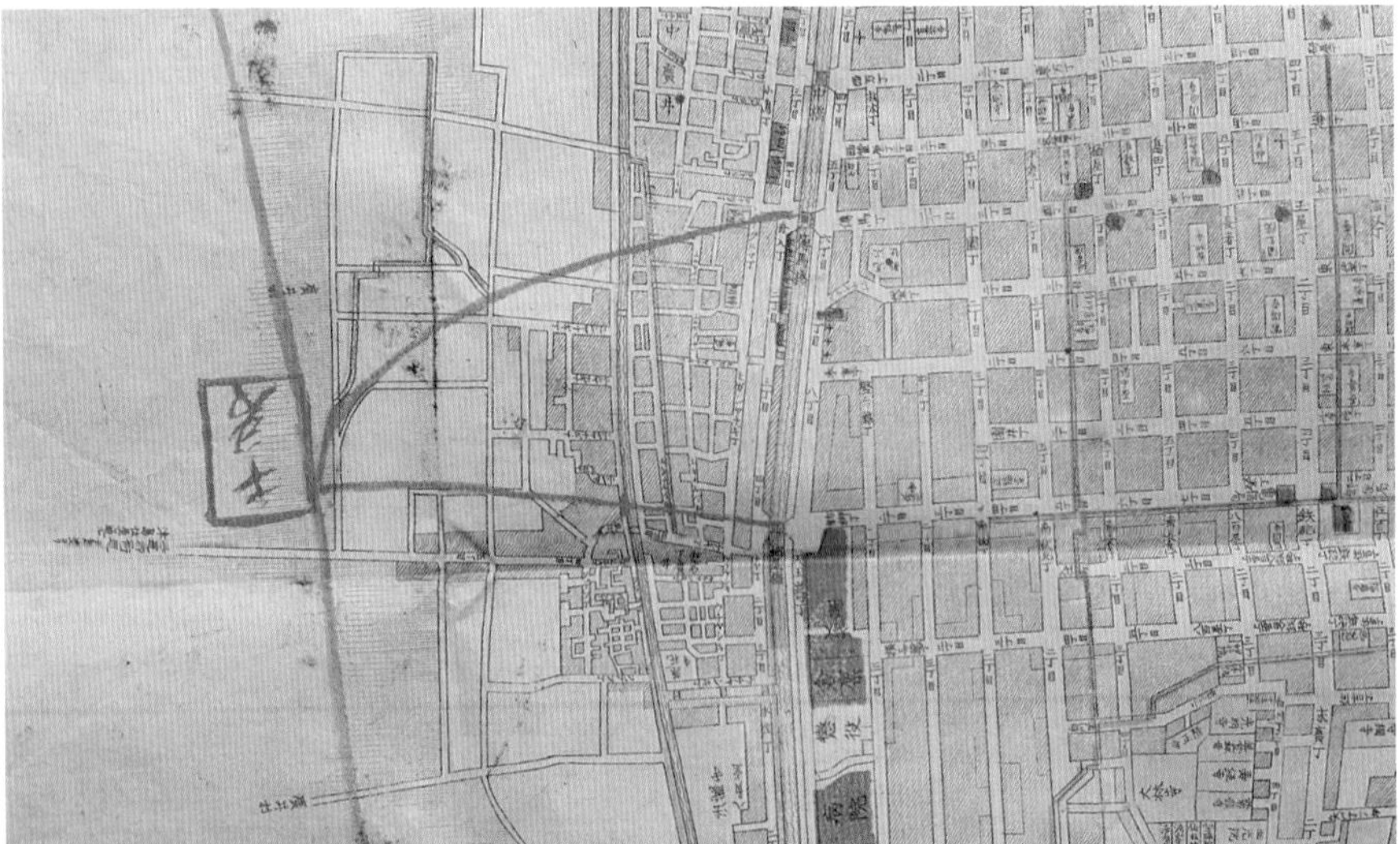
図４　「愛知県名古屋明細図」　1877 年　松永直幸蔵
朱線は元所有者による鉄道線路と取付道路の書込みで、駅の位置に逆さまに「キシャ」と記されている。

乗り入れは難しいので、自ずから現在地付近に想定されている。

図3「加納名古屋間路線実測図」は、図1「近国見取図」と共に、1885年6月井上が加納から熱田間の線路布設計画が確定したので、陸軍省へ協議のため添付した図面である。ここでも現在地付近に英文でSASAJIMA STATIONと記されている。

名古屋駅は鉄道敷設計画の当初から一貫して笹島付近に計画されてきたのである。

名古屋駅への取付道路の整備

明治期全国に鉄道網が整備されるに従い、新設された鉄道駅と既存道路あるいは市街地を結ぶ停車場道が造られた。これはステンショ道とも呼ばれた（伊吹山麓の春照《すいじょう》駅）。愛知県では 豊橋駅・岡崎駅・半田駅・熱田駅・一宮駅などで停車場道が造られ、いずれも直線で道幅は広い。例えば1896年（明治29）、現在地に移転した熱田駅の場合、駅と現国道19号線を結ぶ取付道路は延長430mで、その新設費1万2000円余は地元有志者からの寄付によっている。

名古屋駅の取付道路は図4に見るように広小路および伝馬町と結ぶ2本である。

即ち下長者町―笹島停車間（810m×23・4m）と泥江町―伝馬橋間（216m×14・4m）。斜めに走る後者はあまり注目されてこなかったが、当時伝馬町は町の中心で、街道の起点となる「札の辻」も本町通と交わる場所にあった。

これらの道路を新設したのは、名古屋区長吉田禄在の功績である。彼は住民から猛反発を受けながらも工事費を徴収してこれを成し遂げた。この徴収実績に基づいて編纂されたのが『名古屋富豪録』である（図5）。これによれば別等（500円以上）から12等（5円以上）まで財力に応じて徴集した。合計1800人から3万6000円余である。上位5%が総額の40%を負担している。ただし5円以下は除去されており、また何円以上で端数は切り捨てられているので、人数・金額の総数・総額は不明である。吉田禄在も3等100円以上に名を連ねている。ちなみに500円以上の別等は、本願寺、伊藤次郎左衛門、関戸守彦、見田七右衛門となっている。

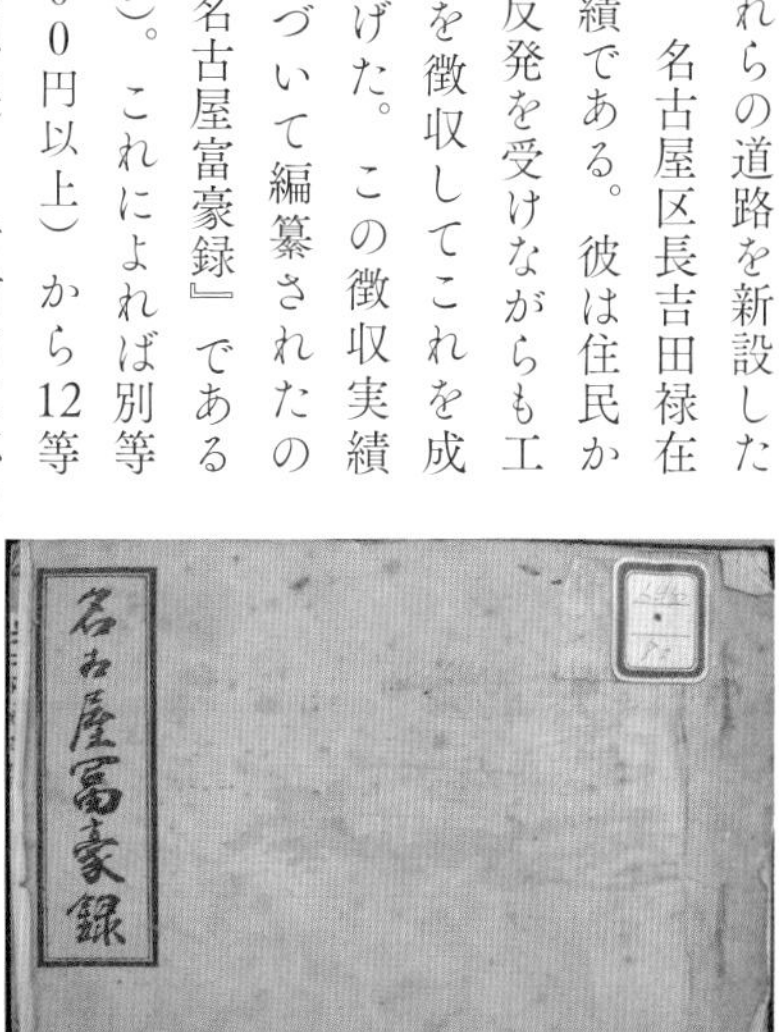

図5『名古屋富豪録』 1887年 名古屋市市政資料館蔵 道路改修義損金は財産を精密に調査して徴収しているので、これによって貧富を知ること鏡を見る如しと述べる。

名古屋駅は愛知郡広井村に立地していたが、取付道路が開通し交通の頻繁をきたし道路修繕費の負担も少なくない。駅と隣接部分19haを分割して1888年11月名古屋区に編入された（『公文類聚』第12編第45巻）。

堀川橋梁に残る鉄道開通時のレンガ

金山総合駅から線路沿いに

名古屋方へ10分ほど歩くと堀川橋梁がある（図6）。ここには南側から順にJR東海道本線（複線）、名鉄名古屋本線（単線2本）、JR中央本線（単線2本）の上下計6本の線路が架かっている。歴史的には、最初1886年3月に開通した武豊—名古屋仮停車場間（単線）の橋梁が架設された。その後東海道線の名古屋・熱田間複線化（1899年）と中央線名古屋・多治見間の敷設（1900年）が並行しておこなわれた際、この橋は中央線に転用され、南側に東海道本線の複線橋梁が架設される。さらに1944年名鉄の東西連絡線敷設の際、中央線を北側に移設し、この橋梁は名鉄名古屋本線の下り線に転用されたのである（図7）。

　従ってレンガの大きさが異なる。長さ・幅はほぼ同じながら名鉄下り線は厚さが20mmほど厚く、体積も36%ほど大きい（図8、9）。このタイプのレンガは、東海道本線の第1線で使われたもので、武豊線・英比川橋梁、東海道本線・旧界川橋梁にもある。

図6　堀川橋梁

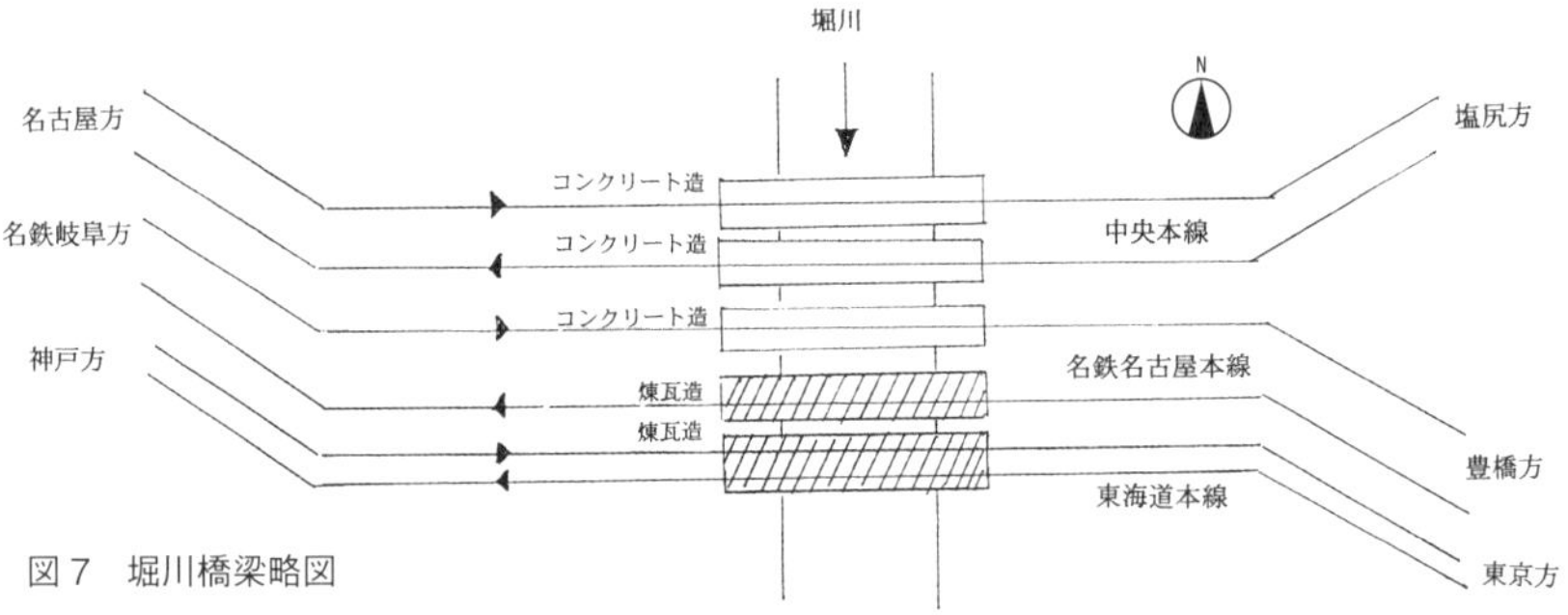

図7　堀川橋梁略図

図8　名鉄名古屋本線下り。厚さ75mmほど。

図9　JR東海道本線。厚さ55mmほど。

明治橋追憶

明治橋は一般に名古屋駅の南に位置し、東海道線など鉄道線路を跨ぐ陸橋として知られている。しかし明治橋は、官鉄が架設した「禰宜町跨線道路橋」と、名古屋市が架設した跨道橋（親柱に「明治橋」とある）との二つの橋の総称である（図10参照）。明治橋を撮影した著名な図11は、禰宜町（東）から牧野町（西）方面を撮ったもので、手前の橋が「明治橋」、その奥に跨線道路橋の高欄が見える。

1901年（明治34）3月31日当時「魔の踏切」と恐れられた禰宜町踏切に跨線道路橋が架設された。「川もないのに橋が架かった、汽車の背を見て通る橋が出来たぞえ」と唄われ、毎日汽車と停車場を見おろす群衆が橋畔を埋めたという。

1900年度の『鉄道作業局年報』によれば、この橋は延長41m、中間に橋脚を立てた2径間で、構造として桁は鋼鉄版、橋台橋脚はレンガ切石及び鋼鉄、基礎は杭打コンクリートとなっている。1900年7月開通した中央線の残工事としておこなわれた。

この跨線橋に合わせて名古屋市が架設した跨道橋（図12）は、駅から下広井1丁目への道路（現名駅通）を跨ぐもので、禰宜町道路の改修としておこなわれた。木造で、長さは当初4間で設計されたが、関西鉄道株式会社の寄付（1452円、後に200円追加）により8間（14・5m）に延長された。

明治橋の二の橋は37年間の役割を終えて、1937年名古屋駅改良工事の一環として撤去された。

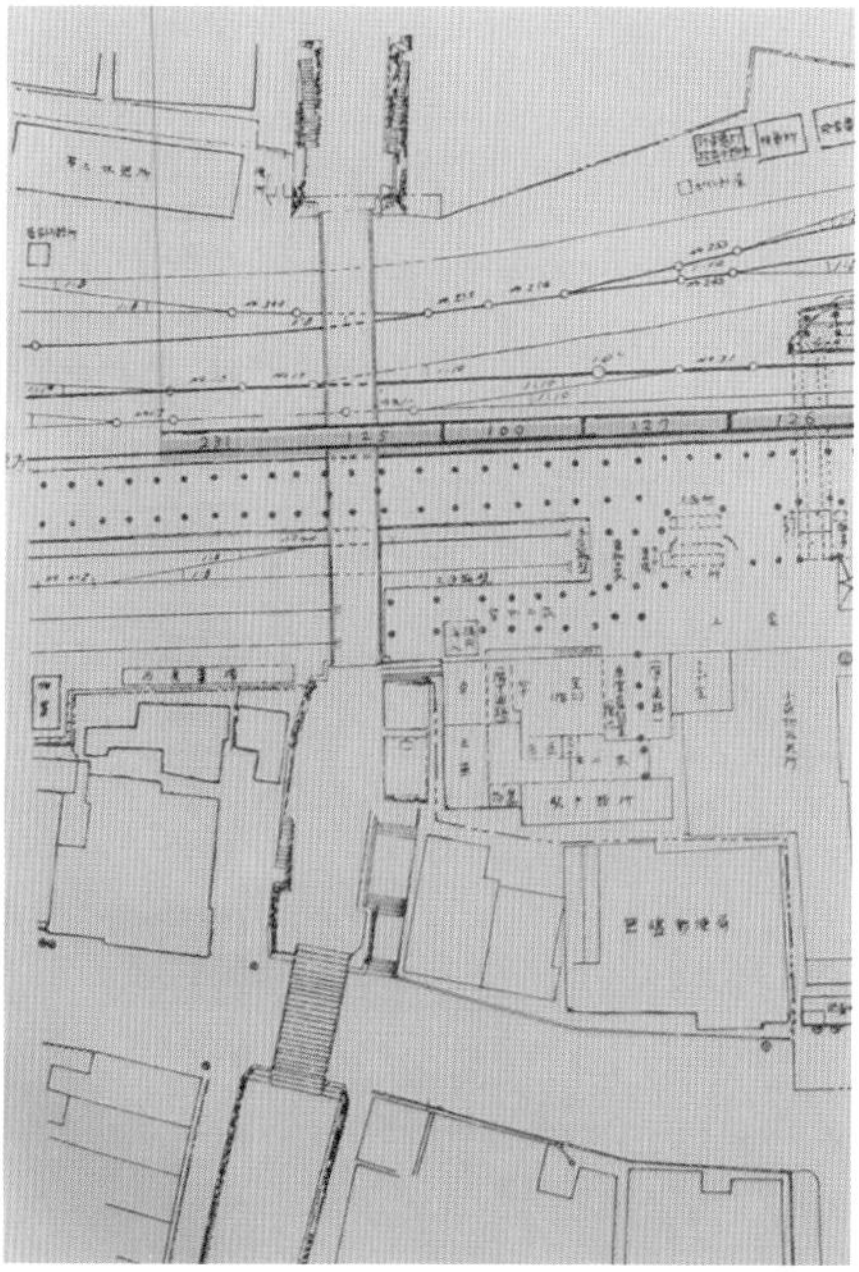

図10　明治橋の図面（『昭和大礼記念附図』）1928年　橋の下に御召列車が停車している。

図11　明治橋（『写真で見る明治の名古屋』）
手前が跨道橋「明治橋」、奥に跨線道路橋の高欄が見える。

図12　明治橋角から北（名古屋駅方面）を見る。
1936年8月30日　名鉄資料館蔵

明治の名古屋城
——第三師団と名古屋離宮

松永直幸

名古屋城は近世城郭の築城技術がほぼ完成した時期に造られた。姫路城とならぶ天下の名城として名高く、これまで城として機能した江戸期を中心に語られてきた。しかし明治以降は陸軍の駐屯地として、あるいは離宮の所在地としても重要な役割を果たしてきた。

第三師団の創設

陸軍駐屯地としては1871年（明治4）、東京鎮台第三分営が設置されたのが始まりで、これが1873年、名古屋鎮台と改められ、翌年歩兵第六連隊が創設された。鎮台は国内の騒乱の鎮圧を目的としており、1877年、西南戦争に出動している。1888年、鎮台は廃止され、第三師団が設置された。師団は陸軍の部隊で、主力の歩兵の他、騎兵・砲兵・工兵・輜重《しちょう》兵などを加え、独立した作戦行動が取れる固定編成部隊である。

図1は1887年の鎮台時代の地図であるが、現在官庁街となっている三の丸に司令部、歩兵・砲兵・工兵・輜重兵の兵舎が配置されている。城郭の右下隅に偕行社（陸軍の将校クラブ）がある。

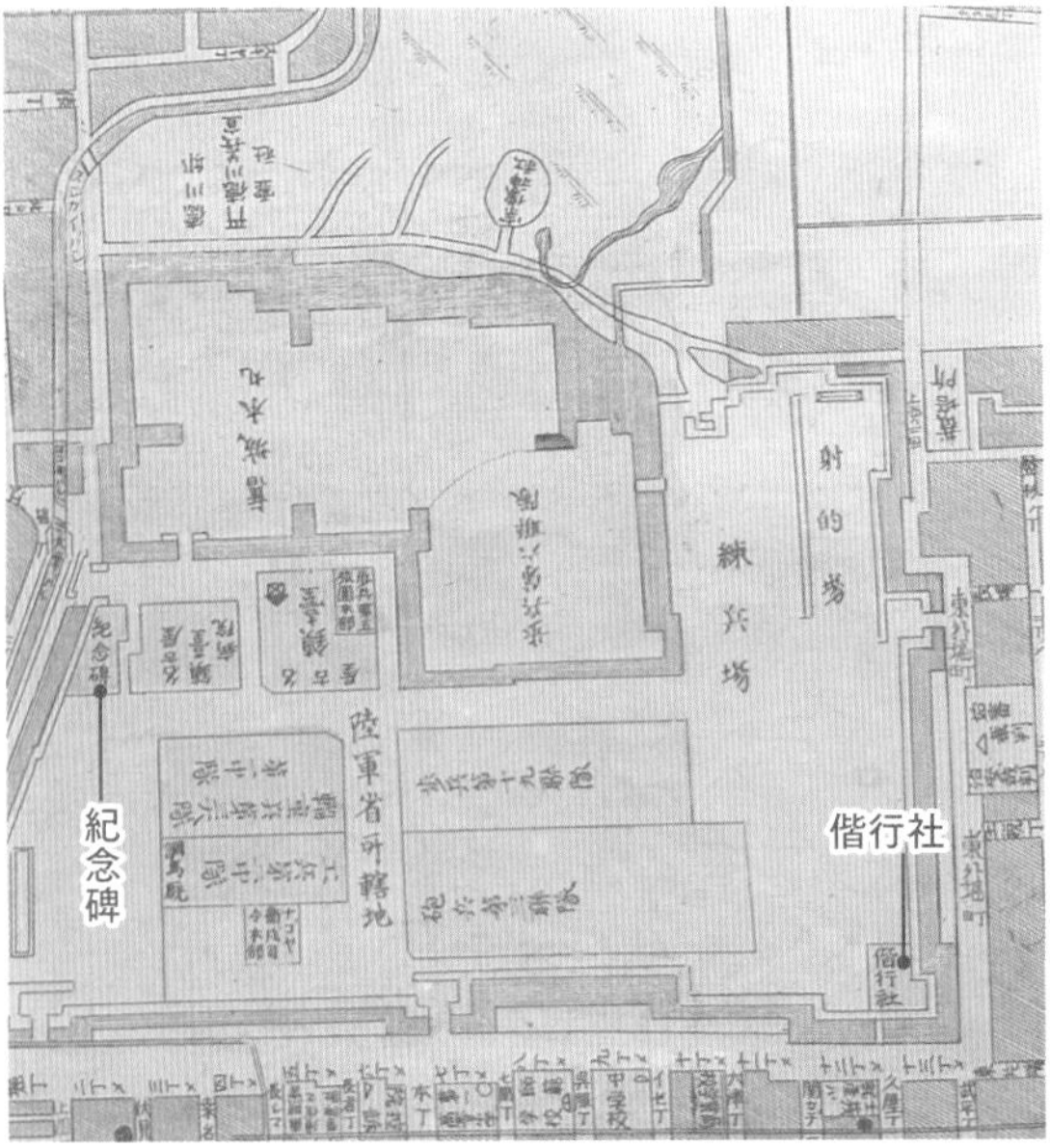

図1 「重訂名古屋全図」 小田切春江 1887年 松永直幸蔵

図2 西南戦争の記念碑（「名古屋明細全図」 川瀬善一）1887年 松永直幸蔵

図３　現在、愛知県護国神社の境内にある同記念碑

鎮台病院の左（西）側に紀念碑とあるが、ここに西南戦争の記念碑が祀られていた（図2、3）。これはその後に祀られた日清戦争の記念碑とともに、1909年、病院の拡充のため本丸の北にある北練兵場に移設された。1918年、そこへ昭和区川名山にあった官祭招魂社（前身は尾張徳川家が奉祀した「旌忠《せいちゅう》社」）が移設された。この招魂社は1935年現在地に移され、39年に愛知県護国神社と改称された。

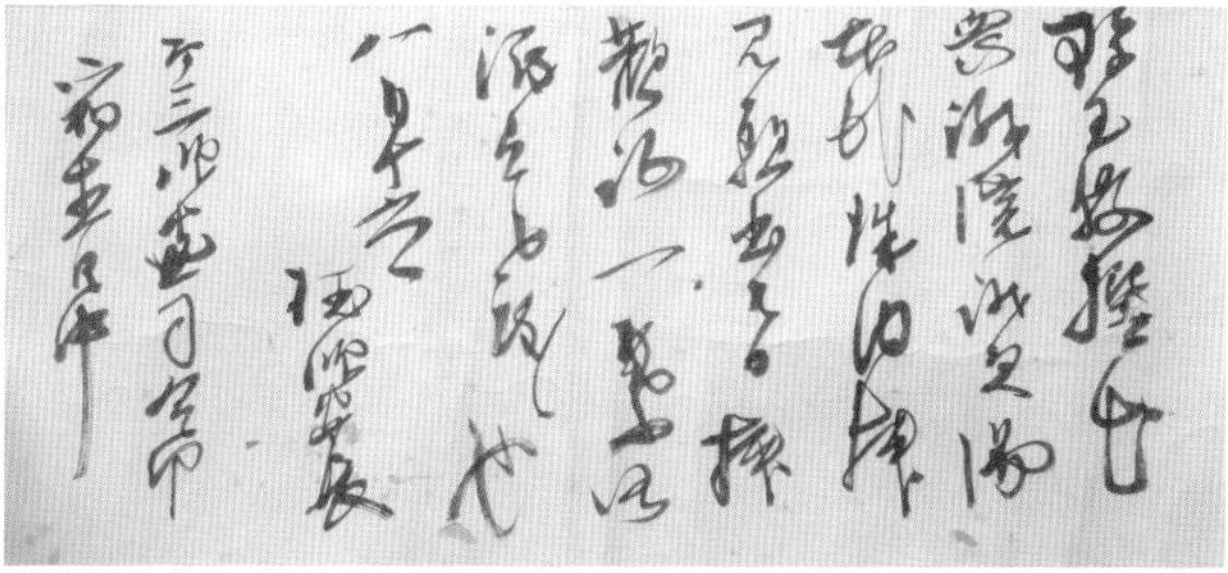
図４　桂第三師団長の書簡（1891-96、松永直幸蔵）。名古屋城内の拝観証を渡すよう命じている。

図4は第三師団第二代師団長桂太郎中将（のちに内閣総理大臣）の書簡である。内容は埼玉県選出衆議院議員湯本氏が城内拝見を7日願い出ているので拝観証を一枚渡すよ

図６　乃木倉庫（御深井丸）　明治10年代に建てられた弾薬庫。壁は煉瓦造、屋根は桟瓦葺で爆発時には爆風が空に抜けるようになっている。戦時下本丸御殿の障壁画等はここで守られた。国の登録有形文化財。

図５　第三師団のレンガ塀遺構（二之丸交差点の北西）イギリス積である（長手だけの段と小口だけの段を一段おきに積む方式）。

図８　北練兵場における分列行進（松永直幸蔵）磁器製で径21cm。軍装からみて明治期の作と思われる。

図７　軍馬軍犬軍鳩慰霊碑（本町橋橋詰北東）1939年6月建立。建設代表者・愛知県畜産組合連合会。軍鳩は伝書鳩に使われた。

う司令部の宿直に命じている。湯本氏は湯本義憲《よしのり》で、後に岐阜県知事になっている。拝観証が用意されていることから、当時高位高官や外国大使などには拝観は認められていた。

桂は第三師団に1891年6月着任し、10月の濃尾地震に遭遇した。当時震災での軍隊出動は規則にはなかったが、彼自らの判断で市中に出動させ、市民の保護や破壊家屋の片づけ・消火活動に従事させた。それゆえ名古屋は火災の類焼や盗難が少なかった。後日桂は陸軍大臣に辞表を提出したが、今回の措置は妥当と見なされ不問に付せられた。

なお桂の夫人は、名古屋で見染めた上前津の料亭香雪軒の養女かな子である。

図９「陸軍省所轄地」の境界杭。外堀東側の民有地との境界に建っていた。2010年法面整備工事の際撤去し、名鉄資料館に収蔵。

偕行社と旧三之丸庭園

名古屋偕行社は大正末から昭和初めにかけて3回、昭和天皇の行在所になっている。現在の名古屋市公館の位置にあった。その南側庭園はかつての偕行社の前庭である。現在は名古屋市の所管で、1989年に都市公園として告示され、北土木事務所が管理している。これまで二之丸庭園の一部を原型のまま移築したと伝えられる。しかし庭園史研究家・重森《しげもり》三玲《みれい》によれば、

図11　屋根に羊歯の生えた門。

図12　枯山水の滝石組。竜門瀑形式だが、滝昇りの鯉を模した鯉魚石を欠く。

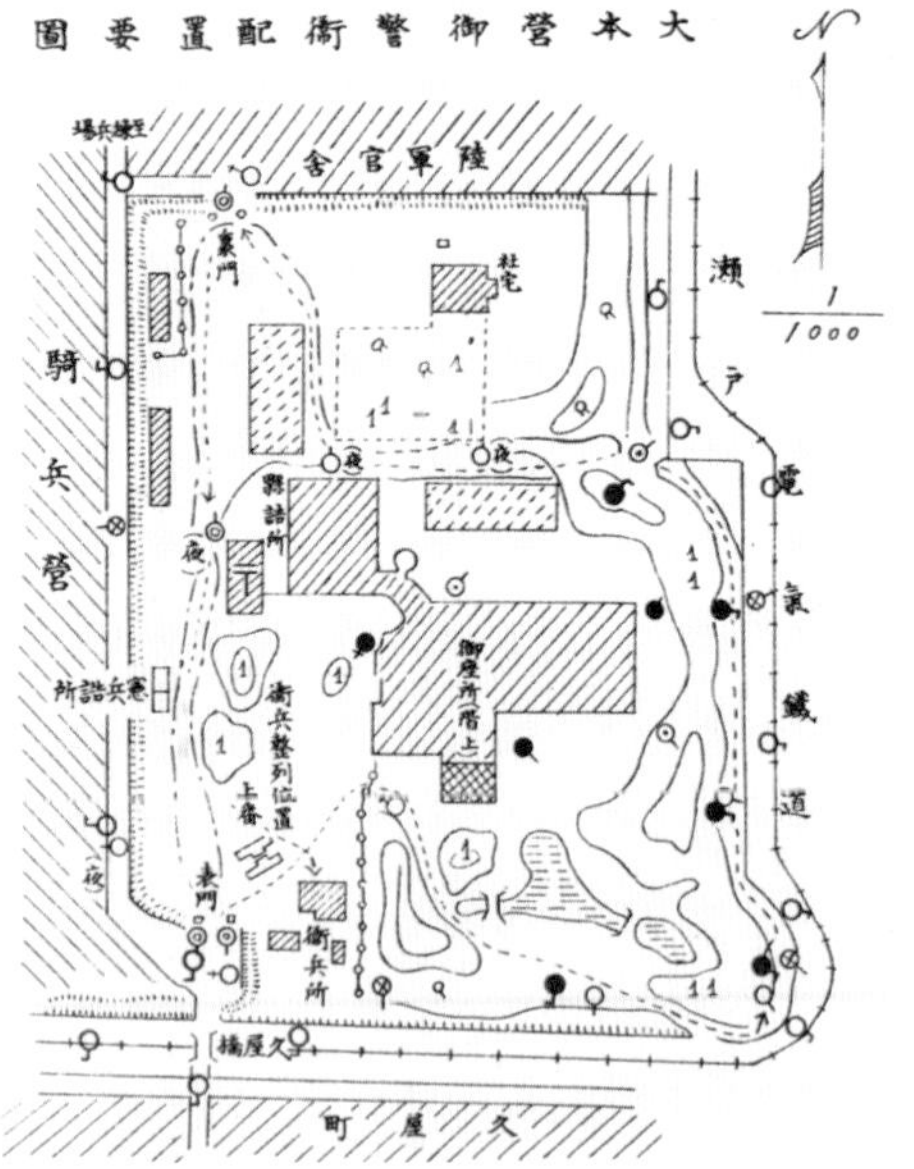

図10　「大本営御警衛配置要図」(『昭和2年陸軍特別大演習並地方行幸愛知県記録』1927年)　御座所(階上)に面した前庭が現・三之丸庭園で、池や築山の形状がよくわかる。1936年に重森が発見した時は山林に埋もれていたという。

二之丸庭園より古い桃山初期の作庭であるという。特別史跡の区域外にあるが、その価値がもっと再認識されるべきである（図10～12）。

名古屋離宮と鉄道

１８９３年（明治26）、本丸と西之丸の一部は陸軍省から宮内庁の移管となり、名古屋離宮は設置された。

先述のように廃藩置県後名古屋城は陸軍省の所管となり、その兵営化が進められた。本丸御殿は鎮台本部として１８８７年まで利用され、天守閣や櫓・多門櫓は兵舎・倉庫として使用され、火災の危険が危惧された。またドイツ公使や陸軍省内においても本丸建築物の価値が評価され、保存を求める声が高くなった。しかし天守閣、本丸御殿の修理維持費は毎年一千円以上が見込まれ、台風などによる大破には数千円となる。大蔵省にその下付を申請しても国費多端なためなかなか認められなかった。軍事的実用性のない城郭を陸軍省が保存することは矛盾を抱えており、その解消に宮内庁への所管替えが求められた。城郭の離宮化には京都の二条城が離宮となった先例がある。名古屋城本丸の宮内庁移管はその保存維持を目的に要請されたのである。

宮内庁もこの申し出に応える事情があった。夏目漱石の「三四郎」は熊本からの上京に際して名古屋で一泊している。当時の鉄道の列車速度では東京から京都や伊勢神宮への行幸啓には一日では無理で、途中一泊しなければならず、宮内庁はその宿泊場所に苦慮していた。明治天皇はしばしば名古屋東別院に泊まっていた（１８７８年の北陸・東海巡幸時ほか5回）。

１９１２年（大正元）の鉄道ダイヤを見ると、朝8時30分発の下関行特別急行は名古屋着午後4時08分、同14分発車し、京都には午後7時32分に着いている。所要時間は11時間02分である。その後１９２１年大津―京都間の線路付け替え（新逢坂山トンネル）、１９２５年の国府津までの電化、１９１９年に開発された幹線旅客列車用のＣ51形蒸気機関車（図13）の登場などによって大幅にスピードアップされた。

１９３０年（昭和5）、特急「燕」は東京午前9時発、名古屋に午後2時29分、京都に4時44分着、所要時間7時間44分と3時間18分ほど短縮された（１９３４年の丹那トンネル開通によってさらに19分短縮）。

このように東海道線の輸送力が増強されたため、東京―京都間は一日で行けることとなった。昭和天皇が名古屋離宮に泊まったのは１９２８年、昭和大礼行幸が最後である（その後１９３０年、陸軍特別大演習岡山行幸で偕行社に一

図13　C 51 形機関車の切手。御召列車の牽引機関車として1928年（昭和大礼）から1953年（千葉県行幸）まで確認できる限り108回使用された。

泊)。この昭和大礼の御召列車の表定速度は50㎞であった。一方、1932年の陸軍特別大演習大阪行幸では御召列車はその日のうちに大阪に着き、表定速度は63㎞に跳ね上がっている。

　他方、1929年に国宝保存法が制定され、これまで社寺の建造物及宝物類にしか認められなかった国からの保存金下付が、「美術上の模範」として国宝に指定されれば、城郭にも適用されるようになった。1930年12月11日、名古屋離宮は廃止になり、その土地建物は名古屋市に下賜《かし》された。同日国宝保存会(現在の文化財保護審議会)は名古屋城(天守閣、本丸御殿、四つの隅櫓、正門など)の国宝指定を決定、直ちに文部省より名古屋市へ通知された(官報告示は13日)。

　1893年に離宮と定められ、1930年に廃止されるまでの天皇・皇后・皇太后・皇太子・皇太子妃の御駐泊は明治期20回、大正期31回、昭和期2回、計53回を数えた。また名古屋偕行社に大正末から昭和初めに昭和天皇は3回泊まっている。

　この他静岡にも静岡御用邸が1900年から1930年まで設けられた。昭和天皇は皇太子時代を含め18回宿泊している(名古屋離宮は9回)。離宮・御用邸とも皇室の別邸で、一定規模の建造物と敷地を有するものを離宮とし、小規模のものを御用邸と称している。

　図14は、名古屋離宮取締富士萬衛から岡島栄七宛の依嘱状である。岡島は大曾根在住の生花宗匠である。

　1902年、九州方面大演習地へ明治天皇が行幸のため七日当離宮で一泊されるので、生花の件についてかねて打合せの通りご準備進めるよう依嘱いたしますとある。宮内省の透かし入りの用紙に立派な「名古屋離宮」の朱印が押してある。

　新聞には「玉座の挿花」と題して、玉座の床には薄端《うすばた》に寒牡丹、次の間の床には御深《おふ》井焼《け》の水盤に孟宗竹と正緋《せいひ》椿《つばき》を正流《せいりゅう》家元岡島栄七が挿花するとある。

　後日天覧のを得たるは同流派の名誉なりとして、同門の子弟50余名が師を招いて十洲楼にて祝賀会を催している。

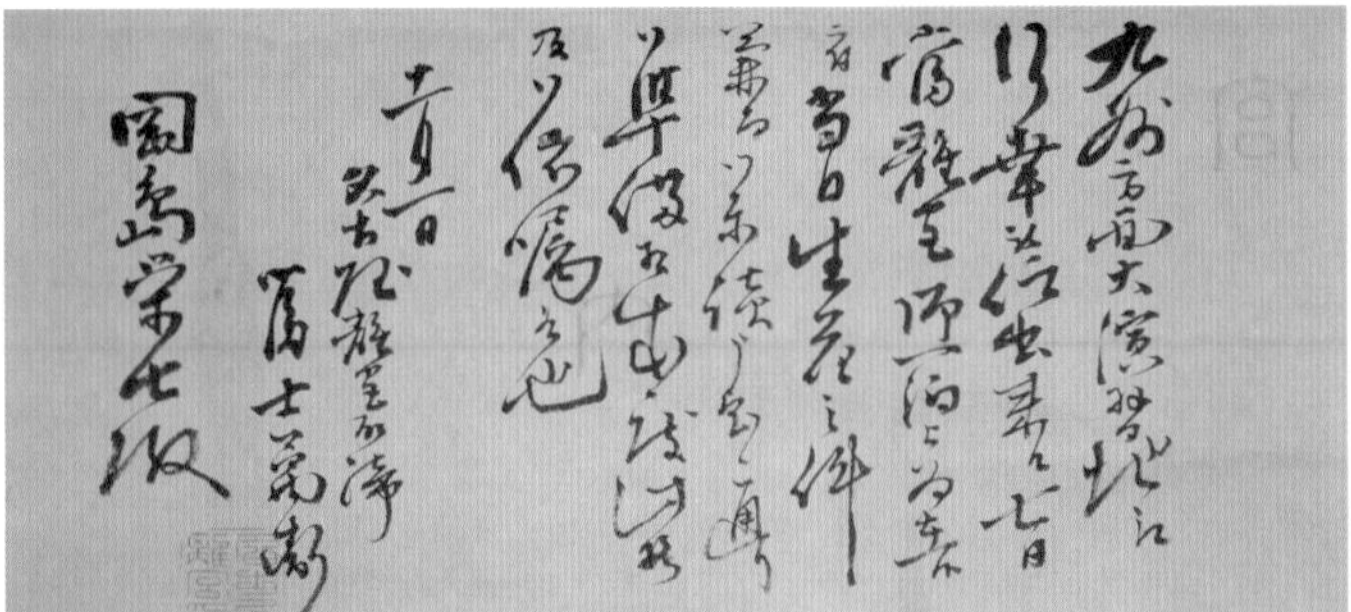

図14　岡島栄七宛書簡　1902年　松永直幸蔵

明治の堀川

伊藤正博

北方への舟運路　黒川開削

江戸時代の名古屋は、62万石という全国で4番目に大きな尾張藩の政治と経済の中心地として繁栄していた。

明治になり中央集権国家に変わると名古屋は一地方都市となり、武士たちは収入を失い、生活に困窮するものも多く居た。産業を興して失業士族を救済し、名古屋の町おこしをはかる必要があった。

貧弱な北方への輸送路

産業の活性化には、原料や製品の輸送が早く安くできる事が肝要である。

この時代の陸上輸送は、人が担うか、馬に乗せるか、あるいは狭くてでこぼこの道を大八車で運ぶしかなかった。

舟による輸送はそれよりはるかに効率的である。しかし名古屋に舟が入れるのは熱田に続く堀川だけで、北方への舟運路はなかった。尾張北部や美濃などの物資は、木曽川を下り伊勢湾に出て、湾を横切って熱田に来て、堀川をさかのぼって名古屋へという、大変な迂回路で輸送されていた。

黒川治愿《はるよし》の壮大な構想

1875年（明治8）に愛知県技師に赴任してきた黒川治愿は、この地方が抱える問題を解決するため次の構想をたてた。

- 新木津用水を拡幅→豊かな用水で農業の振興、舟の通航
- 庄内川から堀川（現・朝日橋まで）への新河川開削→舟の通航、堀川の流量増加
- 庄内用水の付け替え→庄内川の渇水時に木曽川からの助水で水量を確保
- 熱田湊の浚渫《しゅんせつ》と波止場の建設→干潮でも入港を可能にし、海運と堀川水運の結合を強化

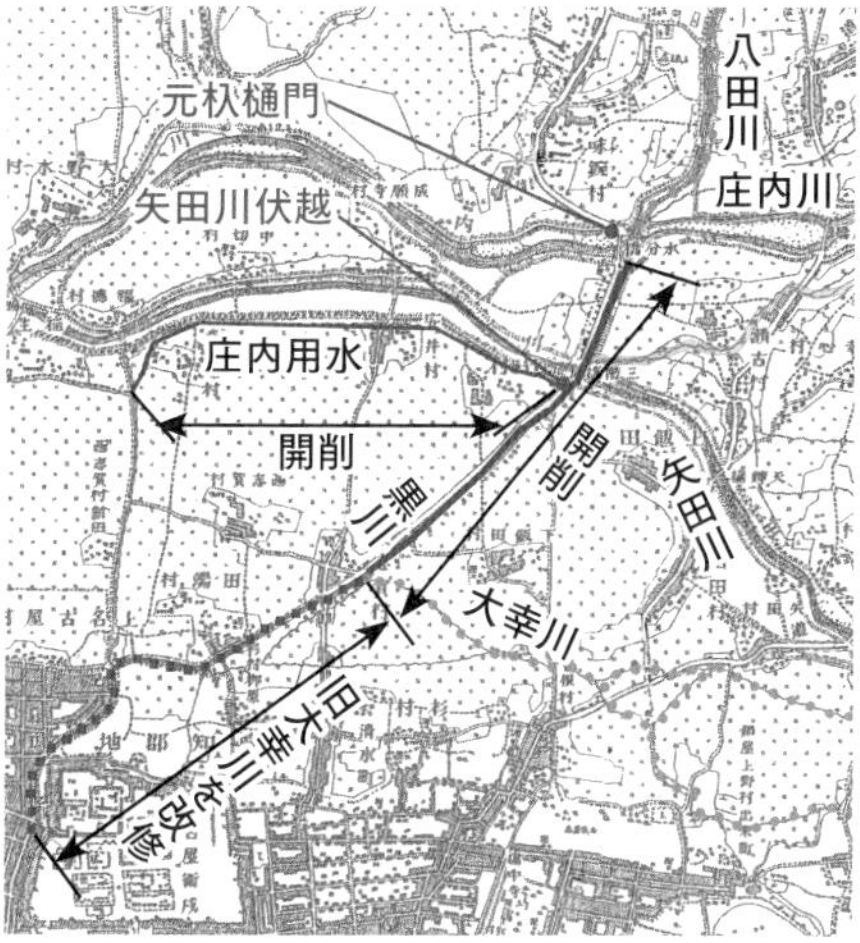

図1　黒川開削区分（1/5万「名古屋」）1889年

黒川の開削

　1876年11月に黒川開削工事が始まった。新木津用水の流末（八田川）が庄内川に流れ込む対岸（現・水分橋東南）で取水し、堀川まで水路を造る事業である。途中にある矢田川は天井川なので、川の下に舟が通れる大きな伏越《ふせこし》（水路トンネル）を造り、立体交差させている（図1）。1877年10月に竣工し、この年には熱田湊の整備などもおこなわれた。

瀬戸への舟運が始まる

　黒川が完成すると黒川と庄内川を使って瀬戸と名古屋を結ぶ舟運事業が始まった。

　1877年12月に「内国通運会社荘内川運漕所」が設立されている。「新規掘割黒川筋春日井郡下水野村字入尾迄《まで》ノ物貨ヲ扱フ」のを目的とし、名古屋の拠点は黒川下流端である朝日橋南西の黒川運漕所であった。東志賀村（現・北区）・瀬古村（現・守山区）・下水野村（現・瀬戸市）・玉野村（現・春日井市）に営業所を設け、瀬戸物などを輸送したようだが、詳細は不明である。

難航した構想の実現

　黒川は順調に工事が進んだが、新木津用水の拡幅はずいぶん遅れた。

　困窮していた沿川農民は受益者負担金を払うことができず、上下流の農民の間には利害対立があった。それに加えて地租改正が進められ、新木津用水が流れる東春日井郡は増税になるので激しい地租改正反対運動が起きていた。

　紆余《うよ》曲折を経て1884年になりやっと拡幅が完了し、黒川治愿の構想は実現したのである（図3）。

犬山への舟運が始まる

　愛船株式会社が1886年から犬山と名古屋を結ぶ舟運を始めた。開業式に知事の勝間田稔が寄せた祝辞には「これまで桑名経由で7日余りかかっていたのが、わずか4時間で到着できるようになった。」とある。

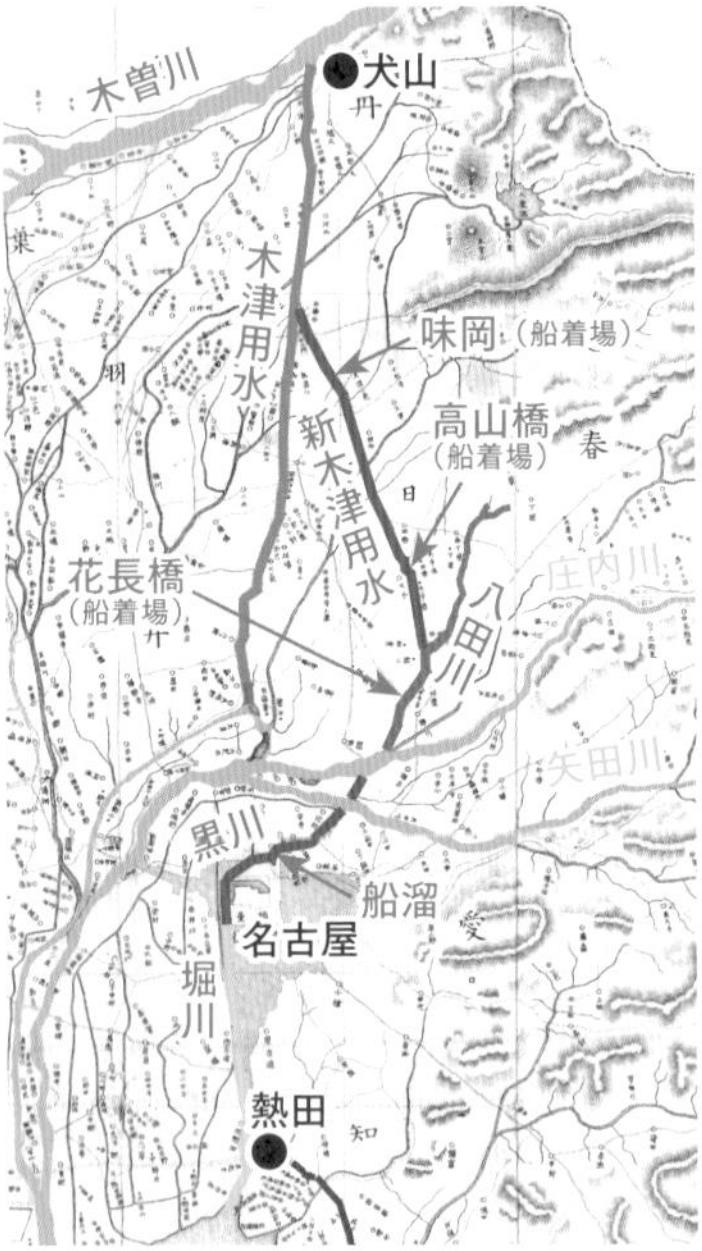

図3　愛船株式会社の輸送路（「尾張国全図」）1879年

図2　1983年頃の船溜

荷物の積み降ろしや船頭の休憩のため、各地に船着場が設けられた。北清水橋（北区）の上流には川幅を広くした船溜《ふなだまり》があり、荷役がおこなわれた（図2）。

さまざまな物が運搬され、1890年9月から翌年6月までの輸送量は次のとおりである。

・乗客5千人
・丸石30万個
・米、薪炭など3万俵余
・材木（尺〆《しめ》）2万5千本
・氷60万貫（2千トン余）

堀川は材木の川

木曽山は国有林に

木曽山の木材は尾張藩の事業として、伐採・輸送・白鳥御材木場（貯木場）での貯木がおこなわれてきた（図4）。

しかし、1871年（明治4）の廃藩置県により木曽山は国有林となり、藩営事業は終わりを告げた。不要となった白鳥貯木場などは、材惣《ざいそう》（名古屋の有力材木商）に払い下げている。

1876年に国による伐採が木曽や飛騨で始まった。国は材惣から白鳥貯木場などを買収して木曽材などを運び込み、材木商への公売もおこなった。この木材は質が良く「官材」と呼ばれていた。

図4　白鳥貯木場（『名古屋案内』）1910年

中・下流部製材業者が林立

江戸時代の材木商は伝馬橋北東の材木三か町（元・上・下材木町）に集中しており、維新前後には54軒の材木屋があった。

明治になると材木商が大幅に増え、1906年頃には300軒にもなり、かつて尾張藩重臣の下屋敷などがあった堀川の中下流部に店を構える者も多かった。1897年には愛知材木、1907年には名古屋木材（図5）といった大きな会社も設立され、売買だけでなく貯木や木材を担保にした金融もおこなうようになっている。材木市場での一年間の取り引きは200万円にも達していた。

図5「名古屋市実測図」1910年

1904年に堀川へ運ばれた木材は8割が木曽・飛騨材で、残りが紀州材や北海道材などであった。樹種は26種に及び、入荷量は桧が一番多く、モミ・サワラなどが続き、米松も入ってきている。

国有林で伐採された官材は白鳥貯木場へ運ばれ、民材は民間貯木場が足りないので堀川岸にうずたかく積み上げられていた。

6割は名古屋で消費

木材の6割は名古屋での消費だ。建築などに使われるほ

図６　木挽による製材（『尾陽商工便覧』）1888 年

か、茶箱・桶《おけ》・樽《たる》・櫃《ひつ》（蓋のある器）・たらい・建具などの製造が盛んになり、生産額は100万円以上に達した。京阪や九州まで出荷され、茶箱はインドなどへ輸出している。

マッチや外枠が木製だった柱時計の製造という新しい産業も生まれ、たくさんの木材が消費されている。

一旦名古屋へ搬入されて、木材のまま出荷されるものもあり、主に東京へ船や鉄道で送られている。

丸太などを大きな鋸で挽いて角材や板などにする木挽《こびき》は、500人ほどが活躍していた（図6）。

手作業でおこなっていた製材だが、1896年に愛知挽木が水主《かこ》町に設立され、機械製材が始まった。この会社では竪鋸《たてのこ》や丸鋸を使い、茶箱や煙草の輸送箱を製造し、賃挽きもしていた（図7）。

図７　愛知挽木の機械製材（『愛知県写真帖』）1910 年

名古屋でベニヤ板誕生

円頓寺商店街と江川（現・江川線）が交差する北西に、桶や樽などを製造する浅野木工場があった（図8）。

1897年過ぎには輸出用茶箱の製造を始め、順調に事業は伸びていた。しかしイギリスから安い茶箱が出荷されるようになり、取り寄せてみると、それはベニヤ板でできていた。

図８　浅野木工所のロータリーレース（『合板七十五年史』）

ベニヤ板は大根のかつら剥《む》きのように丸太を剥いて薄板を作り、それを乾燥し接着して作る。まだ市販の機械はない時代である。浅野吉次郎は創意工夫して機械の開発から始めた。なかなかうまく行かず、視察に来た人は悲観的な忠告をしたという。

しかし1907年にかつら剥きをするロータリーレースを完成させ、乾燥機や接着剤の開発にも成功した。翌年に鶴舞公園で開かれた勧業博覧会に、能楽堂の背景に使う90×360㎝の鏡板を出品している。まだベニヤ板という言葉がなく「合わせ板」「浅野板」と呼ばれ、材料はカバ・ナラ・タモなどであった。

艀《はしけ》で賑わう堀川

工業都市名古屋　増える舟運

明治になり、名古屋は工業都市に変わっていった。近代工業は工場での大量生産なので、たくさんの原料・燃料・製品を輸送する必要がある。この時代、大量輸送ができるのは舟しかなく、大きな工場は堀川岸に立地している。

鉄道網の整備が進むにつれ、鉄道による輸送も増えた。鉄道は舟が入る事ができない内陸部へ大量輸送ができるという利点があるが、駅から工場までは大八車など貧弱な輸送方法しかなく、舟のメリットは大きかった。

このため堀川を行き来する艀は、名古屋の発展と歩調を合わせて増えていった。

大工場ができる以前の1884年（明治17）過ぎは年間5千隻前後の出入だが、1897年頃には1万5千隻を超えるほどになっている。1904年からは日露戦争の影響を受けている。船舶数は減っているが貨物量は1905年から翌年にかけて異常に増加しており、軍需物資の輸送が優先されたと考えられる（図9・10）。

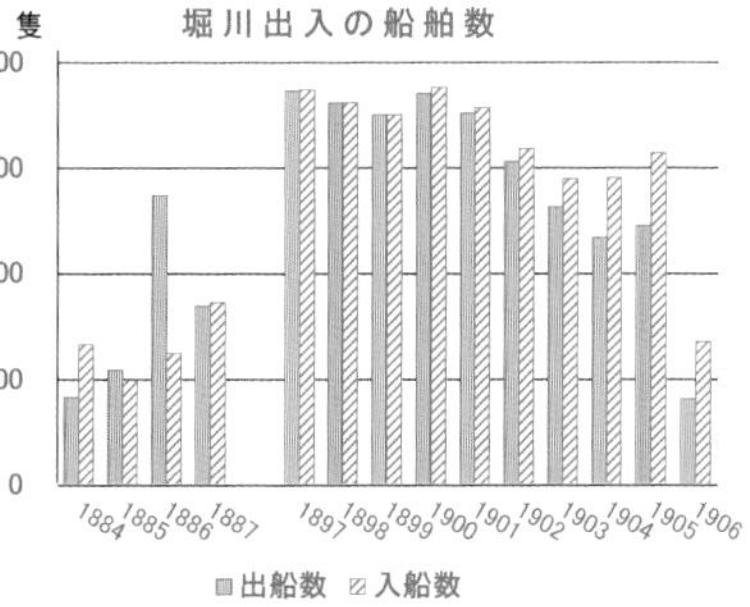

図9　堀川出入りの船舶数（『名古屋市史』『新修名古屋市史』より作成）

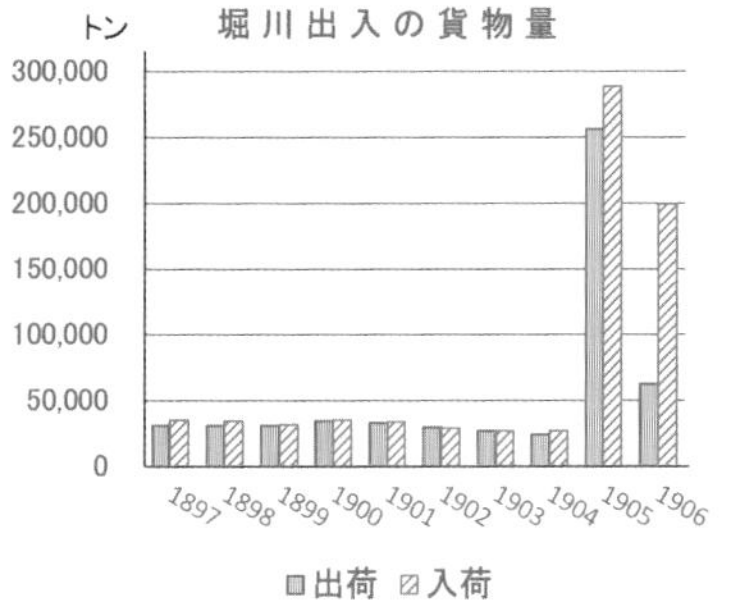

図10　堀川出入りの貨物量（『名古屋市史』より作成）

図11　混雑する堀川（『愛知県写真帖』）1910年

堀川は江戸時代初期に、城下町である名古屋への輸送に必要な川幅で開削された。明治になっても川幅は変わらないまま、はるかに多くの艀や筏《いかだ》が通航するようになった。岸に艀や筏が係留され、残された狭い水面を艀が通り、堀川の能力は限界に達していた（図11）。

堀川岸は輸送ターミナル

1875年、政府の肝いりで陸運と河川舟運を全国的におこなう、内国通運が設立された。名古屋と熱田にも出張所と、28か所の物資取次所などがおかれた。

とりわけ堀川岸にはたくさん設けられた。朝日橋南西に黒川運漕所がある。黒川と庄内川を通って下水野村（現・瀬戸市）まで運搬する物資は

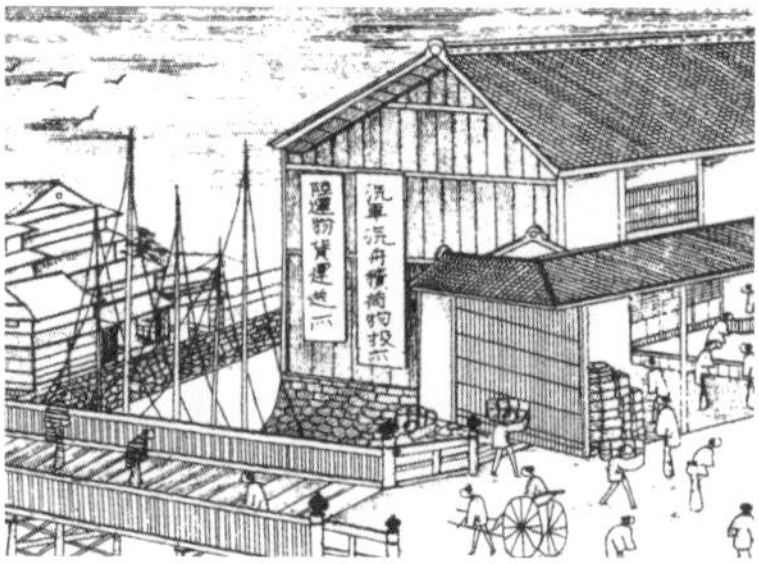

図13　伝馬橋東橋詰の回漕店　大六組（『尾陽商工便覧』）1888年

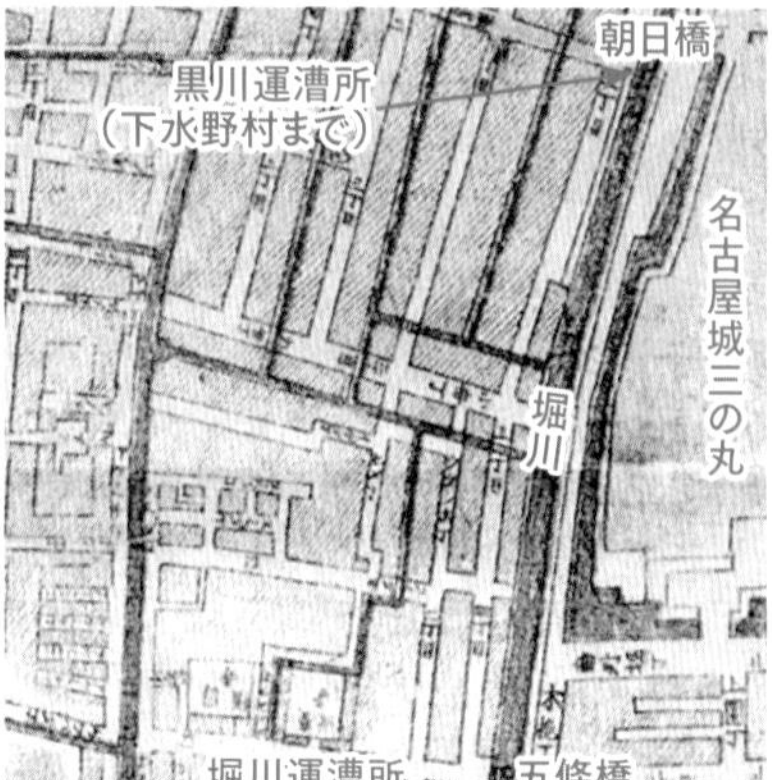

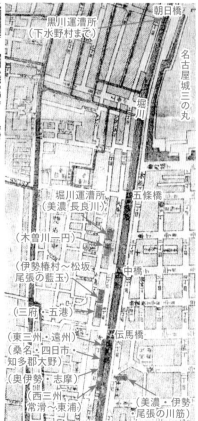

図12　内国通運の堀川岸運漕所（『愛知県名古屋明細図』）1877年

ここで取り扱っている。五條橋から伝馬橋下流までは堀川運漕所が9か所設けられている。送り先により扱う店舗が違うのだ。遠州（静岡県）や志摩（三重県）、木曽川や長良川沿川、さらに3府（東京・京都・大阪府）、5港（横浜・神戸・長崎・新潟・函館港）などへの荷を扱っている。

内国通運のほかにも運送店がたくさんあった。1888年には回漕（舟運）店が34店、陸送店が20店と記録されている。この中には内国通運会社の協力業者もあるが、独立業者もあった。独立系の回漕店も多くが堀川岸に店を構えており、堀川はまさに物資輸送の幹線で、沿川地域は輸送ターミナルだった（図12・13）。

倉庫業が始まる

物資の輸送と保管は一体の関係である。堀川で運ばれた物資は、荷主が所有する河岸《かし》蔵や工場の倉庫へ運び込まれていたが、流通量が増えると保管を専門にする倉庫業が生まれた。

1907年に東海倉庫が、納屋橋東南の県有地（監獄跡）の払い下げを受けて倉庫業を開始した（図14）。堀川岸は筏や艀が密集している状態なので、堀川からの引込水

図14　東海倉庫の引込水路（『愛知県写真帖』）1910年

路を造り、敷地内に艀を入れて荷役ができるように工夫している。同じ年、それまで名古屋駅前で倉庫業をしていた名古屋倉庫も、現在の新洲崎橋北西に倉庫を設けている。

両者は1926年（大正15）に合併して東陽倉庫になった。

名古屋の生命線

通航や係留を規制

混雑する堀川で円滑な輸送をはかるため、1891年（明治24）に「堀川筋取締規則」が施行された。規制されるのは朝日橋から大瀬子橋の間である。

漁業・遊泳・ボート競技などが禁止された。永年、市民の憩いの場所として親しまれていた堀川だが、もっぱら輸送路として使うことになったのである。

両岸での係留も、艀《はしけ》は大きさにより制限が設けられ。筏《いかだ》は15日以上の係留が禁止となり、航路の確保が図られている。

通航する舟の規制もおこなわれた。10トン以上の蒸気船は白鳥より上流、和船も30トン以上は納屋橋より上流への航行が禁止された。

水深の維持浚渫《しゅんせつ》

堀川は上下流で標高差が少なく、流れが緩やかな川である。しかも満潮時には下流から上流へ水が流れる川である。このため土砂が堆積《たいせき》しやすく、常例工事として浚渫がおこなわれていた。

しかし1905年に市議会が知事に出した建議書には「干潮の時には船舶の航行も困難な状態」と書かれている。翌年から4カ年継続事業として浚渫が行われた。浚渫船堀川丸と手掘りを併用し、新造した土砂運搬船30隻を使うという大事業であった。

アーチ橋の架設

堀川に架かる橋は橋脚付の木製桁《けた》橋だった。川の中に建つ橋脚は艀や筏の障害になる。とりわけ碁盤割の旧市街地に隣接する地区は通航が輻輳《ふくそう》している。

1901年に五條橋の架け替えがおこなわれ、橋脚のない木製のアーチ橋になった（図15）。桁橋は直線的な部材だけなので安くできる。アーチ橋はアーチ部分の木材を曲げる加工が必要となり、荷重がすべて両岸にかかるので、橋台も堅固な造りにする必要がある。費用がかさむのでこの時代に造られた木製アーチ橋は全国的にも数が少ない。

五條橋は1938年（昭和13）に現在のコンクリート

図15　木製アーチ橋の五條橋

図16　今も残る木製アーチ橋の痕跡

ラーメン橋に変わったが、橋台は以前のものを再利用した。橋台の下部に四角い穴をモルタルで埋めた跡があるが、木製アーチを支えていた沓《くつ》(シュー・受台)の痕跡が今も残っているのである(図16)。

その後も、1910年に架け替え工事が始まった納屋橋、1920年(大正9)には伝馬橋、1937年(昭和12)には桜橋がアーチ橋で架けられた。一時期、碁盤割地区は中橋を除きすべてアーチ構造であった。中・下流部では岩井橋・住吉橋がアーチ橋である。

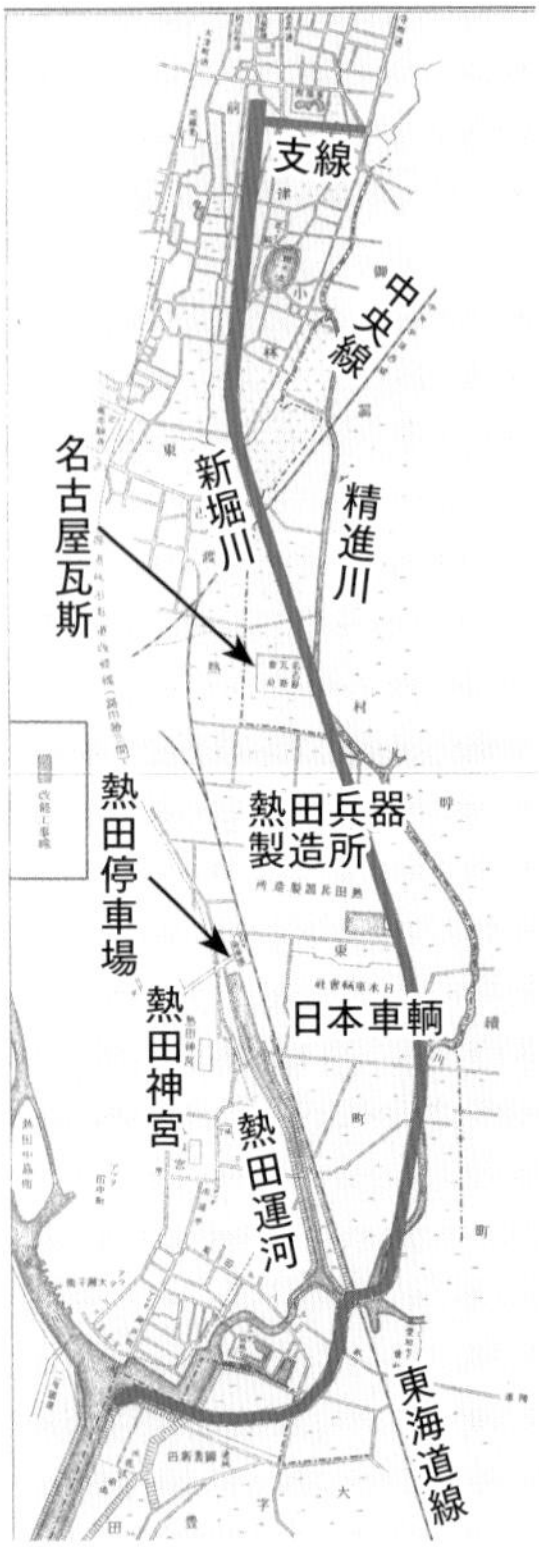

図17　新堀川改修工事設計略図(『名古屋市史』)

もう一つの舟運路新堀川開削

江戸時代からの懸案であった精進川の改修が日露戦争を契機に始まった(図17)。

熱田に造兵廠《しょう》(兵器工場)が造られることになり、名古屋市はこの際精進川を改修して、掘削した土砂を軍に売れば工事費の一助になると考え、1905年に工事を始めた。

延長が約5・7㎞、幅は約24~27mの川が掘られた。掘った土の34%が造兵廠の盛土、32%が田を埋めて鶴舞公園の造成、残りは堤防や沿川道路の築造に使われ、橋も17橋が架けられた。

上流端近くから東へ支線が延びている。精進川は、現在の千種・東・中区などの一部区域の排水を担っていた。その水を新堀川へ流したのが支線である。

開削工事は、日露戦争後の物価の上昇や設計変更などがあり、予算の確保に苦労しながら進められた。この時代の土木工事は人力による施工が多く、たくさんの作業員が働いていた。請負業者が異なる工区境界ではとかくトラブルも起きやすい。『前津旧事誌』は「土運車に抜身の日本刀を突立て、或は腹巻の間に短刀を包むなど、工事場の土工間に殺気満ち満ちて」と、活気に満ち荒々しさもある工事風景を記録している。

1910年に通水式がおこなわれ、翌年には護岸工事も完了し、名称が新堀川へと変わった。名古屋開府以来300年にわたり堀川単独で輸送を支えてきたが、もう一筋の舟運路が誕生した(図18)。

図18　完成した新堀川(『愛知県写真帖』)1910年

明治の熱田港

安井勝彦

明治政府の殖産興業政策は、西南戦争（１８７７年〔明治10〕）直後からその萌芽をみせ始めた。経済界でも企業熱が盛んになり、工業は家内工業から次第に工場工業へと進む。名古屋でも貨物の集散量が増大しつつあり、熱田湾に築港を求める声が大きくなっていった。

愛知初の港・武豊港

当時、東西を結ぶ幹線鉄道は、内陸部開発を重視したイギリス人技師ボイルの主張や、防備上のため軍部が推す中山道線が優先された。政府にも中山道鉄道の敷設計画があり、その建設資材を運搬するため武豊港の利用を考えていた。武豊港は１８８２年（明治15）、三菱会社が東京―四日市間の定期航路船を寄港させて大船航路を開設したため、一躍全国に名を知られる存在になっていた。

１８８５年8月、政府は武豊港から名古屋へ通じる鉄道敷設工事を開始。翌年3月、熱田停車場（東熱田村字浮島、現・瑞穂区浮島町）まで開通し、直ちに客貨の輸送が始まった。海陸連絡の交通路が開け、武豊港は愛知県初の港となったのである。時の愛知県知事・勝間田稔は、名古屋の港として利用することを考え、その将来の繁栄に備えて市区計画を立てた。１８９１年には同港を特別輸出港に指定するよう知事から内務大臣へ建議した。

しかし、政府は中山道鉄道工事を一時延期し、まずは東海道線の敷設を決めた。１８９９年7月、新橋―神戸間（６００・２㎞）の全線が開通する。武豊線は東海道線の一支線に過ぎなくなってしまった。名古屋市との距離が遠く不便であるということで武豊港改修論も立消えとなった。

この頃、諸外国との通商条約改正の動きが活発になった。大都市・名古屋を有する愛知県は、貿易振興のうえから商工業を助成する必要があった。名古屋市も従来の家内工業から工場工業へ移行し、織物、陶磁器、マッチなどの産業が発達した。市の近隣地では製糸や織物、特に木綿織物が盛んになっていった。

この頃の陸上交通の状況をみてみると、１８９４年6月に名古屋を終点とする中央線敷設の公布があり、１８９５年5月に関西鉄道が名古屋に乗入れるなど、名古屋市の交通発展史上で特筆される時期であった。このように陸上交通が順調に発達してくなかで、海上交通の関門は昔ながらの熱田港のみであった。現在の神戸町《ごうどちょう》辺り一帯はわずかに保田沖《ほたおき》に通じる水路があるに過ぎず、その水路も年々流砂

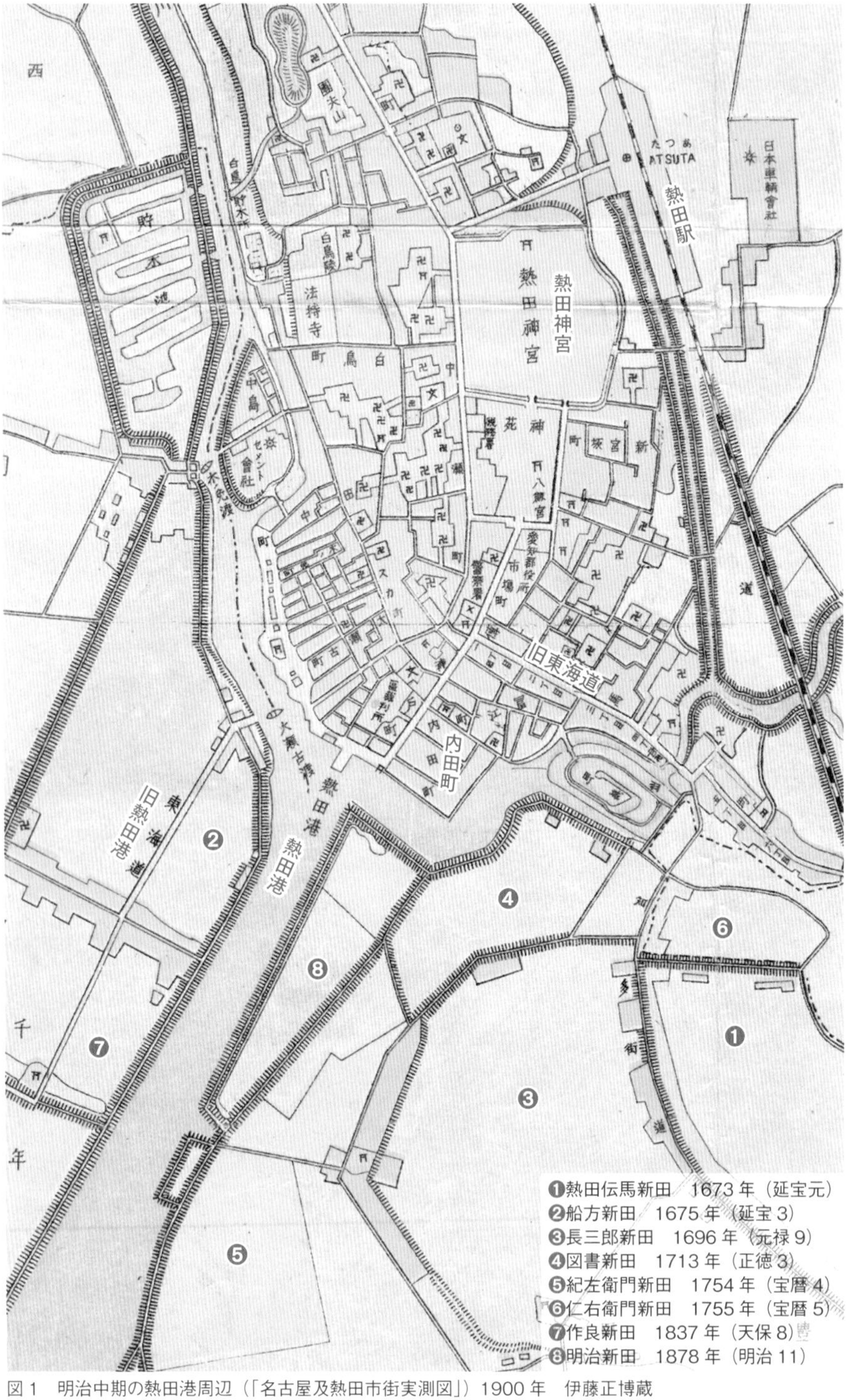

図 1　明治中期の熱田港周辺（「名古屋及熱田市街実測図」）1900 年　伊藤正博蔵

で埋まり、潮時により船は航行できなくなる状態であった。増大する貨物は、陸送か四日市港を中継するしかなく、大量輸送は困難であった。

輸送経費もかさむ一方で、名古屋港発展のうえで重大な障害となっていた。『農商務統計表（明治17～20）』の港湾出入船舶数によると、明治17年版の尾張では熱田・半田・亀崎港が掲載。熱田港には汽船の出入りはなく、帆船と日本形船だけである。入出港合わせて6394隻で積荷価格は51万円余となっている。この年の四日市港は、汽船だけでも842隻の入出港があり、全種類では7627隻が出入りし、積荷価格は1083万円余。熱田湾の21倍である。明治18年版からは熱田港の記載はなく、半田・亀崎港だけになっている。熱田港は統計からも除外される港であった。

熱田湾築港計画

熱田湾築港要望の建議が、初代名古屋区長・吉田禄在、県会議員・奥田正香らにより打ち上げられてから約10年後の1892年（明治25）8月、時任為基《ときとうためもと》が愛知県知事として赴任した。時任は、名古屋を中心とする県下の産業や交通の情勢をみて、熱田湾に一大港湾を造成することが急務であることを悟り、調査を進める一方、中部選出県会議員に対して築港計画への賛助を求めた。

1894年に日清戦争が勃発し、名古屋から軍隊や物資を輸送するのに水運の便が悪く、大きな不便をきたした。このことは、熱田港修築の必要に迫られていた愛知県、とりわけ名古屋市に大きく影響し、築港の機は熟していった。

知事は築港工事を起こすべきかどうかの根拠を求めるための調査にとりかかった。当時はまだ、各種の行政機関が整っていない時代であり、調査だけでも容易なことではなかった。そこでとりあえず、名古屋市における重要商品の集散量、熱田町における需要商品の集散量、日本郵船会社の四日市港を経て名古屋市に集散した数量、共立汽船会社の名古屋市に集散した数量、熱田湾に出入りした船舶の隻数トン数などについて調査することになった。

これらの調査結果を見た知事はますます築港の必要を認め、県会の建議に従って調査をおこなうため1895年1月10日、臨時県会を召集し、その調査に要する費用として次の予算を付議した。「測量費534円71銭／吏員費152円56銭　合計687円27銭」

県会は同月14日この予算案を異議なく可決した。この調査費こそ、名古屋港出現の端緒を開いた記念すべきものであった（図1・2）。

図2　1907年ごろの熱田港

明治期名古屋の交通事情

伊東重光

明治になっても名古屋の道は狭く橋がないところが多かった。交通機関として人力車・馬車・鉄道が登場するが（図1）、遠方へは海路が便利であり、自動車が普及するのは大正末期以後である。

図1　1899年の広小路通り（『名古屋都市計画史・上』）

明治時代には商人などを除いて庶民が旅をすることは稀であったが、伊勢講などは一生に一度は出かける習慣があり、女性は結婚前に出かけていた。1879年（明治12）の尾張旭の記録では、10人ほどで講の組をつくり、米麦や金を積立てて、くじで順番を決めていた。農閑期に女子供を含む40人ほどが1週間かけて伊勢に代参し「おふだ」と貝細工などの土産を持ち帰っている。出発前には無事を祈る行事が村でおこなわれ、村社で小石を着物に入れ、帰村後に返していたという。村を早朝に出発して熱田から船で四日市にわたり、津付近の雲津などに一泊して徒歩で二見に着き、金剛證寺と内外宮を参詣。帰路は蒸気船を利用している。村からは大曽根坂上（赤塚の北）まで飾り馬の迎えがあり、女子供は晴着姿で馬上から菓子を投げながら帰村している。

海路

熱田港は水深が浅いため、東西の貨物は素通りし、七里の渡しや佐屋街道の利用も減った。船入町（西区名駅5）からの船便は小型船のみであった。1877年（明治10）、西南戦争で政府が郵船汽船三菱会社に四日市まで鎮台兵や物資の輸送を命じ、熱田港を浚渫し汽船2隻を就航させた。戦争終結で三菱は運航中止を予定していたが、安場県令が駅逓局や三重県と協議して補助金で継続となった。しかし、2年後に愛知県が補助金を打切ったため、航路も廃止された。1880年（明治13）頃になると、熱田、四日市、津、神社《かみやしろ》（伊勢市）を結ぶ小型汽船はあったが、過当競争になり、1884年（明治17）頃、県令の斡旋で東海汽船が運行するようになった。1888年（明治21）には共立汽船（後に大阪商船に合併）が大阪まで8隻で運行した。1889年（明治22）頃は熱田から伊勢湾沿岸各港へ汽船や帆船の便もあり、四日市までは上等35銭・中等25銭・下等20銭であった（1銭は100円か200円ほど）。四日市港は水深が深いため、1870年（明治3）から東京への定期航路ができている（運賃は東海道線開通で半額に値下げし、中等3円・下等1円50銭）。1881年（明治14）、半田の半栄社が半田～横浜の運航を汽船2隻で開始したが、三菱が師崎や半田に寄港したため12年後に廃止された。1907年（明治40）、名古屋港が開港し、翌年に大阪商船が北支に、5年後に日本郵船が北海道に航路を開設しているが、名古屋港では開港後もたびたび座礁騒ぎが起きている。

川船

1877年（明治10）御用水沿いに黒川が開削され、1886年（明治19）に愛船会社が犬山～名古屋を4時間で結ぶ船便を開設した。農業用水への影響が少ない9月21日～6月10日に運行され、帰路は船頭が綱で引いて戻っていた。船賃は7銭で積み荷は米・麦・氷・丸石などであったが、馬車や郊外電車の開通で1924年（大正13）に廃止されている。

人力車

人力車（俥・腕車）は1869年（明治2）に発明され、名古屋には翌年登場した。スプリングやゴムタイヤなどが採用され、大正にかけて交通の主役となり、辻篭は姿を消した。人力車の辻待場は34カ所あり、1902年（明治40）には72カ所に増えている。名古屋の人力車は1895年（明治28）に3550台と、花街で使われた2人乗が58台あった。1日60銭か70銭で車を借りて営業する人もいた。

1873年（明治6）に年3円の税金と安全走行が指示されている。料金は1900年（明治33）頃、市街地で10町（1町は109m）以内2銭5厘以下・20町以内5銭5厘以下、市街地外の県道で1里（4km）以内6銭以下・里道は7銭以下、1日傭50銭以下（半日30銭以下）で、待ち料金・夜間料金・泥道の割増料金の目安も決められていた。広小路本町から笹島停車場まで7銭で、当時は市外の熱田神宮20銭・八事山25銭・犬山80銭で、交代要員が伴走し、2人で曳く場合や1人が後押しすることもあった。1897年（明治30）頃、全国に20万台あったといわれ、各地の駅前には人力車が並んでいたが、東京や大阪では昭和初期に円タク（市内均一料金1円のタクシー）が登場し、駅頭から人力車が消えていったが、1935年（昭和10）頃、名古屋駅に人力車があって驚いたという話がある。

牛と馬・牛車と馬車

人が米を運べるのは1俵（60kg）程度であるが、馬は2俵を長距離運べるので広く使われた。炭の場合は馬に8俵（120kg）積み、馬方も天秤棒で2俵運んだといわれる。人を乗せる時は品の字型

図2　明治期の乗合馬車を彷彿させる栃木県塩原の観光馬車（筆者撮影・1975年）

に3人乗せることもできたようである。政府は1869年（明治2）に平民の乗馬を禁止し、1年半後に許可する混乱もあったが、1877年（明治10）頃、川上貞奴が舞台で乗馬したこともあって女学生に流行したといわれる。

　自家用馬車は名古屋には少なかったが、1870年（明治3）に徳川慶勝が熱田参詣に使用したといわれる。1880年（明治13）、乗合馬車（図2）の乗客定員を1頭立ては7人・2頭立ては10人とされている。1881年（明治14）に広小路～熱田の運賃は天保銭1枚であったといわれる。天保銭は額面100文であるが、1891年（明治24）に禁止されるまで80文（960円ほど）として通用したようである。1894年（明治27）頃、熱田―八事を7～8台の馬車が走っており、1909年（明治36）頃、大須善篤寺入口（中区東仁王門裏通）から熱田西門まで5銭のトテ馬車（乗合馬車・先駆の助手がラッパを吹くとトテーと聞こえた）があったが、1919年（大正8）頃、姿を消している。名古屋の乗用馬車は1895年（明治28）に1頭立て44台と2頭立て2台があったが、1900年（明治33）には1頭立て9台と2頭立て2台に減っているが、郊外への馬車を含まない数字と思われる。

　1890年頃（明治20年代）に大曽根～内津（春日井市）や1902年（明治35）ころ大曽根―瀬戸に1日6往復あった（25銭）といわれる。1895年（明治28）に挙母街道で東田町（CBCの東）―挙母（豊田市）が25銭であった。熱田―豊明や、大高（緑区）―横須賀（東海市）、八事―高岡（豊田市）への馬車もあったらしい。1902年（明治35）に清水口（東区）―犬山の運行が始まっており、5～6人の客が向き合って座る馬車で、上街道を経て黒川添いに三階橋に至り、天然プールの茶屋で休憩し、馬に飼料を与えていた。小牧まで1時間（18～30銭）・犬山までは2時間半（25～40銭）で1時間おきに運行した時もあるが、後に1往復となり、1918年（大正7）に廃止された。地方では荷馬車でも御者台を設ければ許可されていたようである。

　馬車がレールを走る馬車鉄道は、1880年（明治13）の東京のほか1891年（明治31）岡崎でも走っており、名古屋でも1908年（明治41）に愛知馬車鉄道が監獄（千種区・吹上ホール付近）から飯田街道を経て八事興正寺まで開通した。2フィート9インチ（83・8cm）ゲージの10人乗り馬車が1日数便運行していた。市電となった名古屋電気鉄道の広小路線も、当初は馬車鉄道が予定されていた。

牛馬車による貨物輸送は1878年（明治11）に内国通運会社が5日おきに名古屋―豊橋を運行したのが最初とされ、1貫（3・75kg）につき1銭であった。尾張旭でも日露戦争前に馬車による運送がはじまっている。名古屋の荷馬車は1884年度（明治17）に34台であったが、1930年度（昭和5）には2524台に著増しているが、牛車のほうは11台が69台に増加したに過ぎない。なお、1924年（大正13）に馬車は1・2t、牛車は1・5tの積載制限がつけられている。

◉荷車

当初は車が樫板（図3）で重かったが、大八車（八人分運べるため代八車ともいう、代七や代六もあった）に改良され、坂がなければ米を10俵運ぶことができた。名古屋には1895年（明治28）に大車2892台・中小車6468台あり、1900年（明治33）には大26616台、中小8002台で、1926年（昭和元）には3万4300台余に著増しており、伝馬町（中区錦1）には貸し車屋があったといわれる。

図3　明治元年の輪が板車の荷車（『画報近代百年史』）

鉄パイプの骨組みに空気タイヤを用いたリヤカーは1921年（大正10）発明され、軽くて小回りができ、自転車で牽引できるため昭和中期まで広く使われた。

自転車

自転車は1870年（明治3）に名古屋に現れたが、前輪が大きなダルマ型で実用的なものではなかった（図4）。1889年（明治22）頃、ゴム輪で現在形のものが輸入されたが、1台85円くらいと高価であった（米国製は200円~300円との記録もある）。1902年（明治35）頃、木製リムにゴムタイヤの女性用中古自転車を80円で購入した話があり、踏みたくり式とあるのでペダルがないタイプであろうか。1898年（明治31）名古屋の岡本兄弟商会（のち岡本自転車）が製造を開始しており、1900年（明治33）に941台であったが、1910年（明治44）には7700台となっている。1884年（明治20）ころ大須七つ寺境内に時間貸の自転車があり、大正初期の料金は1時

図4　初期の自転車（『明治・名古屋の顔』）

間20銭・1日50銭であった。

自動車

名古屋最初の自動車は1900年（明治33）の蒸気エンジン車で、6年後に名古屋自転車商会も入手している。ボイラーを沸かす必要があり、ハンドルは横一文字で差動装置もない前近代的なものであった。最初のガソリン車は日本陶器の社長が用いたとされるが、名古屋には1916年（大正5）になっても15台あるに過ぎなかった。

ハイヤー営業は1912年（大正元）に七間町（中区・本町通の東）で始まり、後にタイガー自動車・塚本自動車・名古屋自動車が1台ずつ所有しており、料金は市内で1時間以内5円・市外6円であった。タクシーは1914年（大正3）にはじまったが、最初の半マイル90銭、以後1／4マイルごとに10銭であったが、利用者が少なく翌年廃業している。1917年（大正6）赤S自動車は笹島から栄交差点まで50銭で走っていたが、名古屋駅常駐のタクシーは昭和初期でも24台に過ぎなかった。

図5　東京の日比谷公園で1907年に試運転中の乗合自動車（『画報近代百年史』）

バスの運行（図5）は、1908年（明治41）に蒸気エンジン車で泥江橋（中村区・国際センター付近）～本町を結んだが2カ月で廃業している。翌年に本町御門（本町通北端）～高蔵（熱田区）を1区5銭・全線20銭で開業した会社も翌年廃業しており、本格営業は1923年（大正12）の名古屋自動車（後の名古屋市街自動車）の明治橋（中村区・笹島西）～中村遊廓の路線である。郊外バスは1907年（明治40）ころ丸八自動車が東大曽根町（北区大曽根）～小牧で営業したが翌年中止している。1913年（大正2）に尾三自動車が東田町～平戸橋（豊田市）を結んだが、多くの路線ができたのは昭和になってからである。

定期貨物トラックは1918年（大正7）に西尾までの運行が最初とされるが、1926年（昭和元）でも90台にすぎない。なお、道路の舗装は1911年（明治44）以後であり、雨で水たまりもできる玄界灘にたとえた「玄海道路」と呼ばれる道もあった。

鉄道

鉄道は1872年（明治5）～昭和初期までにほぼ全国に敷設されたが、清国が侵略された教訓から中央線建設が優先されたため資材運搬用の武豊線と東海道線が建設された。熱田まで1886年（明治19）3月開通し、清州4月、一宮5月、木曽川6月と急ピッチで工事が進められ、午前と午後に各1往復の旅客や貨物輸送があり、武豊～熱田は31銭（12歳未満半額、4歳未満無料）であった。遠方に出かける人は海路を利用していて全通まで利用価値は少なく、5月に設けられた名護屋（名古屋）停車場も仮駅である。当時、長者町（中区）から笹島への道路は2間（3・6ｍ）で狭く、堀川以東を13間（23・4ｍ）、以西を10間（18ｍ）に拡幅が計画された。寄付が集まらず遅延したが、1887年（明治20）京都から天皇・皇后の行幸が決まったため突貫工事がおこなわれた。その後、東海道線建設優先となり、1889年（明治22）全通し、運賃は東京（新橋）2円35銭、豊橋40銭、岐阜18銭であった。中央線は1900年（明治33）に多治見まで開通したが、全通は1912年（明治45）である。関西線は1889年（明治22）大阪鉄道として誕生し、翌年四日市付近が開通したが、鉄橋工事のため終点の愛知駅（ささしまライブ駅付近）までの開通は1896年（明治29）であった。1907年（明治40）の国有化まで官鉄とのすさまじいサービス合戦は語り草になっている。臨港線は1911年（明治44）開通し、1915年（大正4）まで客扱いをしていた。

1898年（明治31）に名古屋電気鉄道が笹島～県庁前（久屋・中区栄の東）に市内線を敷設した。1区2銭で柳橋・御園町・七間町に停留所があった。1903年（明治36）に千種まで、1912年（明治45）に千種駅（千種橋南の旧駅）まで延長された。1900年（明治37）に月見坂（覚王山）に日暹寺（日泰寺）ができ、1911年（明治44）に西裏（千種東）からの路線ができている。1908年（明治41）栄～熱田が敷設され、1910年（明治43）に鶴舞公園で開かれる関西府県連合共進会（博覧会）に合わせてに新栄町～鶴舞～上前津（翌年大須まで）敷設された。名古屋港へも1910年（明治42）に柳橋～船方と熱田駅前～築地口が開通（2年後、港橋まで）した。名古屋電気鉄道では郊外線建設のため1901年（明治34）に柳橋から押切に路線をつくり本社・車庫を志摩町（中村区）に移している。1910年（明治43）熱田電気軌道が堀川沿いに南陽館や水族館のある東築港（港区5号地）まで路線を敷設したが、1912年（大正元）の台風で大被害を受けている。1911年（明治44）尾張電気軌道（後、新三河鉄道を経て市電八事線）が千早（名大病院の北）から天道（八事興正寺）へ運転を開始し、愛知馬車鉄道は廃止された。

郊外線は瀬戸自動鉄道（名鉄瀬戸線）が1906年（明治39）に矢田（東区）～瀬戸が開通した（大曽根までは中央線立体化のため1年遅れた）が、蒸気動車の故障が多く、翌年電化して瀬戸電気鉄道になっている。名古屋電気鉄道は1912年（明治45）押切～枇杷島まで延長したが、一宮や犬山への開通は大正以後になっている。

伝馬町（熱田区）～大野町（常滑市）の知多電気鉄道（名鉄常滑線）は1912年（明治45）開通した（有松方面へは大正以後の開通である）。

明治期名古屋の火事と消防

伊東重光

頻繁に起きた大火

近年、アメリカやオーストラリアで大規模な山火事が起きているが、日本でも昭和初期に数日燃え続けた山火事があった。都市の大火は家屋の密集度もあるが、気象条件も影響するため、裏日本で大火を経験していない都市はないほどである。第二次大戦中には焼夷弾により多くの街が焼き払われている。

現在では消火機材も進歩して消火体制も整備され、早期発見や初期の対応に有用な火災報知装置・スプリンクラー設備・消火器・消火栓の設置も普及し、鉄筋コンクリート建築などの耐火建物が増えており、災害時を除けば大規模な火災は稀になっている。

昔は飛び火に弱い藁屋根も多く、消火体制も貧弱なため大火になることが多く、江戸では10万戸以上を焼く大火が頻回に起きている。名古屋ではこれほどの大規模の火災はないが、1660年（万治3）の「万治の大火」、1700年（元禄13）の「元禄の大火」、1724年（享保9）の「享保の大火」などでは、主に名古屋西部で2000戸近い家を焼いている。1782年（天明2）の大火では白壁町（東区）で起きた火事が飯田街道沿いに延焼し、鳴海（緑区）方面へ飛火もあって1万戸を焼いており、1825年（文政7）の「前津火事」では、1400戸を焼いたといわれる。なお、『愛知県災害誌』に享保の大火で5800戸焼失とあるが、家数と鍵数を合算していて誤りと思われる。この資料は他にも錯誤が散見される。

明治以後、このような大規模の火災はなくなったが、大須のような人家密集地では火事（図1）が頻回に起きている。ここでは明治時代の大火を中心に紹介しよう。

1892年（明治25）3月22日夜に大須観音境内の宝生座（芝居小屋）から出火し宝生座・観音・旭廓・寄席など134棟を焼いて五重塔も焼失した（図2）。楽屋のばくちが喧嘩になり蹴飛ばされたランプで火事になったといわれる。近くの料亭では客に勘定が踏倒され、皿を持ち逃げされた話もある。北方の大光

図１　大須の旭廓の火事　松山昌平氏旧蔵

院の墓地で見物人のため墓石が多数倒された被害があり、当時、慣習となっていた「近火見舞御礼」の新聞広告が「近火御礼」として出たことが話題になった。

1898年（明治31）3月12日の昼過ぎには大須の勧工場（商業施設）・五明座・よしず張の小屋や民家など25戸を焼いたが、古着屋が被害を免れようとして布団や衣類を井戸へ投げ入れたため消火に使えなかったエピソードがある。五明座出演の松本團升《だんしょう》（錦升《きんしょう》）一座は1892年の火事の時も宝生座に出演していた因縁話もある。

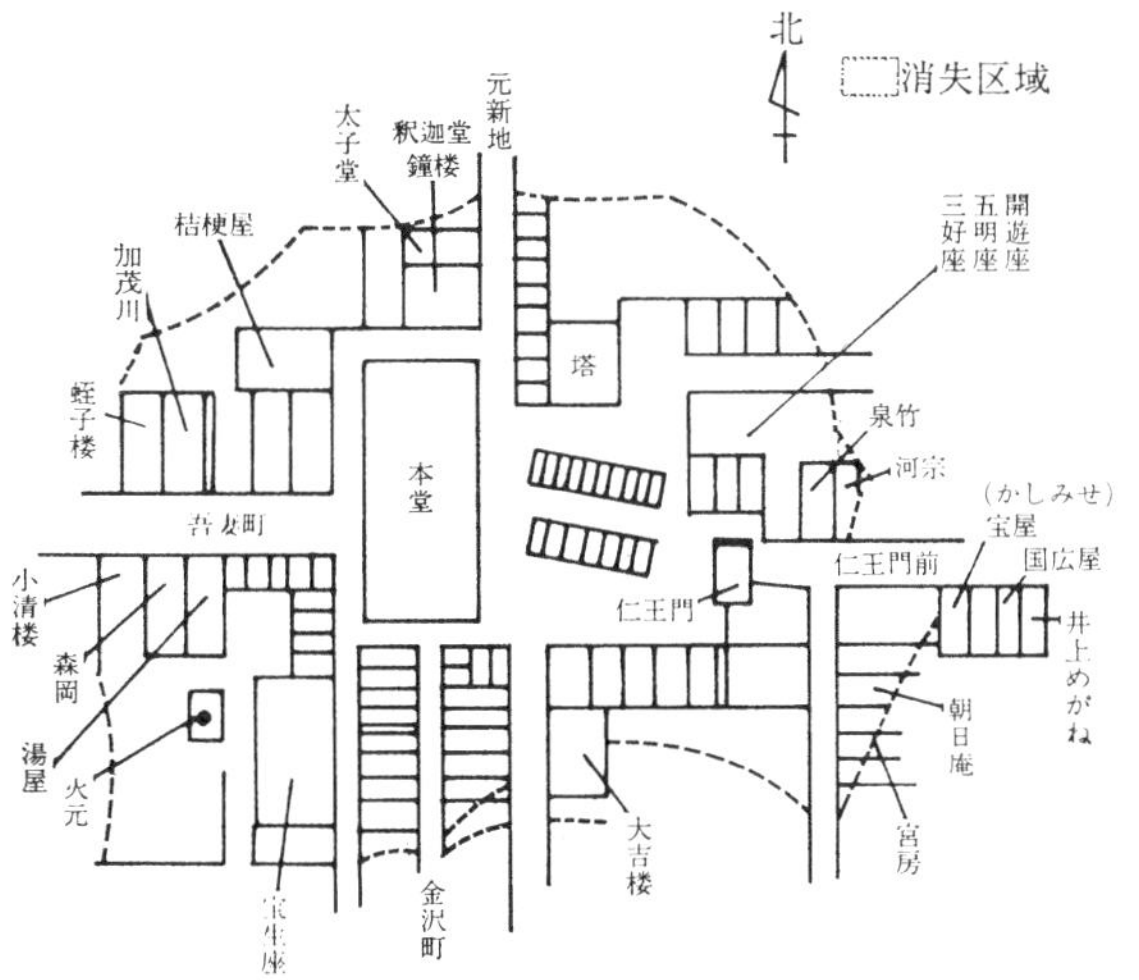

図2　1892年（明治25）3月に起きた大須大火の焼失範囲（『大須大福帳』）

1903年（明治36）7月9日夕方には、大須旭廓（中区大須1）の沈水楼から出火して宮田楼など16戸を全焼・14戸を半焼した。発電機に注油中にロウソクから引火したといわれる。沈水楼は7階建で逃げ遅れた従業員が救助を求める姿が見られた。火事による死者は1人であったが、焼け落ちた電線で1人が感電死している。翌日に焼跡がくすぶっている近くで営業を再開したところがあったことも話題になった。当時、消火には燃えている家を壊して濡れムシロをかぶせる破壊消防が中心であったが、出動した軍隊が燃える民家をたちまち壊す手際よさは見事であったと報道されている。

1905年（明治38）2月24日深夜に大須観音境内の天ぷら屋に入り込んだ浮浪者の失火で、観音の作事場（旧仮堂）と民家・露店9軒を焼いている。この年の11月22日の深夜には、五明座から出火して宝生館・明治館（料理屋）など全焼8戸・半焼4戸がでた。菊花園の菊小屋や動物小屋も焼けて狼・猿・狸・狐などが焼死し、明治館では競売用として用意されていた洋服商の商品が大量に焼けている。

1909年（明治42）11月7日午後には新設の花屋敷（大須3）で奈良大仏などの作りものや浪越教育動植物苑を焼き、見物客が囲いを破って墓地へ逃げる騒動となった。笹熊《あなぐま》・狐・狸・小狸《むじな》・モルモットが焼死したが、動物を救おうとした2人が動物に噛みつかれた記事がある。

原因もさまざまな市内の火事例

他の地域で起きた大火や興味ある火事について紹介しておこう。

１８７６年（明治9）2月20日（3月3日とも）に萱屋町（東区筒井1）付近で１６４戸を焼いた大火がある。この年に名古屋木芽町で１７２戸を焼いた大火も記録されているが、この名の町はなく『愛知県災害誌』には木之免町と注記しているが、この町は名古屋合併前の熱田なので熱田木芽町と書くとおもわれるので、木挽町（中区丸の内1）かも知れない。

１８８７年（明治20）2月28日に本町3（中区丸の内）で17戸を焼いた火事では、和菓子の両口屋が土蔵も全焼して主人が気絶するほどショックを受けたが、すぐ仮屋を建てて翌日営業を再開し、さすが老舗であると感嘆した話がある。同年の3月30日夜には材木町（桜橋東・中区錦1）で全焼２３３棟・半焼23棟の大火が起きている。

１９０３年（明治36）8月13日には東陽館（料理店・中区千代田1の下水処理センター東北の若宮大通の地）の火事では周辺の33戸全焼・13戸半焼の大火となっている。

１９０７年（明治40）10月24日夜の名古屋市役所（中区栄4・中区役所の地）の火事（図3）では、軍隊も消火に駆け付けたが全焼した。当直者らが消火に当たる傍ら重要書類を近くの商店に預ける騒ぎとなり、知事や市長も駆け付けている。延焼中の建物に飛び込もうとする市長を抱きとめたとか、土木課の請負師が部下と壁を壊して収入課にあった金庫を運びだした話もある。付近には火の粉がふりそそぎ市立高等女学校（中区栄3・三越東部）も延焼が心配されたといわれるが、翌日に市会議員の選挙が予定されていたので憶測も呼んだようである。

図3　1907年（明治40）10月の市役所の火事（「名古屋新聞」）1907 年10月26日

この年の1月早朝の熱田町神戸（熱田区）の町立第二尋常小学校（宝勝院の南）の火事では2階建て校舎と隣接の民家4戸を全半焼したが、御真影（天皇の写真）を焼失して責任問題が起きている。当時、御真影は最も大切に扱われていたため、１９２１年（大正10）には長野県で御真影を守ろうと火中に飛び込んで焼死した校長があり、他にも兵庫県・茨城県・山口県などで同様の悲劇がある。１９０８年（明治41）9月28日夜に県立第一師範学校（東区芳野2・市立工芸高の地）の火事では１３００坪（４３００㎡）を焼いている。学校は構造上、広範囲に燃え広がりやすく全焼する例が多い。

1945年まで名古屋城三の丸に偕行社（陸軍の将校クラブ・名古屋市公館の地）があったが、皇太子時代の大正天皇が1900年（明治43）11月に、名古屋行啓に際して宿舎とされた直後の23日早朝に出火して全焼している。当時の風潮からは恐れ多いとして大問題になったと思われる。

1906年（明治39）2月に竜泉寺（守山区龍泉寺1）で火事がおきて本堂・護摩堂・書院および賽銭と未払いの修繕費800円を焼いた。再建中の12月に焼け跡から甕に入った慶長小判98枚と金板2枚などが見つかり再建に役立てられたが、小判講として多額寄付者や後援者にも配られている。瀬戸からは消防ポンプを寄付して渡された金を売った費用でサーベル型の鳶口を購入している。

関東大震災や神戸の大震災のように、大地震で家屋が倒壊して多数の火事が発生することがある。1891年（明治24）10月の濃尾地震では、岐阜で4455棟が焼失したが、愛知県では196棟（名古屋では2棟）であった。

大火ではないが、現在は見なくなった珍しい火事もある。蒸気機関車は煙突から火の粉が飛んで沿線の枯れ草が燃えることがしばしばあったが、家の火事の原因に汽車が疑われることもあった。1905年（明治38）2月に名古駅着の上り列車で乗客が鎧窓のスキマにタバコの吸殻を落としてボヤが起きたが、その数日後にも名古屋駅発の列車で同様のボヤが起きている。

昔は倉庫などに保管されている生石灰（酸性土壌改良に使用）が雨もりによって濡れ、発熱して火事になることも稀ではなかった。落雷による火事も津具村（北設楽郡）で27戸を焼いたことがあり、1896年（明治29）9月に鍋屋町（東区泉）の警察電話から出火している。

人家近くで花火を打上げて火事がおきることがあった。1887年（明治20）2月に東練兵場（市役所の北）で打ち上げた花火によって西二葉町（東区白壁2）で6戸が全焼している。

大正・昭和の事例

大正以後では、1913年（大正2）に大須旭遊郭で72戸を焼いたほか、矢田（東区矢田南）の木綿工場の火事で21人が焼死している。1915年（大正4）好生館病院（西区城西）、1916年（大正5）名古屋監獄（昭和区吹上）などで大火があり、1920年（大正9）の名古屋電鉄車庫（西区名駅2）の火事では電車100両近くを焼いている。

昭和に入ってから戦災で名古屋の中心部が焼き払われたが、ほかの主な火事を挙げると、1927年（昭和2）日本陶器（西区那古野町）、1938年（昭和13）鈴木ベニア（南区笠寺）、1940年（昭和15）豊田紡織（中村区米野）、1946年（昭和21）神戸製鋼（北区中丸町）、1947年と1952年の日本車両（熱田区三本松）などの工場や、1940年（昭和15）第二高等女学校（熱田区熱田西町）で大火がおきており、1

939年（昭和14）白鳥貨物駅（同）で電柱2000本を焼く火事や、1951年に中日スタジアム（中川区露橋2）のスタンドが燃えた比較的大きい火事があるが、いずれも広範囲の延焼はおきていない。

江戸時代の初めには庶民が屋根を瓦葺きにすることが認められていなかったが、1741年（寛保元）に瓦屋根が許され、1745年（延享2）に再度お触れが出されたといわれる。名古屋では1921年（大正10）に新築家屋に藁葺きや茅葺きは禁止されたが、この当時に合併された周辺の新市部には藁葺き屋根が5100戸残っていた。1929年（昭和4）に南区（のち港区）の藁屋根家屋には警告のうえ強制的にトタン葺きとして費用を請求すると報じられている。

明治の消防体制

消防体制については江戸時代から火消組合が明治になって消防組と改称された。消火には早期発見が重要であり、通信設備が不備な時代には火の見櫓が早期発見に有用で、1727年（享保12）から要所に設置されていた。明治末に市役所（現・中区役所）付近に高さ12・5間（22・5m）のものがつくられたが、後には100尺（30m）のものもつくられている。火災発見時におこなう通報は1873年（明治6）に太鼓を廃して半鐘に変えられ、一打ずつ緩やかに三度打ちと定められたが、すぐ近火では乱打し、遠方の火事はゆっくり打つように変えられている。

図4　明治時代につかわれた乙号腕用ポンプ（手押しポンプ）（『名古屋消防史』）

消防組は当初、互助の建前から20歳〜40歳の男子は全員に消火に参加することが義務付けられていたが、1881年（明治14）にこの規則が廃止され、各町村で消防組をつくって実施することになった。1894年（明治27）に県の規則による消防組となっており、その後もたびたびの規則改正を経て、現在の救急救護を含む消防の仕組みができている。

消火器は1860年ころ（安政・文久）に江戸の人が木製の水鉄砲を伝えたのに始まるといわれる。竜吐水や改良型の雲竜水もつくられたが、火の粉による延焼を防ぐのにはある程度有効であったが鎮火させる能力はなく、明治期には江戸時代以来の破壊消防が中心であったようである。2人で操作する手押しのポンプ（腕用ポンプ）は明治初期にフランスから輸入され、これを模した「甲号」がつくられた。1884年（明治17）にドイツから輸入されて石川島監獄工作所で国産化に成功した「乙号」（図4）が軽量で広く使われた。戦時中に使われたポンプはこれらを改良したものであるが、近年は姿を消した。1902年（明治35）頃に日本喞筒会社、1907年（明治40）頃に小澤鉄工所などが本格的なポンプの製造を開始しており、明治末までに消火用ポンプなどを海外にも輸出するに至っていた。

蒸気ポンプは1880年（明治3）東京に輸入されたが、十分活用できなかったといわれる。1899年（明治32）に小型のものが国産化されたことで次第に普及し、名古屋でも1910年（明治43）に関西府県連合共進会の警備のために2頭の馬が曳く17馬力の蒸気ポンプ（図5）が導入された。巡査2人が機関員となり、消防組の20人が消防夫になったが、馬をつけて走り出すまでに2分、蒸気を起こすのに15分かかるため、その間は手押しポンプで対応する必要があった。この時の機器装備及び消防担当者は名古屋の常備部消防隊に引き継がれている。1914年（大正3）に消火栓の整備がはじまり、ベンツの消防自動車が購入され、都市の近代化に対応できるようハシゴ自動車も導入されている。

図5　関西府県連合共進会に導入された馬車が挽く蒸気ポンプ（『明治・名古屋の事物談』）

水道がない時代には、火事の際にいわゆる「火事ドロ」や類焼を懸念して門を閉める家もあって井戸が使用できなかったこともあったため、1884年（明治17）に消防への協力が指示されており、1887年（明治20）には火災の時には警察官が警備に当たるので門を開けておくよう指示が出された。翌年20カ所に消防専用の井戸を掘っているが、1910年（明治43）1月に西区玉屋町4（中区・広小路本町交差点北）で起きた火事の際には、消防組が付近の銀行や民家に給水を求めたが、大戸を下して拒んだため問題になったことがある。

1919年（大正8）特設消防署規定で中と南の消防署が発足し、1934年（昭和9）からは救急も担当している。1939年（昭和14）以後、漸次1区1消防署の体制にされており、1948年に警察の指揮から離れた名古屋市消防局になり、戦時中につくられた警防団も消防団になって、現在は5400人ほどの団員がいる。

現在では火災の多様化に対応するため、主力であるタンク車のほかに化学消防車・除染車・排煙車・ウオーターカッター車なども持ち、ヘリコプターや消防艇も保有して16の消防署のほか特別救急隊（ハイパーレスキュー）や消防航空隊などに2300人ほどが、消防団の協力を得て業務にあたっている。

トピック

明治期 愛知県の遊廓——旭廓の誕生とその後

松浦國弘

「旭廓」ができるまで

芸どころの名古屋、とはいってもそれは宗春の施策以降一時途絶えはするが、その後も庶民の娯楽は絶えることはなかった。芝居小屋も各地につくられ、宗春の治世時ほどではなかったが歌舞音曲も徐々に復活、19世紀の初めにもなると、これらの諸芸は益々盛んになり東西から多くの芸人が行き交う場所となり、芸どころ尾張名古屋が復活、その存在を東西に知らしめるに至った。

しかし当時の役者芸人たちは決して身分の高い存在ではなく、むしろ蔑まれた人たちであったため橘町の大木戸以内に宿をとることができなかった。多くは下茶屋町辺に宿をとったのであるが、数人ならいざ知らず一座大勢の芸人が泊るとなると下茶屋の旅籠屋だけでは収容しきれず、多くは大木戸以外の地に分宿を余儀なくされた。

この事情を知った玉屋町の宿屋笹野屋庄兵衛なる人物が1858年（安政5）、お上に日出町北野新地なる地域に芸人らが寄宿する宿を造りたいと申し出る。それは今からおよそ160年余も前のこと、明治維新前の日出町周辺は大須観音など多くの寺院はあったが、人家も疎らで極めて淋しい場所であった。日出町、いわゆる北野新地は大須観音（北野山真福寺）の墓地の北、東には大光院の墓地、北は清安寺の墓地に囲まれた狭い一画にあった。

新地は墓地に囲まれた一画というだけではなく、当時のこの地は繁華な大須に出かけようにも出入口は一カ所しかなく極めて不便な地で商売などできるような場所ではなかったが、そこは商売人庄兵衛の頭にはこんな不便な地にもキラリと光るものを見ていた。つまりこの地は遊廓という閉鎖的施設を設けるには打ってつけの場所と映ったのである。

当時の名古屋は長者町以外に芸妓を囲んで楽しむ場所がなかったため、彼はこの地を芸妓町に仕立上げ旅人を楽しませ、ゆくゆくは娼妓を置いて遊廓にしようと思いついた。ときも経ち明治となり、彼の思惑通りそこにはいつしか遊女をしつらえた廓風の宿が建ち並び、その後またたく間に宿も増え旅人や遊《ゆう》治郎《やろう》を惹きつけるに至った。

ちょうどこの頃1872年（明治5）7月、横浜沖でマリアルーズ号事件が起きた。この事件はペルー船に拉致されていた清国苦力《クーリー》（奴隷）が逃亡しイギリス艦船によって救助され日本側に引き渡された。この苦力の問題でペルー側と日本側とに裁判が起き、ペルー側は日本には苦力を云々する資格などない、日本にはれっきとした娼妓という性奴隷がいるではないか、と指摘される。

痛いところを突かれたときの政府は同年10月2日、太政官達第295号を発し〈人身を売買致し、又は年期を限り其主人の存意に任せ、虐待致し候は人倫に背き有まじき事に付…云々〉と娼妓を保護する布令、いわゆる「娼妓解放令」を発布。さらに一週間後の9日、司法省達（第22号）が出され、より具体的に〈娼妓芸妓は人身の権利を失ふ者にて牛馬に異ならず、人より牛馬に物の返弁を求むるの理なし…〉と述べ、牛馬に等しい娼妓と楼主との貸借関係は成立しないと娼妓を擁護する布令が出された。

　これによってこれまでの遊廓では楼主は前借金により直接娼妓を奴隷のように扱ってきたが、これ以降は「貸座敷」という形をとって彼女らをより巧妙に支配することになった。つまり娼妓にはただ部屋を貸しただけで、彼女たちが客とどのような振舞いをしようと自分たちには関りのないこと、といった関係をつくったのである。行政側も楼主側のこの措置を一応認め、その後遊廓は貸座敷制という新しい形態のもとに発展していく。

　こういう楼主と娼妓との新たな関係のなかで1874年（明治7）10月、権令鷲《わし》尾《お》隆聚《たかあつ》は〈淫売之儀ニ付テハ、追々相達候儀モ有之候処、詮議之次第有之ニ付今般第一大区七小区中、日出町近傍ニ於テ遊所之区画ヲ定メ、右定場中ハ娼妓並席貸茶屋等差許候条、元飯盛女等一時生活之道不相立者ハ定場中ニ限リ取調之上、来ル十二月十五日後ハ稼方可差許間、志願之者ハ別紙定則篤ト相心得、免許可願出、尤右稼場許候上ハ以後定場外ニテ蜜淫売ニ紛敷儀又ハ芸妓ニテ娼妓ニ似寄候所行等之者有之ハ見付次第、当人ハ勿論区戸長迄モ厳重可及処分、而芸妓定則更ニ相達候条、無洩此段可相心得事〉（県令97号）と述べ、公式に日出町北野新地を明治維新、名古屋最初の遊廓として認可する。

＊この県令の中に〈元飯盛女等生活之道相立者ハ……云々〉という箇所があるが、これは前権令井関《いせき》盛良《もりとめ》が熱田旅籠屋の飯盛女を風紀改善上廃止したことに対し彼女らを救済するために取られた権令鷲尾の臨時的計らいである。

図1　旭廓花園町（『尾張名所図絵』）1890年

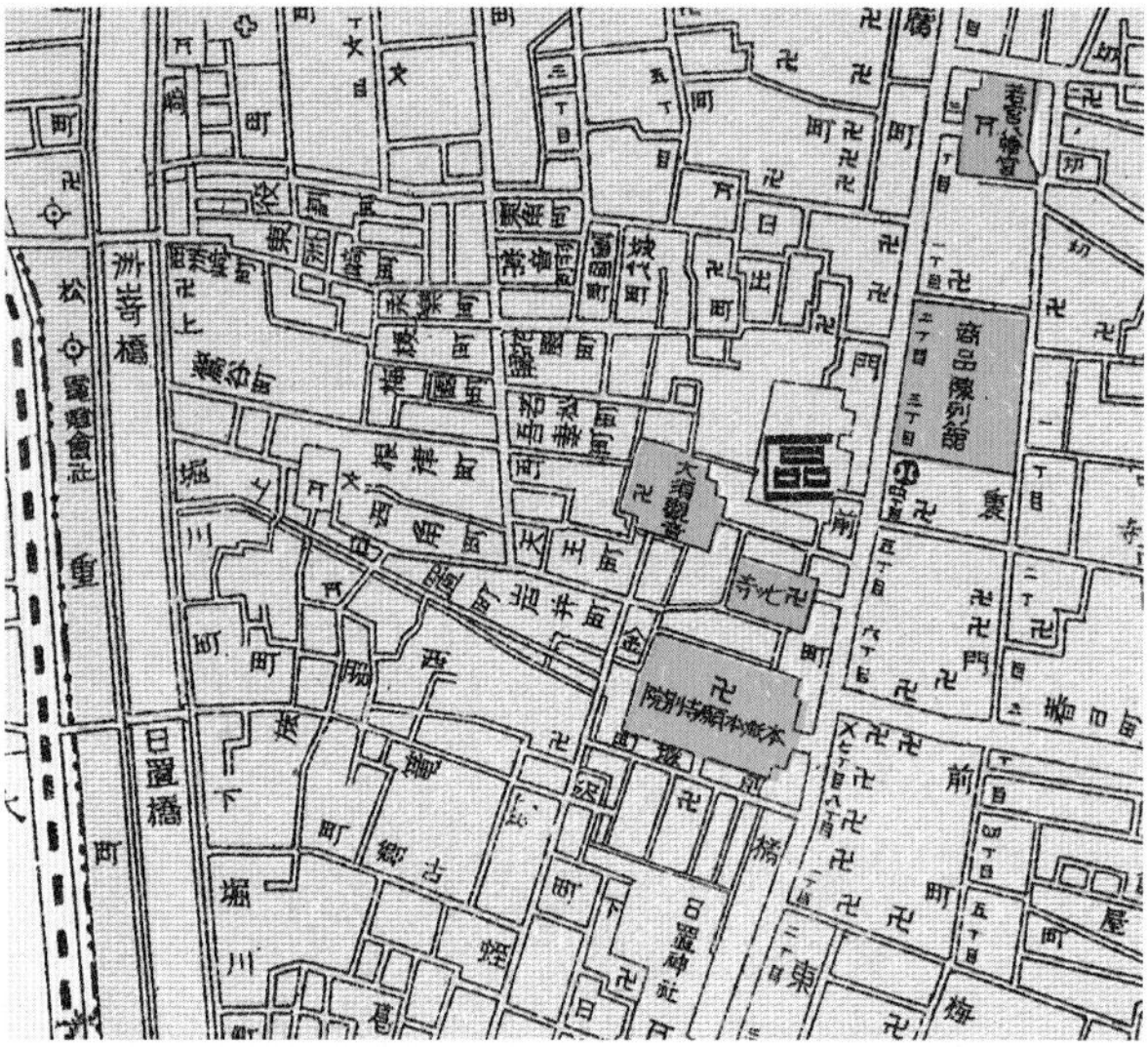

図2　大須観音周辺地図（「名古屋実測図」）1910年　個人所蔵

そのため行政として遊廓の設置にかかわる法整備が必要となり「遊所席貸定場規則」「席貸茶屋賦金並規則」「娼妓賦金並免許鑑札料収納規則」「芸妓賦金並免許鑑札料収納規則」等々立て続けに関連規則を整備し公娼制度を明文化していく。

その後、北野新地は寺院に囲まれた狭い場所にあったためこれ以上の発展は望めず、遊廓の移転が論議されるようになる。1875年11月県令が出され、北野新地が廃され、翌年1月、大須以西、堀川以東の地、すなわち吾妻町、若松町、花園町、音羽町、常盤町、城代町、富岡町、東角町等を新しく遊廓地と認可、北野新地の楼主を全部この地に移転させ新たに当地を「旭廓」と命名される（図1、2、3）。

＊「旭廓」の名称は旧遊廓北野新地が「日出町」にあったため、日出、すなわち朝日であることから「旭」という字を冠してつくられたもので、当時から北野新地（元廓）と言えばシンチという言葉で通用していたため、新遊廓「旭廓」になった後も、〈シンチ〉という名称は1923年（大正12）4月、中村遊廓が新規開業されるまで廓の愛称として使われた。

図3　新地若松町図（「名古屋明細全図」）1895年
伊藤正博蔵

移転か廃止か

新遊廓「旭廓」はその後数年ならずして隆盛を極めていくが、一方廓が繁昌すればするほど、その廓に対する風当たりもまた強くなってくる。それは旭廓が名古屋のど真ん中に鎮座していたことによる風紀上の問題と花柳病の蔓延化、さらには娼妓解放令に謳われていた人権の問題などからであった。

すでに旭廓の開業間もない1878年（明治11）11月21日に「新愛知」が「遊廓ヲ柳原ニ移ス論」と題し、〈…真ノ文明美風ト奢侈淫醜ノ風ト雑駁混乱シテ開化ノ萌芽ヲ妨ケラレテアタカモ明鏡ノ曇リヲ受ケタルニ似タリ…〉と述べ、〈…遊廓妓楼ト市街城閣ト雑沓混乱ノ来往ナク隔絶ニ区域ヲナシ、妓婦淫醜ノ者ヲ地方ノ一隅ニ置カント欲スルナリ。今実際ニ就テ此術ヲ施サント欲シ名古屋人民ノ風情ヲ通観スルニ混乱ノ弊害少シトセス。往々醜態ノ状ヲ視ルコト枚挙スルニ遑《いとま》アラス、其弊害ヲ救フノ術如何シテ可ランヤ。遊廓ヲ街市外隔ノ地ニ移転スルニ如クハナシ。然レバ其地位ヲ占ムル、果シテ何処ヲ可ナリトスルヤ。城北ノ柳原ニ如クハナシ…〉と早くも現遊廓の場所への疑問と遊廓の移転を促す記事を載せている。

＊今日、柳原といえばお城の東に位置し県庁、市庁も程近い繁華な場所であるが、当時の名古屋は近世以降、南に位置する東海道中最も大きな宿場町（宮宿・熱田宿）があった関係から南へ南へと発展、明治初頭の柳原（現在の柳原町）は東春日井郡に属し住居もまばら

な片田舎であった。

県会も1882年3月、先に群馬県会が公娼廃止の議を可決したこともあり、同年5月23日招集された15年度県会において東春日井郡選出議員江崎理右衛門らにより今後3年以内に遊廓の廃止を促す「娼妓並席貸営業廃止に関する建議」が出され可決、国貞廉平《くにさだれんぺい》県令にその断行を迫った。

その趣旨は〈…凡《およ》そ社会の営業其の種類多しと雖も独り醜悪なるものは娼妓及席貸茶屋なりとす。然り而して其の弊害の波及する所、啻《ただ》に一身一家に止まらずして社会の風俗を壊ること亦尠しとせず。抑《そもそ》も現今本県下において此の醜業を営むもの頗る夥多なりとす。之がため血気未定の徒をして在色の戒を守ること能はざらしめ、或は徳義に背くの行為をなし、或は健康を損ずるの不幸に陥りその身を誤り、その家を破り遂に法律を犯すの悪心を発し、不測の罪を受くるもの其の数を知らざるなり。嗚呼その弊害此の如し。是に由て之を観ずれば少壮を蠱惑《こわく》し、風俗を淳良にし、人情を敦厚ならしめんと欲するはいづくんぞ、木に縁て魚を求むるの類に非ざるを得んや。夫れ国家の安寧を図るは風俗を淳良にし人情を敦厚ならしむるに若くはなし……従来の営業者は今より正業に転ずるの計を為さしめ、満三ヶ年を期しその期満るに及んで断然此の醜業の痕跡をして本県下に絶たしめられんことを此の段、管内人民の為め謹で建議仕候也〉というものであった。

その後3年余たっても県当局が娼妓と貸座敷業の廃止に乗り出す気配がなかったため、1885年12月に開かれた19年度の県会において名古屋区選出松下孟議員が〈曩《さき》に三箇年を限り廃止せられんことを建議したけれども、その期限既に経過して尚一ヶ年を過ぐるも県令よりは未だ何等の沙汰なし…〉と再建議を迫るが、この3年余に二度の選挙があり議員の顔触れも大幅に入れ替り、前回以上に賛否の対立が激しくなり〈遊廓を廃止するときは俗間に賎業を行ふ者続出せんと思考するに依り、今廃娼せんとするは良策といふべからず〉との声が多数を占め、結局再建議案は否決されてしまう。貸座敷業者たちは先の県会で遊廓廃止の建議案が可決された時には驚愕《きょうがく》の叫びをあげ相当な恐怖をもったが、今回の県会で否決され安堵の胸を下ろすことになった。

しかし、この種の議案が県議会で沸騰するや一般市民の間にもその関心が高まり、存置論（据置論）、移転論、廃止論と三者三様の意見が沸き起こってくる。その主要な意見は遊廓移転論であった。

贅辨《しべん》居士は「扶桑新報」（1886年7月31日）に「漫録遊廓は宜しく移転すべし」と題し、〈名古屋遊廓廃否の議論は七、八年前よりも其萌芽を生じ兎角纏りが付かざりしが其後如何やら廃廓の事だけは見合せとなりし……〉と述べ、〈……遊廓全廃は決して悪きにあらねど、人木石にあらず、又皆な聖人君子にあらず、況《ま》して血気盛りの若人抔は一時の肉欲に堪え兼ねて余焔を茲に漏らさんこと免れざるの数と云べし。併し乍ら總て世の中の事此れに近けば感触自ら切なるを臻《いた》すは無論なり。故に此旭廓を僻地へ移転すべきは是を名古屋の体面上よりするも、是を子弟の教育上よりするも敢て不都合には候はず。何分今日の如く市街の、而も真中へ一廓を為し通抜勝手次第の有様にては一寸助平倍心のある者は不景気とは云へ解語花の集れる里は又一層の味ひあり……此移転の事は是迄色々議論もありたれども今以て一向に落着せず甚だ面白からざる次第なり……居士は遊廓全廃に賛成せず、唯だ移転の挙は至極結構と存するなり……〉と、遊廓の移転を強く主張した。

この移転論に対し存置論や

廃娼論（廃廓論）も活発となり、巷間でも廃娼演説が市内各地でおこなわれるようになる。その筆頭弁士は弁護士福岡祐治郎であった。福岡は「愛知廃娼会」なる組織を設け遊廓存置、移転反対の立場から市内各地で会場を設け遊廓廃止の演説をぶった。もちろん存置論者（旭廓談話会）や移転論者からの激しいヤジ、ときには暴力沙汰ともなる演説会もあったが人道的立場から廃娼・廃廓を訴え続けた。

もうひとり遊廓積極的廃止論者に扶桑新聞記者田島任天がいた。彼は同紙（1889年12月6日）に「売淫廃すべし」と題し〈風俗の優美純正なるは文華の結びし実なり。其汚穢不潔なるは蛮花の放てる悪臭なり。国の文明只だ此の二途に於て識別し得らるゝとせば、風俗の重んずべき豈夫れ容易ならんや。吾邦は文明の域に向ひつゝある乎、将た猶ほ野蛮の境に逍遥しつゝある乎、斯一疑問を提げ来れば異口同音に文明の域に在ると叫ぶならん。何様学術、技芸其他事物の大小となく欧米の長所を採用し以て吾短所を補充したれば文明の域にあるならんとは云へ、風俗の一点に至りては未だ遽《にわ》かに文明の邦国を以て許す能はざるを如何せん。否野蛮の境に躊躇するを鴻嘆《こうたん》せずんばあらざるなり。余輩は近頃政府が風俗矯正に着目し、苟《いやし》くも風俗を壊乱するの虞《おそれ》ありと認むるものは書籍にまれ絵画にまれ其他興行物の部類にまで干渉し毫《すこし》も仮借する所なきは頗る同意なりと雖も、斯る瑣事《さじ》を以て風俗矯正の目的とするに至っては余輩大いに其意を解する能はず。何となれば風俗を壊乱し毒を社会に流すものは猥褻なる書籍、絵画、興行ものより寧ろ売淫の公許是なればなり。抑々《そもそも》政府が公許せしは他に理由ありて然るに非ず。只だ旧幕の時代より遺存せるを以て已むを得ざる一時の権誼《けんぎ》に出しものにて、謂《いわ》ば当時の苦情を避けたるに外ならじ。苟も一時の権誼にて公許し其苦情を避けたる外ならじとせば、時よろしきに従ひ社会公衆の望を洞見《どうけん》して廃止するは政府の力《つと》めなりと信ずるなり。否社会進歩して文明の域に進み優美純正の風俗を以て社会を組織せんとする今日に至らば官民一致して之を断行するは決して大早計にあらざるべし。今試みに社会公衆に向って問へ、売淫公許の可否は如何と想ふに其弊害を列挙するに遑《いとま》あらずして万人万口否と云ふに左袒《さたん》し排斥せんことを望むなるべし。而して其排斥を希望する所以のものは唯り風俗を紊乱すると云に止まらず少年子弟を過まり、知らず識らず罪辜《ざいこ》に落陥《らくかん》せしむると云に在て存せり……〉と述べ、早急に遊廓の全面廃止を訴えた。

＊田島任天：本名は田島象二、（1852－1909）雑誌「団団珍聞」の記者となり維新後の政治に対する憤りを滑稽風刺文にて発表、評判となる。1882年「読売新聞」の主筆、のち「扶桑新聞」「新愛知」の記者となり健筆を揮った。1909年8月30日没、58歳。号は任天居士、粋多道士、著書『耶蘇一代弁妄記』『花柳事情』など。

市街での遊廓賛成反対の活発な論議が進むなか18年の県会で廃廓論が否定されて以降の県会では移転論が主流となり、1892年12月の県会では住田武外25名の議員らにより5年後の移転を促す「遊廓移転の建議」（29日）が出され可決されると、以降、遊廓移転で一儲けしようと目論む投機者が続出、誘致合戦が各地で起きてくる。しかし県はそのような雑音には耳を傾けることなく、5年経った1898年11月の県会に大池鎌次郎議員らが先の遊廓移転建議をいつ実行に移すのかと問い質すと、県の当局者いわく、中央線、熱田港（名古屋港）の完成が迫り、それによって地勢が大きく変わる可能性があるため遊廓移転の件については即断できない旨答弁、その後、政府は1900年10月2日、これまでの娼妓取締規則を改め新たに「娼妓取締規則」を発表。それをきっかけに、愛知県でも同年11月21日、沖守《おきもり》固《たか》知事が県令88号「貸座敷取締規則」（全14条）を発し、県下の遊廓地を次のように指定した。

一、名古屋市　常盤町、吾妻町、若松町、花園町、富岡町、音羽町、城代町、東角町
一、熱田町　大字伝馬町（西ハ市場地境マデ、東ハ一里塚マデ）
一、岡崎町　大字伝馬、大字板屋
一、豊橋町　大字札木、大字伝馬

この決定について県では同月24日、〈明治25年12月、通常県会に於て一度遊廓移転の建議を為せ斯より以来流言浮説屡々巷間に行はれ機に投ずるの徒、之に乗じて人心を煽動し奇利を博せんと謀り当業者亦其の堵に安んぜざるの状あり、因て曩《さ》きに其取締等を当庁に召喚し遊廓は断じて之を移転せしめざれば漫々風説訛伝《かでん》を信憑《しんぴょう》すべからざる旨を…云々〉と県下各郡役所や警察署に訓令を発し、遊廓移転で一儲けしようと目論んでいた投機者を落胆させ、遊廓移転問題は一応決着を見ることになる。

ある宣教師の廃娼運動

ここで当時の娼妓たちの生活を見てみよう。娼妓の日常生活はよく言われるように外部とまったく遮断された閉鎖的な社会と言われていたが、愛知県の遊廓には東京吉原の遊廓のように大門があったわけではなく明治20年代中頃までの県下の娼妓の生活は比較的おおらかなものであった。しかし20年代の中頃から、おそらくこれは名古屋婦人矯風会の設立（1893年〔明治26〕5月設立）等が関係していたと思われるが、廓外への行動はもちろん、廓内にても自由に散歩すらできなくなってくる。廓外に出るのを許されるのは検黴院へ行く時と親の葬儀、墓参ぐらいしかなく、まさに「籠の鳥」という状態になった。そんななかでも娼妓たちは遊客から世間で起きている出来事や動きを耳にすることもあり、一般社会と隔離された娼妓のなかには自らの存在に疑問を抱き脱楼を企てようとする者も出て来る。しかしその多くはすぐに見つかり連れ戻され大目玉（罰金）をくらうのが関の山であった。しかし、そんな娼妓のなかにも正々堂々と楼主に向かって廃業を企てる者も出てきた。

1888年（明治21）12月発行の『東京婦人矯風会雑誌』（9号）はそんなひとりの娼妓を次のように報じている。〈尾州名古屋井筒楼の娼妓鬼頭八重（十八年）ハ本年五月中、金四百円の前借にて該楼の抱となりしが営業する事僅三四日にして突然廃業を申出、前借金は正業に復し稼ぎて返償すべしとの事にて該楼の主人は承諾せさりしかバ、八重より主人に掛り廃業差拒排斥の訴を起し審理の末、借用金を完済せざる間ハ廃業の請求相立たずとの裁判に八重ハ控訴院へ控訴に及び、同院にては仮令借金あるも本人が娼妓ハ醜業なれば恥て廃業せんと云に、強て其廃業を拒に於ては公力を以て営業を為しめざるべからざるにより遂に人身売買の法禁を犯に至るの恐れあれハ始審の裁判を取消八重の請求に応じて廃業せしめ貸金ハ更に請求するは格別なりと判決されたりとぞ、至当の事と云べし〉。誰の手も借りず八重自身の自発的な行動によって自らの身を自由へと導いたのであった。自廃に至るまでの詳しい経過はこの文面だけではわからないが、もしそれが事実なら県下で最初の自廃娼妓といえよう。

しかし八重のような自発的に行動を起す娼妓は稀で、多くの娼妓は自らの存在をあきらめ苦界のなかに身を沈めたままで

あった。廓外では遊廓賛成、反対の論議ばかりが先走り、人道、正義をかざして演説する人たちも積極的に彼女らを助けようとはしなかった。

　それから10年ほどたった頃、廃娼を望む女性を積極的に支援しようとするひとりの外国人宣教師が現れた。U・G・モルフィである。彼は1893年8月、名古屋英和学校（現・名古屋高等学校）の宣教師兼英語教師として米国から来日赴任した人で、英語の教鞭をとりながら宣教師として名古屋中央教会の牧師会に顔を出していたおり、教会の宣教師や牧師仲間から廓から逃亡した娼妓を名古屋婦人矯風会で匿ったが、いつしか連れ戻されてしまった、との件を耳にし深く心を痛めた。彼が廃娼運動を起すきっかけとなったのは、この哀れな娼妓の一件であった。

＊モルフィ（Ulysees Grant Murphy）は1869年8月26日、米国メリーランド州の農家に生まれウエストミンスター神学校を卒業後、1893年、外国伝道協会の命により来日、名古屋英和学校（現・名古屋高等学校）で2年間英語教師をしたのち自由廃業運動に乗り出す。1908年帰米後も日系二世の青年や日本人犯罪者の弁護などに尽力す。1967年5月1日歿、享年97歳。

　これを機に彼は廃娼運動に積極的に取りくむことになる。彼が最初に手がけた娼妓は旭廓の松阪楼娼妓佐野ふで（小六）という女性であった。彼女は前借金を返済するため一生懸命娼妓稼業を励んできたが、一年余り経ったある日、いくら働いても逆に借財は増すばかりでいつ解放されるともわからないと不安になり廃業届を所轄警察署に提出。しかし楼主の捺印がないことで受理されなかった。

　彼女が廃業の意思の強い娼妓と見たモルフィは、1899年秋、新たに公布された民法90条〈公ノ秩序又ハ善良ノ風俗ニ反スル事項ヲ無効トス〉という条文を楯に彼女を支援、名古屋地方裁判所に旭廓松阪楼の楼主森田平太郎を相手取り「娼妓廃業認諾ノ訴訟」を起す。口頭弁論は11月13日におこなわれ、判決は11月17日に結果勝訴する。

　その判決主文は〈被告ハ原告ノ娼妓廃業届ニ連印ヲ為す可シ、訴訟費用ハ被告ノ負担トス〉というものであった。判決理由には〈…本件ノ契約ハ…永遠無窮ノ間原告ノ自由ヲ拘束シ得ルコトナレハ其公ノ秩序ヲ蹂躙シタル無効ノ契約ナルコトハ蓋シ言ヲ俟サル所ナリ、故ニ此点ニ対スル原告代理人ノ攻撃ハ最モ理由アルモノニシテ被告ニ於テ原告ノ廃業ヲ拒ムヘキ筋合ナキハ自明ノ理ナルヲ以テ原告ノ請求ヲ至当ト認メ主文ノ如ク判決セリ〉と述べている。この裁判はわが国裁判所史上はじめて自由廃業を勝ち取った画期的な事件として歴史の一頁を飾ることになった。

　しかし、この判決に不服な楼主側は即刻控訴すると同時に小六に対してあの手この手の策を弄し、被告が敗訴した二週間後、彼女に訴訟取下願に署名させ11月30日裁判所に提出、結果12月4日裁判所は〈…本年仮処分第九十号命令ハ当事者双方ヨリ之ヲ取消ス〉との前回裁判の取消命令が出された。こうして小六は色々な支援者によって折角勝ち得た娼妓廃業を自らの手で放棄してしまった。彼女はしばらく松阪楼に留まっていたが、その後熱田遊廓三山楼に鞍替。

　しばらくして彼女はそこを脱楼、その後の足取りはわからなくなったという。モルフィや彼女の支援者らは小六の行動に失望を隠せなかったが、その後も楼主側の嫌がらせを受けながら県内外の多くの娼妓たちを自由の身に導いていった。

遊廓の移転へ

　この事件以降廃娼運動は全国各地に広がり、特に東京では救世軍を中心に矯風会はじめ多くの教会関係者、弁護士が加わった「面」としての廃娼運動が展開されていったこともあり自廃娼妓も格段に多かった。「婦人新報」（79号）（婦人新報社）（1903年11月）によれば1900年（明治33）9月から1903年11月までの3カ年間に廃娼した娼妓は東京府下九遊廓だけでも2549人にのぼったと報じている。
　愛知県の場合は下記に示した通りそんなに多くはない。まだ名古屋には救世軍が創設（名古屋救世軍支部の創設は1905年11月）されていなかったこともあり、モルフィ個人とその支援者による「点」としての活動が中心で、東京のような大量の自廃娼妓を生み出すには至らなかった。それでもモルフィによってもたらされた廃娼運動の一滴は燎原の火の如く全国に広がっていった。この一連の廃娼運動は全国の楼主たちに強い衝撃と同時に危機感をもたらし、1900年10月2日、前掲した「娼妓取締規則」の公布へとつながっていく。これらの運動や新たな法律によって娼妓の待遇も多少改善されていくが、逆に県下の娼妓の数は減るどころか1903年以降漸増し1911年には2198人に至っている。

愛知県下の娼妓数と自廃娼妓の数
1900年　愛知県下の娼妓数
　1829人　自廃件数25件
1901年　愛知県下の娼妓数
　1445人　自廃件数60件
1902年　愛知県下の娼妓数
　1653人　自廃件数52件
1903年　愛知県下の娼妓数
　1816人　自廃件数84件

　そんな自由廃業全盛当時、県下の廓社会の内外で流行った「新版一ツとせ節」を紹介しよう。

一ツとせ　人はお金ぢゃ縛られず　是から自由になる娼妓
　このありがたサ
二ツとせ　ふかい約束した人と逃げても楼主は手がだせぬ
　このありがたサ
三ツとせ　身代金高くとても身体《からだ》は抵当の甲斐がない　このありがたサ
四ツとせ　欲に目のない楼主でも　法律ばかりは曲否《まげ》られぬ
　このありがたサ
五ツとせ　幾許《いくら》お金を借ればとて金子と権理は別とやら　このありがたサ
六ツとせ　無慈悲な楼主があるならば　政府で成敗をなさるゝと　このありがたサ
七ツとせ　長い年期も苦にゃならぬ　厭なら何時でも帰られる　このありがたサ
八ツとせ　紫痴《やば》な嫖客にゃ肘鉄砲　楼主が怒れば逃げて宜い
　このありがたサ
九ツとせ　是から娼妓の身の上は　籠の鳥ではないわいな
　このありがたサ
十ウとせ　到底《とても》と思ふた泥水も政府の御慈悲で洗はるゝ　このありがたサ
（「新愛知」1900年8月17日）

　東京府に比べ愛知県の自廃娼妓は思ったほど多くはなかったが、楼主にとっては今後増えることも予想され、また遊廓移転の命令がいつ下りるかなど心配の種が尽きなかった。その心配事はついにやってきた。1906年12月9日、県会は〈……今や名古屋ノ地ハ膨脹発達昔ノ比ニアラズ。斯ル市街ノ中央ニ遊廓ヲ見ル、恐ラク風紀ヲ紊《みだ》ス事是ヨリ甚シキハ莫《な》シ。此際一日モ早ク名古屋遊廓ヲシテ一定ノ区画ヲナセル指定地ニ移転セシメ以テ県民多年ノ宿望ヲ達セシムルハ啻ニ時宜ニ適セル措置ノミナラズ善良ノ風俗ヲ保持スル上ニ於テ頗ル刻下ノ急務ナリト信ス……〉と遊廓の移転を可決する。その遊廓の移転はまず熱田遊廓から始まった。1909

年3月25日、深尾知事は突如、熱田遊廓を名古屋港も完成し、築港方面の発展を期す意味においても1912年3月末日までに稲永新田への移転を県公報号外もって告示した。

　残された旭廓については1911年12月14日の県会において県議杉山弥三郎外五名が深野知事に対し〈風俗改良上一大事業として目下急施すべきは市内中区に存在する遊廓移転是なり。県当局は已に見る所あり、嚮《さき》に豊橋遊廓移転あり著しき其功績を修む。今熱田遊廓の移転を決し来る明治45年3月末日を以て実行せられんとす。是れ大に美挙と言ふ可し。抑《そもそ》も中区遊廓の位置は風俗改良上は論ずるまでもなく、豊橋、熱田遊廓に比し以上甚しく該民家に接続する大道路は北に南園町、南伏見町、西は洲崎、榎の各町あり、南東何れも民家に密接したる大遊廓なり。然るに県当局は未だ此等に耳を傾くるの余地あらざりしが、彼の小を移転せしめ大を捨るの理なし、此際鋭意励精適当の場所を選び一日も早く移転の処置を取り、以て市内風俗改良の本旨を貫徹せしめられんことを望む〉と、「旭遊廓移転に関する意見書」が提出された。

　＊豊橋遊廓は1907年9月の公報号外（県令77号）により1910年8月末までに豊橋市大字瓦町字七反田、大字東田字三反畑、字五反字南黒福への移転が命ぜられる。

　この意見書の一提出者から〈遊廓の移転については今より15年以前に再三再四建議してあるが、如何なる都合か今日に至るも実行されぬのは甚だ遺憾である〉との簡単な説明があってのち、各委員からこの意見書に対する質疑応答がおこなわれた。

　移転賛同者のひとり福沢稔議員は〈中区遊廓は東や南も民家に接近し人家稠密《ちゅうみつ》の中に在り、風俗上移転せざるべからざるものである。然るに小遊廓が移転を命ぜられたのに拘らず、この遊廓の移転されぬのは甚だ不思議であると思う。娼妓なる者は堕落の結果であろうか、親のため兄弟のため操を破ったものであろう。しかし決して重罪人ではないが重罪人のごとく外に出ることが出来ない、中には衛生上、精神上彼等を慰すべき設備がない、篭の鳥のごとく中に入れて置くにはたえぬ〉と。

　また賛同者のひとり伊藤勘兵衛議員も〈およそ男子として自から思うことを行えないもの程憐れなものは無かろう。処で男子たるや、市部県会議員であるならば双手をあげて遊廓移転に賛成すべきである。処が自己の営業上とか会社の関係上、様々の関係から或は反対の声を致さねばならないことは甚だ残念だと思う。賢明なる市部議員に然ういう事情があるならばやむを得ない。とにかくわれ〳〵は遊廓の移転に賛成する〉など移転に賛意を示す者もあれば、自らの利害関係にある議員などはあくまで反対の立場を貫き通した。採決の結果は移転に賛成する議員が多数を占め原案通り可決されることになった。

　1882年5月、県会議員によって「娼妓並席貸営業廃止に関する建議」案が提出されてすでに30年近く経った明治の末、女性の人権についても活発に議論されようとしていたこの時代、伊藤議員が〈娼妓なるものは堕落の結果であろうか、親のために操を破ったものであろう……決して重罪人ではないが重罪人のごとく外に出ることが出来ない、籠の鳥のごとく……云々〉と、そこまで発言するならば、なぜもう一歩進んで遊廓移転ではなく遊廓廃止の態度を示さなかったのか、廃止を主張しなければ遊廓がどこへ移転しようとも娼妓は籠の鳥であるのに変わりはない。

　遊廓の移転を決した県では翌1912年7月22日、県令78号（県公報号外）を発し1900年11月21日に出された『貸座敷取締規則』（県令88号）の一部を改正し、第1条に示された通り県下で遊廓が営業できる場所を3カ所とした。また旭遊廓については第21条に示された通り1916年7月31日まで現在地で営業が許可されることになった。しかし県の意向では名古屋市内の遊廓は1カ所との方針であり、旭遊廓が1916年まで現在地で営業が許可されたとはいえ、それはあくまでも臨時的措置であり、深野知事の頭のなかには、近々稲永新田を拡張し旭遊廓も同地へ追い込もうとの目論見があったことは言うまでもない。

その狙いの中身は何であったか、前述した1892年12月の「遊廓移転の建議」が出された折、それに敏感に反応したのは利権屋であった。そのときには遊廓の移転はなく不発に終わったが、今度の旭遊廓の移転は一町一村が移動するほどの大移動であり、一儲けしようとする利権屋がこの事実を見逃すはずはなかった。

当時の愛知県知事深野一三は県知事としては珍しく10年を超える在任期間（1902年10月4日～1912年12月28日）にあった。当然ながらこのような長期県政はとかく議員との狎れあいや気の弛み、それにともなう緊張感の欠如、さらには外部との繋がりを深め、この移転にともなって一儲けしようとする利権屋の格好の標的となるのは必然的であった。結果、旭遊廓の移転は知事やその側近を巻き込む大疑獄事件（贈収賄）へと発展していく。

＊この疑獄事件は1913年12月26日、名古屋地方裁判所（一審裁判）において元深野知事他4名にそれぞれ執行猶予つきの有罪判決（元深野知事には懲役1年）が下った。しかし、この判決に不服な被告たちは控訴し、名古屋控訴院において全員無罪の判決（1914年6月8日）を勝ち取るが、多くの市民はこの無罪判決に納得してはいなかった。

第1条　貸座敷営業は左に指定する地域内に限る。但地域内と雖も場所に依り営業を許可せざる事あるべし。

一、名古屋市南区稲永新田

二、額田郡岡崎町大字伝馬、大字板屋

三、豊橋市大字瓦町字七反田、大字東田字三反畑、字五反畑、字南黒福

第21条　従来の指定地たる名古屋市中区常盤町、吾妻町、若松町、花園町、富岡町、音羽町、城代町、東角町に於ける現在の貸座敷営業者（相続に依り営業を継続する者を含む）に限り明治四十九年七月三十一日迄其地域に於て営業を継続する事を得。

＊その後の旭遊廓は1913年3月就任した松井茂愛知県知事により1914年6月県令第50号が発せられ、張り店の禁止、廓の出入口に門を設けること、廓の周囲に樹木を植えることの三条件のもと旭遊廓で営業中の楼主には当分の間当地での営業が許可されることになる。さらに1919年4月に発せられた県令35号では旭遊廓をはじめ岡崎、豊橋などの各遊廓は県の指定した地への移転が求められた。旭遊廓も愛知郡中村大字日比津字則武の地が指定され、移転準備期間として1922年4月30日まで現在地での営業が許可されるが、この種の移転に伴う土地絡みの買収問題はここ中村の地においても起こり計画より1年ほど遅れて1923年4月、中村遊廓が誕生する。

日本銀行名古屋支店
(『愛知県写真帖』) 1910 年

日清戦役第一軍戦死者記念碑
(『愛知県写真帖』) 1910 年

第4章

名古屋の歴史とルーツ

名古屋区長・吉田禄在のまちづくり

真野素行

名古屋の近代都市化の功労者

　明治初期の近代都市が胎動を始めた時期に、名古屋の近代化を推進した最大の功労者が吉田禄在《ろくざい》である（図1）。その功績については「地方制度の趣旨を体して、専ら区の発展に力を致し、土木を興し、会社銀行の設立につとめ、避病院を創立し、窮民救助の道を講じ、又教育を奨む。名古屋市今日の隆盛を見る、蓋し禄在の功績に依るもの亦尠なからず」（『名古屋市史』人物編第一）等と評価されているが、ここでは筆者が参加した『新修名古屋市史』や『愛知県史』の編纂の成果を受けて、明治初期の名古屋が抱えていた都市問題とそれへの行政の対応、吉田禄在区長の都市発展構想を紹介したい。

図1　吉田禄在

　吉田禄在は、1838年（天保9）9月23日、名古屋城下に生まれた。明治維新前は尾張藩士として藩領の信州木曽山の管理をしていた。維新後は新政府の役人となり1869年4月から大宮県・浦和県・宇和島県・愛媛県等を廻った。1876年2月、父が亡くなったことを機に官職を辞して郷里名古屋に帰ったが、当時の愛知県令の安場《やすば》保和《やすかず》の勧めで同年6月、愛知県第一区区長心得の職に就いた（同年8月には正式に区長に任命され、一等学区取締を兼ねた）。1878年12月の郡区町村編成法施行に際しては名古屋区長に任命され、1887年11月まで足掛け10年にわたって行政を担った。その性格は「豪邁にして果敢の気象に富めり」とされ（「正七位吉田禄在事績調書」）、その功績は区役所の新築、戸籍の整備、停車場（名古屋駅）設置に伴う広小路の拡幅延長、名古屋城の金鯱の保存、伝染病隔離病棟の設立、米商会所の設立、第十一国立銀行の設立など多い。また、同郡の地租改正反対一揆の際に旧藩主徳川義勝を動かして調停した実績から、1879年8月には春日井郡長も兼ねた（翌年2月の春日井郡の東西分裂を機に、郡長の職は辞した〔「正七位吉田禄在事績調書」〕）。

吉田禄在の区長就任当時の名古屋

　1878年（明治11）のいわゆる三新法（郡区町村編制法・府県会規則・地方税規則）の制定で名古屋城下は名古屋区となり、行政が開始された。明治10年代の名古屋の人口は概ね12～13万人で全体として大きな増減はなかったが、区の行政は問題が山積していた。

　なかでも深刻であったのは都市インフラの維持管理の停滞であった。維新後、区内道路・橋梁に対する官費の支出はなく、凸凹や朽廃が目立つようになった。とくに武士層の解体により住民が減少した旧武家地（現在の名古屋市東区）で著しかった。尾張藩が費用を支出していた下水路の修繕も、維新後は地元の負担となった。

　1879年6月に制定された土木費支弁法で公共の利害に関わる工事に対して県財政からの支出割合が定められたが、地元側の負担割合が7割と重かった。区長の吉田禄在は、自ら馬に乗って区内を巡検して指揮監督の任にあたった。区独自の事業として各町が実施する土木工事に対して費用の補助を図ったが、区税の増徴になるため区民の反対が強く、工事は容易に進まなかった。

　また、消防の制度化や器具の近代化（町火消による破壊消防からポンプによる注水消防へ）も課題となっており、吉田禄在区長は1880年10月の七間町の火災を契機に区の独自の事業として消防費用を計上し、消防夫の装備と待遇の改善を図った（「愛知新聞」1880年11月11日・28日・30日）。

　ほかにも、士族層の没落など貧困問題に対して窮民救助基金を設定したり、区民の苦情が多かった小学校の経費負担問題（貧しい地区では小学校の運営が困難となっていた）に取り組んで通学聯区の制度を定めたりもしたが、すぐに対応が必要な課題は多かった。

三部経済制度採用後の名古屋区政

　愛知県の財政を使って名古屋区の事業を実施できれば、こうした問題は解決するわけだが、予算審議をする県会は郡部から選出の議員が圧倒的多数で区部の意見は圧殺される状況にあった。そこで吉田禄在ら区側が考えた方策が、県財政のうち名古屋区部に関する財政を扱う「区部会」、郡部に関する財政をあつかう「郡部会」、区部・郡部に共通する財政をあつかう「連帯会」の三部会に分けて予算の審議をおこなう「三部経済制度」の採用であった。前年すでに名古屋区内の戸長が連署して吉田禄在区長に建議がなされていたが、1881年3月の太政官布告により愛知県でも区部・郡部の経済分離が可能になったのを受けて吉田禄在区長が県令に三部経済制度の採用を上申した。当然、納税額の大きい名古屋区の分離に対して郡部議員から反対運動もあったが、最終的には妥協が成立して、1882年5月から実施された。

　三部経済制度の採用後は、土木や消防など従来は区で実施してきた事業は、県会の区部会で審議される予算（区部経済）から支出されるようになった（土木は明治15年度から、消防は明治16年度から地方税支弁になる）。これにより地元側の負担は道路工事で2割に減り（明治17年度以降はゼロになる）、橋梁工事や堀川浚いでは負担の必要がなくなるなど、環境は一変した。代わって区の協議費からは教員給料が支出されるようになった（聯区間で貧富の差が大きく、教育格差が問題となっていたことへの対応策であり、明治16年度以降は区の協議費の7割以上が教育費への支出となる。『新修名古屋市史』第五巻）。

吉田禄在の名古屋近代都市化構想

名古屋区の行政は、愛知県で三部経済制度が採用された1882年（明治15）頃から軌道に乗り始めた。いわゆる松方デフレ（大蔵卿松方正義が推進した財政政策）の時期であったが、明治政府による名古屋への鉄道敷設の噂が新聞で報じられ、地域経済の活性化へ期待感が高まっていた。この頃から区長の吉田禄在は愛知県令や関係官庁各位に宛てて建議・上申等を展開するようになるが、その積極的な活動の基礎にあった名古屋の近代都市化の構想とは如何なるものであったのだろうか。その答えとなる史料が、名古屋市鶴舞中央図書館所蔵の名古屋市史編纂資料『枢要雑書』にある。この『枢要雑書』というのは、明治末に『名古屋市史』編纂のため市が資料調査を実施した際に収集されたもので、吉田禄在の手許に残されていた政務に関わる重要書類の綴りである。雑書というだけあって、さまざまな内容の文書を含むが、そのうち「演舌書」と題された文書（1883年1月4日付、差出には名古屋区長吉田禄在の署名がある）から、この時期の吉田禄在の都市構想の全貌が窺える。表題の「演舌書」（演舌は演説と同義）に続けて箇条書きで12の意見が列挙されており、その原文を筆者が現代語に訳したものが表1である。

これを見ると、交通運輸に関するものが五つと多い。水運関係として、②熱田港の改良、③堀川の改修、④東部に運河を開削。陸運関係は、⑤周辺部の街路整備、⑪鉄道の敷設（熱田〜名古屋〜中山道）、が挙げられている。開港場であった四日市港によらず直接、熱田港に蒸気船を入港できるようにし、貨物は小舟に積み替えて整備された運河を通って市街地まで輸送する。市街地の周辺へは道路を整備して荷車等で陸送し、遠距離へは鉄道を敷設して内陸部に予定されていた幹線鉄道に接続できるようにする構想である。物資の輸送能力の向上は、消費都市であった城下町名古屋が近代産業都市に成長するうえで最大の課題であった。

また、都市の文化や生活に関係するものとして、①名古屋城を博物館化して公開、⑥大規模で閑静な都市公園の整備、が提案されている。吉田禄在は金鯱の保存に尽力した（1878年、県令に建議して各地の博覧会に出品されていた金鯱を天守閣に戻した）ことが知られているが、当時は否定されがちであった前近代の文物に対する評価の高さは興味深い。教育関係としては、⑦商業学校の設置、⑧女学校等の設置、⑫小学校教員の確保、が挙げられており、義務教育以外の教育の重要性も指摘されている。このほか、⑨遊廓の廃止、⑩貧困者の救助、と当時の名古屋が抱えていた

表1　吉田禄在「演舌書」明治16年1月（名古屋市史編纂資料『枢要雑書』所収）

	演舌書の各条の内容	その後の展開　＊「枢要雑書」「吉田禄在君伝」『名古屋市史』等により作成
①	欧州には古来からの武器を人々に縦覧させる施設（博物館）があり、日本からも武器を購入して陳列しているというが、日本にこうした施設がないのは遺憾の至りである。そこで、今は名古屋鎮台が管理している名古屋城の本丸に、日本古来の武器を陳列して市民の縦覧を許すことで、日本の武器の堅牢さ、武備の盛んなることを示すようにすべきである。	明治16年（1883）1月吉田禄在区長が県令宛てに「皇国古来の武器を蒐集し名古屋城を以て之が蓄蔵保存の場所に充つべきの建議」を提出。6月には元老院議官関口隆吉宛てに提出。のち明治26年には名古屋城を離宮とされたいとの建議を提出し、宮内省へ移管となったが、古武器の陳列や縦覧は実現せず。昭和5年（1930）に名古屋市に下賜され、翌年から一般公開された。戦災で焼失したが、昭和34年に再建。天守閣が博物館として整備された。
②	熱田の港は旧来から有名だが遠浅で船舶の出入に差し支えるため、四日市港の開港後は衰退しており、愛知県以北の運輸に不便をきたしている。また、四日市港の位置も船舶の停泊に十分とはいえない。そこで、熱田港を改良し、汽船・帆船が停泊できるようにして大いに運輸の便を向上させたい。	かねて明治14年（1881）明治天皇が名古屋に行幸の際、吉田禄在区長が大隈重信大蔵卿に築港の必要を訴え、井上馨参議・山県有朋陸軍卿が視察したことがあったが実現には向かわず。明治16年1月には県令宛てに「熱田湾の内保田湾へ築港の儀に付上申」を提出。同年4月には奥田正香が県会に同様の建議書を提出、修正可決された。のち明治29年から愛知県が熱田築港事業を開始し、明治40年に名古屋港として開港した。
③	名古屋の運河は堀川があるのみであるため、物資がここに集中して渋滞している状態である。堀川は川幅が狭く大雨になると上流から土砂が流れ込み、運搬の邪魔になる。そこで、川幅を拡げるとともに川底を浚渫して、水運の便を向上させたい。	吉田禄在区長が県令宛てに「堀川の川幅拡張の議」を上申した。明治16年(1883)以降は毎年、愛知県が堀川の浚渫を実施したが、その後もたびたび問題になった。明治39年に愛知県会で工期4年の改修工事が議決され、昭和戦前期にかけて護岸の修築や川底の浚渫が実施されていった。
④	名古屋の東部は運輸の便がない僻地となっており、馬や荷車を使って物資を運ぶことで漸く用を足している状態である。このため住民は困窮して産業を興す手だてもなく、また近隣の地域も物資の運搬に不便を強いられている。そこで、名古屋区の東部に新運河を開削して水運の便を開きたい。	明治16年（1883）1月吉田禄在区長が県令宛てに「水路開削の儀建議」を提出した。精進川を改修し、熱田・名古屋市街沿いに前津小林村から区内東部を貫いて飯田町を堀留とするもので、技師に実地測量させたが実施には至らず。また、南部（熱田との境）でも運河開削を検討していたが実現せず。のち明治末に精進川の運河化工事を実施し、新堀川が誕生。
⑤	名古屋区内の道路は中央部は修繕が進んだが、周辺部は明治維新以前の修築であり現在は平坦ではないため、なるべく早く改修したい。	吉田禄在区長が明治16年（1883）頃に大道路の開削（南外堀町線・栄町線・若宮八幡宮北通・山王横町線の4路線）を計画した。このうち栄町通の西の部分は名古屋駅設置に伴う広小路ほかの拡幅延長工事として実施され、明治20年に竣工した。
⑥	浪越公園（大須）は面積も狭く人で混雑しており、閑静とはいえない。そこで、別の場所に広い公園を設け、園内には豊太閤（豊臣秀吉）をはじめ郷土出身の英傑の祠を造営すべきである。	明治17年（1884）9月吉田禄在区長が県令宛てに「別に広濶の地を選びて之を新設せんこと」（前津小林村麹ケ池あたりを予定）を上申するが採用されず。のち精進川の運河化工事を利用して明治42年に御器所村に鶴舞公園が開設された。
⑦	区内の商店の帳簿が錯雑としており、営業税の徴収にも差し支える状態。商工業の発展には簿記など専門的な教育を施す必要がある。さきに名古屋商法会議所が開設された（明治14年）が、さらに商法講習所を設置して商業の改良を図りたい。	吉田禄在区長が区内の富豪や商法会議所議員等に対して、商業学校の創設を勧奨。明治17年（1884）に愛知県名古屋商業学校が開校した（のち名古屋市に移管され市立に。略称ＣＡ）。
⑧	さきに女範学校、次いで女学部を設置したが廃止となった。その後は女子教育の施設はない。小学校の教育は男児向けで女児に適したものではない。別に女学校を置いて女子の終身の教育に備えたい。	安場県令の時代に設置された女子教育機関は吉田禄在の建議によるものとされる。明治22年（1889）に私立の金城女学校、明治29年に市立の愛知県名古屋高等女学校が開校。その後、大正期には義務教育終了後の女子を対象にした教育機関の設立が相次いだ。
⑨	名古屋区内の遊廓を廃止することについては、愛知県会でも建議がなされており、既に世論となっている。早々に遊廓の廃止令を発布すべきである。	かねて遊廓に対しては文明国にふさわしくないとして国際的な批判があり、明治14年（1881）8月に吉田禄在区長が遊廓廃止の意見書を県令に提出、県会でも明治15年5月に3年後に廃止すべしとの建議が可決されていた。しかし、関係業者などの反対が強く、明治18年12月に遊廓の廃止建議が再提出で否決となって実現せず。のち大正期になり郊外への移転が実施された。

⑩	困窮した人々を救助することは既に政府も検討しているが、法制化は難航している。しかし現に困窮者が多くいる以上、法制度がないからといって行政を行うものとして放置することが出来るだろうか。救恤のための資金を貯蓄し、実情を調査して、窮民の救助を実施されたい。	吉田禄在区長はすでに明治13年（1880）の区会に備荒共有儲蓄金の徴収を提案したが否決され、各町からの借入金という形で窮民救助基金が設定された。また同時期に県会でも備荒儲蓄法施行規則が成立しているが、決して十分なものではなかった。
⑪	陸運において最も緊急に必要な施設は鉄道である。そこで熱田港から名古屋、さらに中山道へと結ぶ鉄道を敷設して、県下や近県の利便性を向上すべきである。	吉田禄在区長が「愛知県内ニ鉄道ヲ布クノ線路ヲ垂示セラレンコトヲ請フノ儀」を県令宛てに提出した（年月日は不明だが明治16年〔1883〕5月以降）。官設鉄道の線路と県内各地を連絡する数条の鉄道を敷設するべく、郡長を集めて「愛知鉄道会社」設立に賛同を得たことから、同社の線路設定に必要な官設鉄道ルートの教示を求めたものであったが、結局は実現しなかった。その後、明治19年（1886）5月に中山道鉄道の駅として名古屋停車場が開業し、同年7月には名古屋以東のルートが東海道に変更された。のち明治40年に名古屋港が開港し、臨港線が整備された。
⑫	小学校の教育は児童に接する現場の教員の力が重要であるが、学区によって貧富があるため良い教員が確保できない学区もある。教育格差を無くすため、名古屋区内の教員の給与額を一定にして十分な教育を施したい。	吉田禄在は区会に「小学校教員給料区内協議費を以て支弁の儀」を諮問し、明治16年度以降は教員給与は学区単位で集金して支払うのではなく、区全体の協議費から支出するよう改めた。教員の不足に対しては、資質のある者を師範学校で学ばせて各校に配属した。

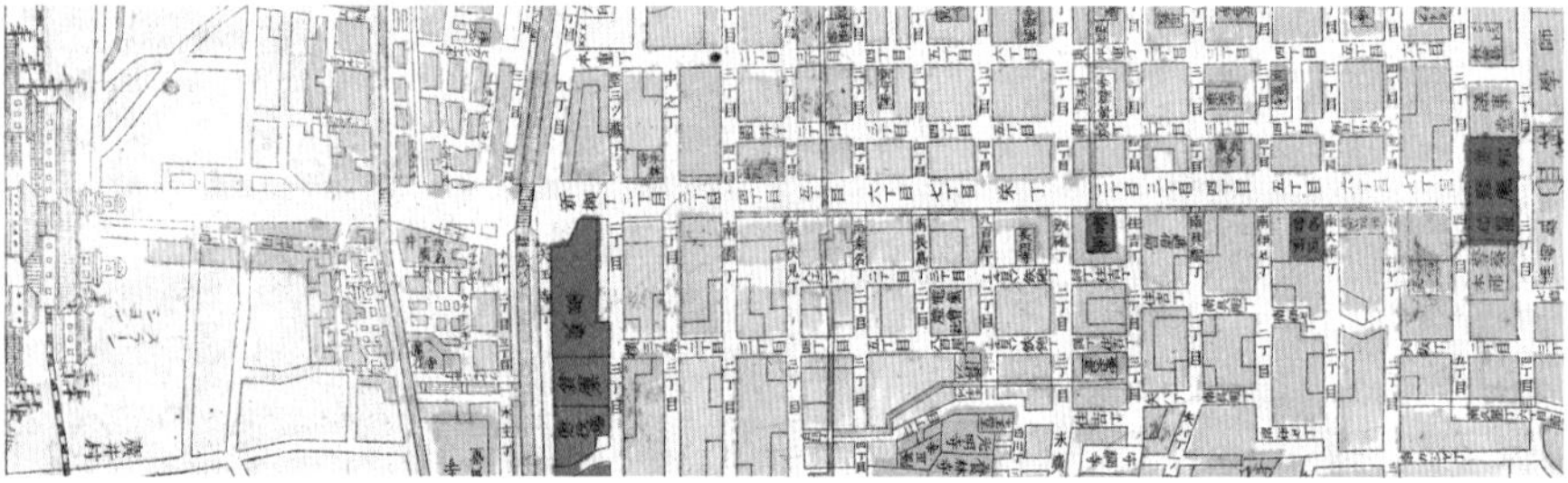

図2　広小路は笹島停車場（左端）まで延長されている（「名古屋明細地図」）1893年　伊藤正博蔵

福祉・社会問題まで幅広く目配りがされている。

吉田の建議・上申活動とその後

続いて、表1の「その後の展開」の欄を見ていただきたい。「演舌書」に基づき、吉田禄在が区長として関係機関に建議・上申をおこなったことがわかる。と同時に、その構想の多くはすぐには実現しなかったこともわかる。吉田禄在の区政下で実現したものとしては、⑦商業学校の設置や⑫小学校教員の確保、さらに、停車場（名古屋駅）が開業して広小路の拡幅延長が実施されたことから、⑪鉄道の敷設と⑤周辺部の街路整備の一部が結果的に達成された程度である。しかし、吉田禄在が示した名古屋の近代都市化構想は、彼が区長を退いて市制施行で名古屋市が誕生した後もその後継者たち（市長など）に受け継がれ、日露戦後から昭和戦前期にかけて実現してゆくことになる。

区長退任後の吉田禄在

1888年（明治21）11月、吉田禄在は区長を辞任した。反対の強かった広小路の拡幅延長工事（図2）を強行して恨みをかったためとも、本人の性格からして自治制度の発布で議員や参事会員との関係の複雑化が予想される市長の職には気乗りがしなかったためともいわれる。

その後は実業家として活躍し、自身が設立に関わった米商会所の頭取（のち名古屋米穀取引所理事長）、第四十六国立銀行頭取に就任した。また、衆議院議員・県会議員・市参事会員にも選ばれた。

晩年もなっても吉田禄在の名古屋の近代都市化に対する情熱は衰えず、1904年2月には新聞紙上に長文の意見書「上下水其他に関する私見」を発表した。そこでは、市が公債を発行して懸案となっている上下水道の敷設を実施すべきこと、名古屋の今あるのは徳川家康のおかげであり6年後の開市三百年を記念して大博覧会を開催すべきこと、などの積極的な都市経営を提示し、これを機に名古屋が真に「中京」の名にふさわしい「商業都会地として内外貨物大集散地」となるよう努力すべきであるとして、市民の奮起を促した（「新愛知」1904年2月6～9日）。

吉田禄在の評価の高まり

明治維新に始まる近世都市の解体と近代都市への再編成の進展は、日露戦後に至って全国的に近代都市の成立をみることになる（大藩城下町由来の都市でも士族から商工業者に市政の主導権が移る〔大石嘉一郎：2003〕）。吉田禄在が区長時代に示した名古屋の近代化・産業都市化の構想が実現してゆくにつれ、その先見の明を評価する声も高くなった。1908年（明治41）11月15日、吉田禄在の功績表彰式が名古屋の政財界の有力者ら四百名を県会議事堂に集めて開催された。発起人総代の加藤重三郎市長が「今や名古屋市の発展倍々其歩を進め、将に京阪に伍して大都市の班に入らんとするの盛運に会したるは、其の由来する所一にして足らずと雖も、抑も亦（吉田禄在）君の卓見と功徳とに負ふ尠少なりとせず」とたたえ、5千円の公債と記念品の屏風が贈呈された。これを受けて吉田禄在が「私が曩に名古屋区長たりしとき功績ありと認められ、本日表彰式を挙げられ、且つ過分の記念金品を賜はり、御厚志の段、有難く感謝致します」と謝辞を述べ、最後に市会議長の上遠野富之助の発声で「吉田禄在君の万歳」が三唱された（「新愛知」1908年11月16日）。また、この年には区政時代の部下である吉川義剛と桜井重信によって「吉田禄在君伝」が編纂された。

1910年3月、吉田禄在が提唱していた開府三百年記念の大博覧会「第十回関西府県聯合共進会」が開幕した。吉田禄在は名古屋の東部郊外（愛知郡御器所村、現在の昭和区鶴舞）に「吉田山」と呼ばれる広大な別荘を所有していたが、会場の鶴舞公園の整備に伴い寄付した。

1916年（大正5）3月3日に死去（享年79）。その功績に鑑み、正七位を授けられた。亡骸は自身がその誘致に尽力した日暹寺（現在の覚王山日泰寺。シャム国から仏舎利を譲り受けて創建された）の墓地に葬られ、徳行院善応高顕と諡《おくりな》された。

明治のジャーナリズム

——大口六兵衛を中心に

木下信三

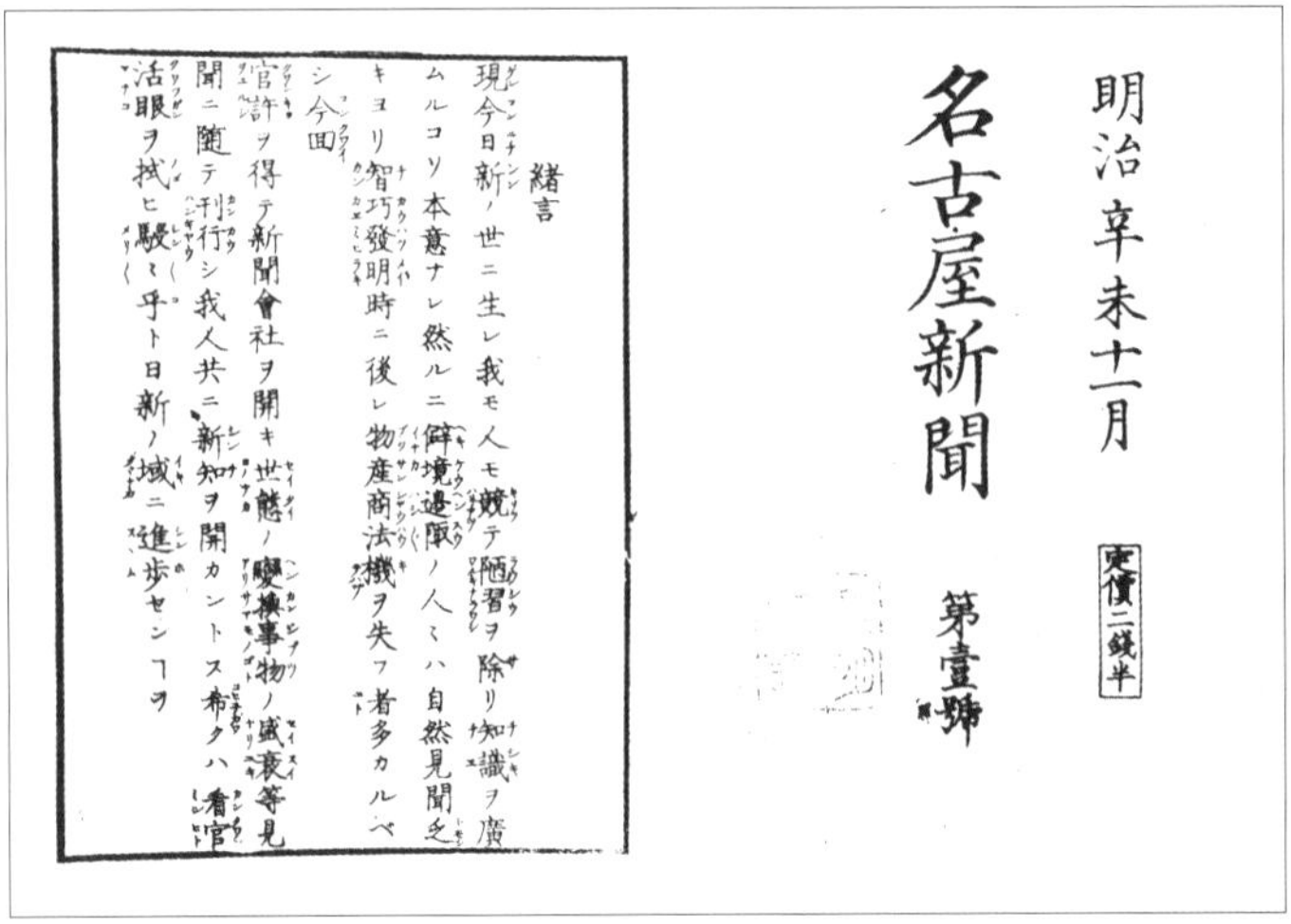

明治辛未十一月

名古屋新聞

實價二錢半

第壹號

緒言

現今日新ノ世ニ生レ我モ人モ競テ陋習ヲ除リ知識ヲ廣ムルコソ本意ナレ然ルニ僻境遐陬ノ人〻ハ自然見聞乏キヨリ智巧發明時ニ後レ物産商法機ヲ失フ者多カルベシ今回

官許ヲ得テ新聞會社ヲ開キ世態ノ變換事物ノ盛衰等見聞ニ随テ刊行シ我人共ニ新知ヲ開カントス希クハ看官活眼ヲ拭ヒ駸〻乎ト日新ノ域ニ進歩センヿヲ

図1 「名古屋新聞」（文明社）1871年（明治4）年11月創刊号（復刻）
愛知県で一番最初に発行された新聞である。

名古屋草分けの新聞記者

愛知県で最初に出された新聞は、1871年（明治4）年11月に名古屋本町五丁目の文明社から発刊された「名古屋新聞」であった（図1）。半紙木版刷りの月3回発行で、第1号には〈現今日新ノ世ニ生レ我モ人モ競テ陋習ヲ除キ知識ヲ弘ムルコソ本意ナレ〉云々の緒言が掲げられた。周知のとおり日本最初の「横浜毎日新聞」創刊の翌年、名古屋でも新聞が発行されたのであった。

1872年（明治5）4月、名古屋県が愛知県と改称されると同紙は「愛知新聞」と改題し、翌73年1月、週刊に改め「愛知週報」とふたたび改題したが、同年6月に廃刊となった。73年（明治6）7月、洋紙両面刷りの「愛知新聞」が名古屋本町三丁目の愛知新聞社から日刊として発行された。名古屋地方での日刊紙の創始であった。その後、同紙は「第二大学区新聞」「愛知新聞」「東海新聞」と改題しつつ続刊した。

一方、1875年（明治8）8月、名古屋宮町二丁目の活版印刷業・中川利兵衛方より「愛知日報」が創刊され、翌年、岐阜県下への販売をも目指し「愛岐日報」と改題された。

大口六兵衛（図2）がいつの時点から同新聞に係わったのか正確なことはわからないが、ともかくも六兵衛門弟の大橋青波は「名古屋の名物男大口高根翁（上）」（『日本及日本人』1931年7月号所収）において、〈翁が新聞に筆を執り始めたのは明治九年である。同年創刊の「愛知日報」（十年春「愛岐日報」と改題）に聘せられ、同十三年三月まで在社し、重に軟派の雑報を書いた。所謂艶種《つやだね》であり、翁一流の引かけ句調で面白可笑しく書き立てたのが評判となつた〉と記している。

大口高根は六兵衛の別名である。前記のごとく「愛知日報」の創刊は〝明治8年8月〟であり、「愛岐日報」と改題されたのは〝明治9年1月〟であった。六兵衛の才筆縦横の活躍は、幕末から明治初期の戯作者で新聞記者であった在京の仮名垣魯文になぞらえて〝名古屋魯文〟と呼称されたらしい。

図2　大口六兵衛　名古屋市鶴舞中央図書館蔵

1878年（明治11）2月、愛岐日報社から「青柳新誌」が発行された。これは半紙一枚刷りの文芸趣味の新聞で六兵衛がもっぱら編集の任にあたったものの、社運不振のため、やがて日刊を週刊としたが結局は50号に至らず廃刊になったと伝えられる。

多芸多才の人

さて、ここでいささか彼の生い立ちに触れる。大口六兵衛は1847年（弘化4）3月22日、名古屋の門前町に生まれ、幼名を六太郎といった。2歳のとき疱瘡にかかりあばた面になった。6、7歳のころより手習いをはじめ、10歳ごろから算盤の稽古、また茶華なども習わせられたが、これらの稽古事は嫌いであったという。

彼の住んだ門前町界隈は当時名古屋の繁華の中心地で、大須観音や七ツ寺境内には種々の興業物が常時開かれ、近くには芝居の常小屋があった。少年六兵衛は手習所から帰るとすぐに櫓下《やぐらした》へ出かけ、狂言方、道具方に邪魔がられながらも、楽屋や舞台で遊ぶことを一番の楽しみにしていた。また、書物を読むことを好み、特に戯作本はほとんど寝食を忘れて読み、甘酒の素である麹の米を搗きながらも（家業は甘酒屋）手から本を放さなかったといわれる。

六兵衛曽孫の大口寿雄氏より〈六兵衛の祖父與三左衛門は父の死後、母と門前町に出て家業の茶道具をひさぐも蓄財は減るばかり、ここに至り意を決して甘酒を商ふ。はじめ山王辺に店をかりて外売りもするうち、将来の目鼻が立って門前町に大店を構えるに至る。世人から道楽者と見られる程、風流に遊んだのは功なった晩年の事、子孫末々まで中興の祖とあがめおる大切なひと〉という書信を受掌したことがあった。六兵衛15歳のとき母親が死去、翌年父も亡くなり、勧める人あって17歳のおり、せきと結婚して家業にはげんだが、やがて時は至って、明治のジャーナリズムの世界へと転身する経緯となる。

ところで、六兵衛が愛岐日報社を退職したあと、1880年（明治13）7月に名古屋の塩町四丁目の表善社から「好善雑誌」が創刊された。幹事は天野忠順、編輯長兼印刷人は矢野平兵衛で、全号袋とじの小型判雑誌で、幹事の天野は名古屋最初の新聞である「名古屋新聞」の編輯を担当した人。この雑誌は第八号をもって終刊したといわれるが、わたしの知るかぎりでは名古屋創始の雑誌である。同誌は〈単に善を好み偏に善を勧む〉勧善懲悪、醇風美俗を建て前として道徳的な教化を推進しようとしたもので、六兵衛は第三号より蓬莱巨口亀の筆名で小説「秋暮案山子弓折」を連載した。これまたわたしの知る六兵衛最初の小説である。

先の「愛知日報」（「愛岐日報」）には天野忠順も係わりがあるので、おそらくはその当時の交誼が六兵衛のこの小説執筆に連なったのであろう。天野は「好善雑誌」第8号（1880年10月発行）において〈予て評判ありし大口六兵衛氏が編輯なる転愚叢談（図3）は去る八日より発兌されしが〉云々と、その宣伝の片棒をかついでいるほどである。

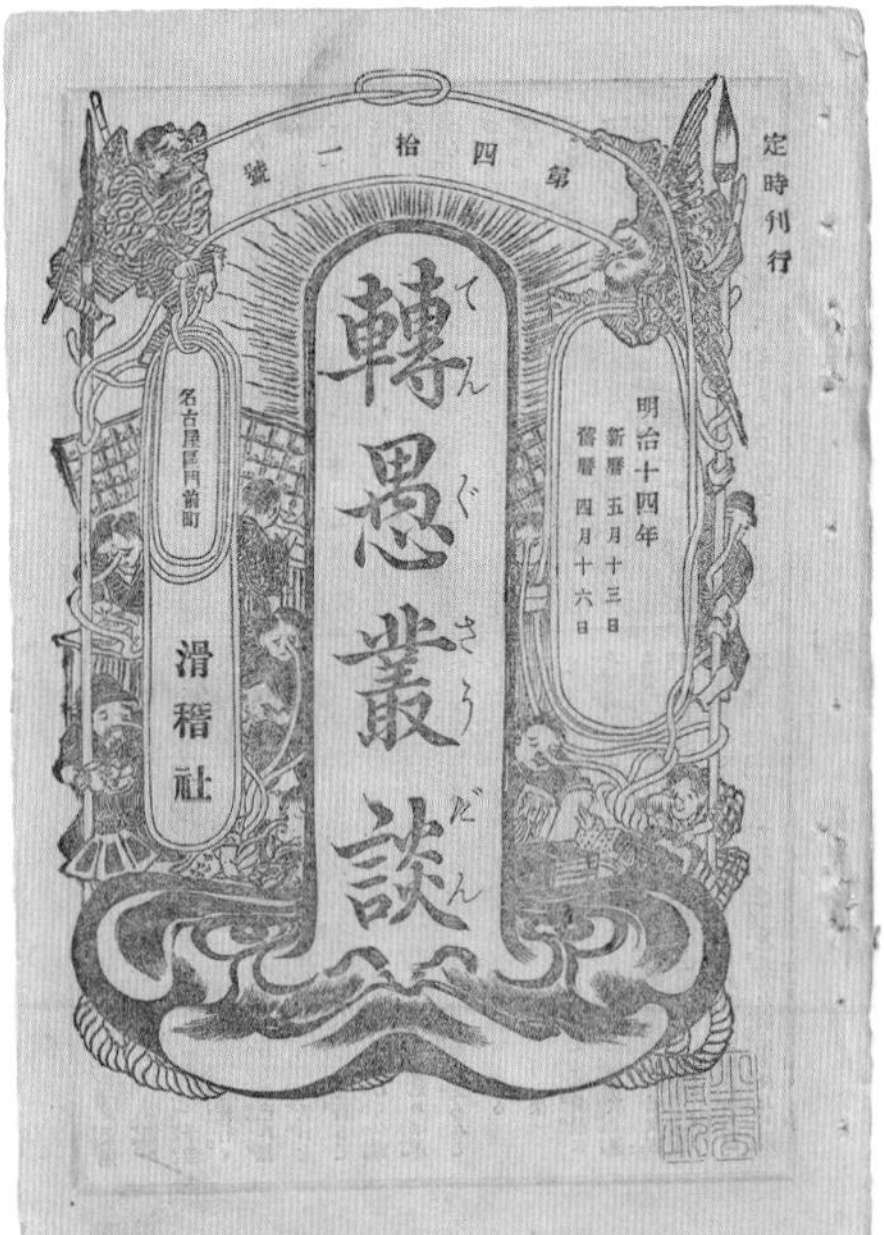

図３　「転愚叢談」第41号　1881年　個人蔵

ここで多々ある大口六兵衛の別号を列記してみると、前記の大口高根、巨口亀のほかに、不二廼家高根、芙山、亀の家蔵六、新菊斉達磨、変仏、亀菊石老人、枯木庵、花咲爺、大大黒堂主人、一返舎三九、千瞽、瓢園千生、珍分館不知、井蛙生、などがある。新聞人、雑誌編輯者、戯作家、俳人、情歌宗匠、劇通にして脚本を書き、小説の筆を執る、多芸多才、世俗を洒落のめした飄逸の粋人として、その時々に使い分けた筆名であり別号戯号であったといえようか。

雑誌「転愚叢談」の創刊

　さて、その中でもとりわけ六兵衛（大口高根）が編輯長として才腕をふるったのが、先に少し触れた、1880年（明治13）10月、名古屋門前町七ツ寺南角の滑稽社から創刊の雑誌「転愚叢談」であった。在京の「團團珍聞」にならって発行されたとみられ、滑稽、飄逸、社会諷刺を看板にした投書雑誌で、その内容は変説（巻頭戯文）、落語、漢詩、和歌、発句、狂詩、狂歌、川柳、狂俳、情歌、脚本、小説、戯文、戯画などであった。六兵衛は創刊号に「長短弁」を掲げ次のように一文を結んでいる。

〈然れば鬻売《うりだ》す我雑誌も学士の皮骨苦長鼻《ひこつくながはな》に倚《よ》らず、短き才に感得《もちあわ》せし傍訓様《ふりかなやう》の尾道化《おどけ》文《ぶみ》、愚かなことをつゞりなす中に、自然と我愚智を転ずることもありなんと、即ち称《なず》くる転愚叢談。あはれ一号発兌の日より続きて長き山鳥の尾張名古屋の珍聞と愛で愛顧《ごひいき》ねぎまふと、短き筆に長き爪《つめ》、併せてかける長短の説も天狗の烏許《おこ》がましけれ。実に叢談べイ。〉

　閲覧の「転愚叢談」から六兵衛の執筆文を少し拾いだしてみる。括弧内は使用筆名。

・変説「長短弁」（大口高根）
・脚本「鴫嘴恨愚実《くひちかふうらみのみちだて》」（不二廼家主人）・変説「キリキリ舞の発明」（大口高根）・変説「安宅最吉超年一節季《あたかもよしこゆるひとせき》」（大口高根）・小説「寒梅雪間葩《ふゆのうめゆきまのはなひら》」
・川柳てんぐ脱走緋の衣きて来る気（巨口氏）・発句　味噌豆の掾にはな咲く小春かな（巨口夫山）・川柳　国会の尽力筋で身を小西（巨口亀）・発句　あら傘の油に消へぬ春の雪（大口芙山）・情歌　遂《とげ》て身軽になりや外《ほか》へ気は木綿袷にたすきがけ（不二廼家）

　小説「寒梅雪間葩」は無署名であるが、第10号所収の〈記者大口儀純粋の名古屋産れにて…いよ〳〵寒梅雪間葩の第三回をどうか御読を〉の記事から六兵衛の作に間違いない。

　さて、「転愚叢談」の主要メンバーには、滑稽社社長の松井紋之丞（俳名鶴羨）、山田治助（副社長、一楠園楠若）、白木平助（印刷人、白木黒白）、渡辺正流（重鎮の一人、渡辺霞亭）、伊勢門水（お洒落人）、小田切春江（和歌、画人）、大口品女（六兵衛の妻、発句）らがいた。

　六兵衛を主軸とした「転愚叢談」は社会や世相を風刺し、粋の世界に遊んだ投書雑誌ではあったが、名古屋での文芸的な萌芽の成長の一つと見做され、むろんそれは大衆的な文芸への芽生えではあったものの、その視点において十分評価さるべきものがあろう。

　「転愚叢談」は1882年（明治15）6月発行の第96号までは確認しているが、おそらく同年いっぱいまで、すなわち130号あたりまで続刊されたのではあるまいか。

世俗を洒落のめす

　前引の大橋青波の文によれば、六兵衛は「転愚叢談」廃刊後〈社を旭廓に移して「花柳新聞」と改題し、体裁も半紙一枚刷絵入傍訓付のものに改めた〉ということ。しかし一説には〈新地廓に移り日刊廓新聞と改題したが程なく廃刊した〉とも言われ、「花柳新聞」と「廓新聞」、いずれが正しいかはっきりしない。

その後、1883年（明治16）、西川正次郎の名古屋絵入新聞社に入社し編輯に従事した。同社ははじめ大阪朝日新聞の小説と絵版を買入れて連載していたが、やがて朝日新聞が小説を売渡さないようになったので、六兵衛が自ら小説を書いて掲載した。これが名古屋で独立して小説を載せだした創始という。その処女新聞小説「慶応曽我」は好評で文名揚上とともに新聞の売行きを激増させ一万部以上の発行をみるに至ったと伝えられる。

青波の文章には〈爾後、翁は各紙に小説の筆を執ること百余篇に及んだが、翁の手許にはその題名さへ書留めてない始末で、悉く散佚してしまひ、その題名を調べるだけでさへ容易でないが、今尚ほ世人の記憶に残つて居るものは、『花笠文治』『津島伝左衛門』『蝶千鳥曽我曽録』『おろの鏡』『七化お鍵』『刈谷狐』などである〉と録されている。

その他、わたしの調査によれば、「金城新報」に「新形蝶千鳥」「晴曇野守の鏡」「新説雪折笹」「石にたつ箭」「花軍」「今邯鄲」「明治お富に今弁慶・近世二人阿魔」「社頭祈世」「新版伊呂波短話」「珍説卯の花衣」「臥猪の床」「人形函」「御題の金襖」を連載した。そして「扶桑新聞」には「雪姫」「箙廼桜」「鳴立沢」「葵かつら」「継鬼」「大灯籠盆の月影」「孝行乞食磯松の伝」を、「東海日日新聞」に「若殿車夫」を、「新愛知」に「舎利塔」を連載している。

以上に見るとおり、その後、六兵衛は「金城新報」に招かれ、大衆的な「金城だより」の編輯を担当しつつ、雑報に小説執筆に活躍をつづけた。青波は〈十九年「金城新報」が所謂大衆向の「金城だより」を創刊する際招かれて入社し、「真金城」「中京新報」（今の「名古屋新聞」の前身）と改題した後、三十年春大患に罹るまで十三年間在社した〉と記しているが、その間、1888年（明治21）5月創刊の「浮世の写真」（おもしろ屋発行）や1891年（明治24）3月創刊の「浮世叢誌」（愛知博文社発行）などの雑誌に関係したことはたしかで、「浮世の写真」の広告には〈記者は扶桑新聞の田島象二、浮川舎、金城新報社の大口六兵衛の諸氏〉とあり、「浮世叢誌」第一号の巻頭には〈…我人倶に面白く、嬉しがつたりがらせたり、保養がてらの粋雑誌、今日顔見世の御披露に、歌舞伎手打の真似事は、時も景気と御評判〉の戯言につづいて〈編輯主任（不二廼家）大口高根〉と明記されている。冨永杜発、吉原酔雨、田島象二、武内票瓜らも賛成員として名を連ねた。六兵衛は第一号より読切怪談「雨夜の傘《からかさ》」を連載した。両雑誌ともに先の「転愚叢談」の流れをくむ浮世の粋雑誌であった。

六兵衛の文体の一端を知るため「雨夜の傘」の書き出し部分を少し引用してみる。

春雨の降りみ降らずみ月は朧の薄明り是れに見添ふる花もなければ世間はひつそと寝鎮まり貧乏町に住み慣れゝば狗も夜を守る苦労を知らず猫の子一疋徘徊せぬ西新町の毀れ屋敷傾く門に締りはあらねど有繁《さすが》に留守の操は固く破れ戸の真張りも曲らぬ節義にびくともなさずその入口をトン／＼「ハイ殿方でムい《ござ》升と添乳の床に丸寝のまゝ眠れど寝られず辛苦の耳へ敏くも聞き認め額を擡ぐる隙も門には猶予させず「明けぬかく早く明ないのかと自分の叩く音にて聞へぬ返辞にいつらは短気な所夫《おっと》「オヤ旦那様でムい升敷と更に慌てゝ…

過渡期の作家として

　さて、1897年（明治30）、六兵衛は肺炎を患い、やむなく新聞界を引退することになったが、病気快癒以後は、1906年（明治39）9月18日、60歳にして不帰の客となるまで、従来どおり名古屋の新聞紙上に、小説、劇評、雑録などを寄稿し、とりわけ軟派物にかけては断然他の追随を許さなかった。

　没後10年、1916年（大正5）5月、旧友らの発起により、追善大演会が末広座で催された。そのときの趣意書には、〈故大口高根翁は名古屋文壇の大家でありまして、新聞小説の鼻祖としても、劇作家としても、軟派記者の開山としても、将に情歌の宗匠としても、共に傑出した天才で、新聞界及び演芸界には偉大なる功労のある人であります〉とある。

　けだし当時の大口六兵衛に対するおおよその評価と見做してよいであろう。いわば、六兵衛は身は戯作の世界にひたりつつも、眼はきりりと近代への方向に向けられた明治期の作家、つまりは旧から新へと移行する過渡期に生きた作家のひとりであったといってよかろうか（図4・5）。

図４　大口六兵衛自筆自伝『残夢』
名古屋市鶴舞中央図書館蔵

図５　名古屋市千種区の平和公園にあった大口六兵衛の墓。「不二庵真諦巨霊居士」とあり、左右に辞世の歌が刻まれていた。（木下信三撮影）

洋学校と幼年学校

山下達治

逍遥がいた、四迷がいた

名古屋城の南、外堀のほとりに、明治に生まれた二つの学校があった。人々は「洋学校」「幼年学校」と呼び慣わした。国が直轄したこともあり、日本の近代の運命に直接かかわることになる多くの少年たちが通過していった。

「洋学校」からは、政財界、学界、陸海軍の指導者を輩出したが、教科書的によく知られているのが、我が国の近代文学の先駆者としての坪内逍遥と二葉亭四迷であろう。

出身地は、逍遥は美濃、四迷は江戸ということになるが、ともに尾張藩の下級武士であった父親の勤務地で生まれたということで、幕藩体制の終焉とともに名古屋に帰り、少年時代を過ごし、「洋学校」に学んだのである。

「洋学校」のルーツは、1840年代（天保年間）に城内三の丸の上田帯刀邸内に置かれた「尾張洋学館」と言われている。我が国の国語学の先駆者上田万年の本家がこの上田家である。現在の愛知県三の丸庁舎のあたりである。尾張藩は、大藩でありながら、近代化に対しては動きが鈍く、この洋学館も私的な形であった。藩校の明倫堂は1749年（寛延2）の創立だが、漢学中心で、やがて国学も講ずるようになるが、版籍奉還後の名古屋藩は明倫堂を「学校」と改称し、国漢学に併せて洋学も教えることとした。1870年（明治3）に洋学の部門を分離して七間町（現在の丸の内三丁目）に和洋折衷の木造校舎を建てた。これが正式には名古屋藩学校であるが、「洋学校」と呼ばれたのである。

廃藩置県にともない、明倫堂は廃され、丸の内二丁目のその跡は那古野神社と名古屋東照宮となっている。建物は岐阜の羽島に移築され、お寺の本堂として残っている。

愛知英語学校

名古屋藩は、名古屋県となり、三河も併合して愛知県となった。愛知県の「洋学校」は、この後、校地を東に広げ「成美学校」となり、1874年（明治7）文部省直轄の官立「愛知外国語学校」となり、さらに官立「愛知英語学校」と変わる。1877年（明治10）再び県に移管され「愛知県中学校」となり、その後「愛知県立第一中学校」などを経て、戦後「名古屋市立第三高等女学校」と合流して「愛知県立旭丘高等学校」として現在に至っている。校地は、外堀町から西二葉町、出来町と東へ、東へと移っていった。

『愛知県名古屋明細図』（明治

10年、図1）を見ると、七間町筋と呉服町筋に挟まれて「英語学校」となっている。地図の発行は12月になっているが、この年の2月には「愛知県中学校」となっていたはずなので、実際とは違っている。目まぐるしい変化に戸惑う、あるいは慣れ切った、当時の人々の意識が想像される。

当時をしのばせる遺跡は何もないが、現在の日本郵政の西側の通用口の南側に「愛知県立第一中学校開校跡」という記念碑がある。そのあたりがちょうど「洋学校」の正門の位置にあたる。その南には、かつて「白竜様の松」と呼ばれた大木がそびえており、当時の写真にも写っている。西側の本町公園は、戦前憲兵本部が置かれていた跡で、その記念碑が建てられている。この界隈に見られる明治の名残は、本町通りの北の突き当たり、二の丸交差点の北西角の赤煉瓦塀のみである。貴重な軍事遺跡ともいえるが、1873年（明治6）に置かれた名古屋鎮台（最も古いものの一つ）が第三師団と改称されたのは1887年（明治20）で、ここに司令部が置かれていた。近代日本のしたすべての戦争を見てきた煉瓦塀である。

「愛知外国語学校」開校当時の写真が何枚か残されている。寺社奉行所、地方御勘定所の跡で、新旧入り交じった建物群で、門は西に向かって開かれ、南側の門柱の表札に、学校名がはっきりと読み取れる（図2）。

建築を手掛けたのは、洋風木造建築の先駆け九代目伊藤平左衛門で、名古屋鎮台病院、愛知県庁、後には京都の東本願寺の大伽藍も完成させた、名古屋の大棟梁であった。

門の左手に見える二階建て

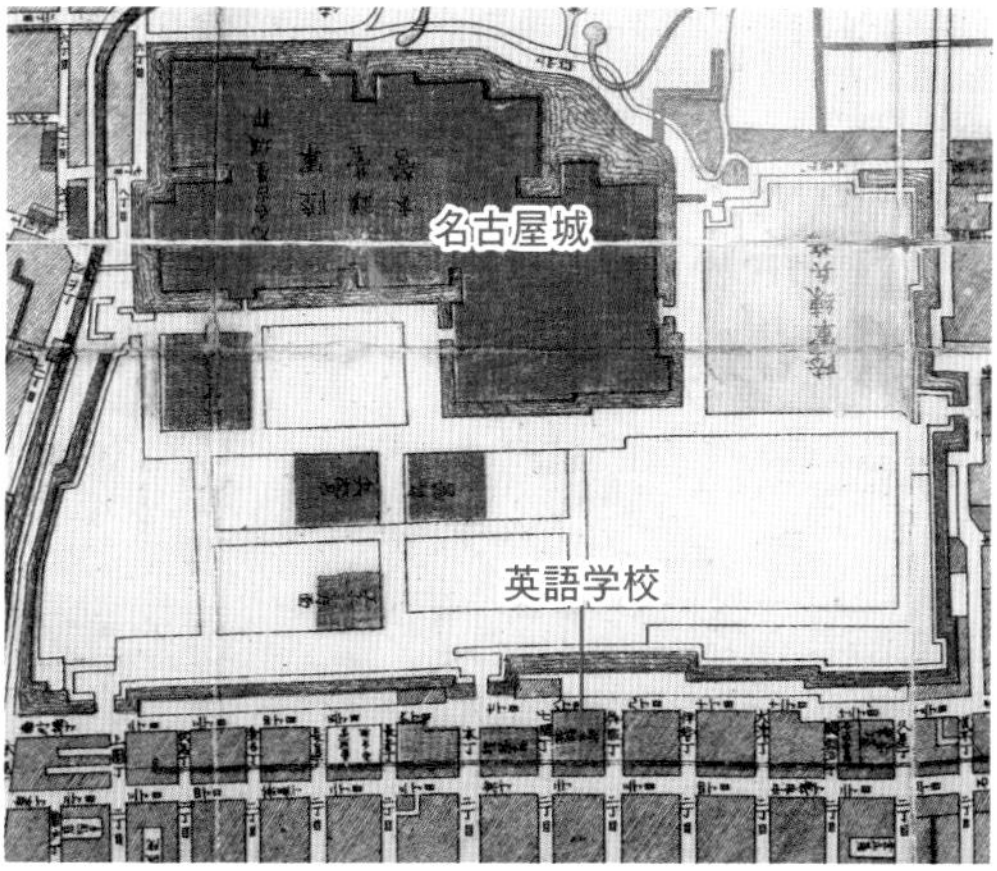

図１　「愛知県名古屋明細図」　名古屋市蓬左文庫蔵

図２　愛知外国語学校

図３　左端が２階建の洋館

洋館にその苦心がうかがえる（図3）。この洋館は、外人教師の宿舎で、その後徳川邸（現在の徳川美術館の場所）の明倫博物館などに転用されるなどの運命を辿った。

逍遥も四迷も外人教師との出会いが、彼らの進路に大きな影響を与えたことは間違いない。「お雇い教師」と言われた彼らの待遇は破格であった。四迷がフランス語を学んだムーリエは年俸4千2百円だったという。時代がやや違うが、夏目漱石の松山中学の月給が80円で、その時の校長よりも高給だったというのはよく知られている。「成美学校」であった時に、それを維持するのに芸妓税を充てたという信じがたいが、いかにも明治らしい話が残されている。

逍遥の原点は名古屋にあり

逍遥（図4）が英語を学んだアメリカ人、レーザムとマックレランとについては、逍遥自身以外にも、1級下の三宅雪嶺も書き残しており、授業の様子がよくわかる。どちらも弁論術や朗読法を巧みに教えたようだ。とくにマックレランはシェークスピアの「ハムレット」の中の有名な「ツービー・オア・ノット・ツービー」という台詞を身振り豊かに読んでみせたらしい。この一節が載っているウィルソンリーダーは現在も旭丘高校の図書館に収蔵されている。逍遥にとって、このシェークスピア体験が、いかに大きなものであったかは言うまでもないであろう。逍遥の近代文学あるいは近代演劇における功績は、彼をたたえてつくられた早稲田大学の坪内博士記念演劇博物館を見れば一目瞭然だが、その原点はこの名古屋にあった、と言えるであろう。

図4　坪内逍遥（左）

逍遥がシェークスピアと出会う「洋学校」以前の環境もまた重要である。簡単に言えば名古屋の芝居と貸本屋大惣である。住まいは上笹島（現在の中村区名駅三丁目旧居址の記念碑がある）であったが、芝居好きの母のお供で、芝居小屋によく通った。まだ美濃太田にいた幼年時からで、父の残した日記でその頻度がわかる。橘町の古袖座、中村座（中区橘二丁目）、若宮の末廣座（中区栄三丁目）、桑名町の新守座（中区錦二丁目）などなど、呆れるほどの熱心さである。三都の一流俳優の来演を、約7年間にわたって楽しんだのである。しかも、観劇にかかわる台本や小説を乱読、耽読したのである。利用したのが、当時日本一の蔵書といわれた、江戸時代には馬琴も訪れた貸本屋の大惣だった。島田町（中区錦二丁目）の店へ母のお使いと称して通い詰めたのである。この店の本を借りたまま東京へ進学してしまったことを告白し、大惣は「心の故郷」とまで言って往時を懐かしんでいる。

早稲田大学の演劇博物館の音声資料で逍遥の肉声を聞くことができる。自作の戯曲を朗読する声は、心なしか名古屋弁の余韻を響かせながら若々しい。洋学校で外人教師から学んだエロキューションを思い出していたのかもしれない。

江戸以上に江戸が残っていた名古屋

四迷（図5）が生まれたのは尾張藩江戸上屋敷、現在は防衛省になっている。父を江戸に残し、母とともに名古屋に身を寄せたのは5歳の時であった。四迷自身の履歴書には「名古屋葛町ニ転居ス」とあるが、葛町はこのころはまだ下日置町なので不審が残る。郷土史家が四迷の叔父から聞いて、「玄蕃新地」と書き残したのでほぼ定説化しているのが大道寺玄蕃の下屋敷である。現在の松原二丁目に名古屋市教育委員会の「二葉亭四迷幼年時代宅跡」の高札が立っている。NTT西日本東海病院の南である。病院と堀川の間にひっそりと水神様が祀られている。「大道米運龍神社」。かつてここに米穀取引所があり、米浜町であったことと、大道寺屋敷があったことの名残であろう。この地から洋学校まで10歳にもならない少年が通ったとは驚くしかない。直線距離でも3km近くあるというのに。

図5　二葉亭四迷

少年がある日学校から帰ってくると、川べりで大勢の人だかりがしている。何だろうと頭を突っ込んで見ると、心中した水死体であった。お揃いの綺麗な裾模様の晴れ着から若い瑞々しい足がのぞいていた。子供ながら少しも恐いと思わず、この情死に何とも言えぬ美しさを感じた。

名古屋での思い出をこのように語り残している。江戸以上に江戸が残っていた名古屋は、四迷の感受性に刺激を与えたようだ。

洋学校ではフランス人のムーリエのほかに、林正十郎にもついた。林は幕府の開成所の教官であり、戊辰戦争では会津城に籠城した体験を持っていた。父母の影響で粋な芸事が好きな一方、豪傑にもあこがれていた少年は、林に畏敬の念を抱いたことであろう。

年齢は逍遥が5歳上だが、洋学校へは四迷が先に入り、中退している。8歳から9歳の間で、子供が大学で学んだようなものだ。森鷗外のケースと少し似ているかもしれない。

1872年（明治5）9月、逍遥が洋学校に入ったとき、四迷はすでに退学していたと思われる。当時は新学期は9月で、年度の切り替えで二人はすれ違ったのであろう。四迷は、父の勤めで東京から松江へ行き、陸軍士官学校を受験するが三度も落ちた。陸軍士官学校は彼の生まれた市ケ谷の尾張藩邸の跡にあった。1881年（明治14）東京外国語学校露語科に入学した。18歳になっていた。

1876年（明治9）に逍遥が18歳で卒業したときは愛知県英語学校であった。3年前に仏語科は廃され、ムーリエも解雇されていた。逍遥は、県の選抜生として卒業生である他の7人とともに、四日市から船で上京する。後に総理大臣となる加藤高明、海軍大臣となる八代六郎、ジャーナリストとなる三宅雪嶺らの一行の生態を「遊学八少年」と戯作めかして書いてみたのが、『当世書生気質』の原型であったと回顧している。

1886年（明治19）1月10日（25日ともいう）は、我が国の近代文学が本当の意味で胎動を開始したとも言える記念すべき日であった。この日、東京商業学校露語科を退学して7日目の長谷川辰之助が、東京の本郷真砂町に住む東京専門学校講師坪内雄蔵を初めて訪問した。坪内が前年出版したばかりの『小説神髄』と『当世書生気質』とを持参した長谷川は多くの質問をした。坪内は英文学に基づいた文学観で答えた。長谷川はロシア文学を学んで考えたことを述べた。二人は新しい文学を語るに足る相手を認めた。逍遥―坪内雄蔵は28歳、長谷川辰之助は23歳となっていた。翌年、長谷川は二葉亭四迷として小説『浮雲』を書き、坪内雄蔵名義で出版された。『浮雲』が言文一致体の小説として近代小説の第1号とされ、（小説）という語が『小説神髄』によって定着したことは文学史上の定説となっている。

幼年学校と大杉栄

外堀の東の出口、東大手の清水橋を渡ると、名古屋拘置所のある場所にかつて「名古屋陸軍地方幼年学校」があった（図6）。1897年（明治30）に設置された。当時は長塀町の西端、現在は白壁一丁目である。尾張藩時代は家老石河家の中屋敷であった。その北、同じく家老成瀬家のあった西二葉町には、1907年（明治40）「洋学校」の後身愛知一中の新築校舎が建てられる。

「幼年学校」は、職業軍人を志望する少年が、13歳から3年間学ぶ学校で、その後、東京の陸軍中央幼年学校、陸軍士官学校から陸軍将校へと昇るためのステップ、エリート軍人の登竜門であり、全国に6カ所設置された。

1899年（明治32）、この学校の3期生として大杉栄（図7）が入学する。軍人の父の勤務地で生まれ、各地を転々として、新潟県の新発田中学から「名幼」を受験した。父の本籍が愛知県だったからである。

元帥になる夢がいつの間にか消え、傍若無人の振る舞いが多くなり、刃傷沙汰も起こすようになっていく。ついに修学旅行先の男色がらみの非行で懲罰を受け、三十日の禁足を命じられた。自伝の中で、「僕はこの植物園の中を、小さな白い板のラテン語の学名や和名などを読みながら、歩き暮らした。そしてたえず今までの生活を顧みながら考えていた。この反省はさらに、僕を改心というよりほかの、他の方向へ導いていった。」と語る。この学校は植

物園も天文台も実験設備もかなり本格的なものであったようで、大杉の自然科学への関

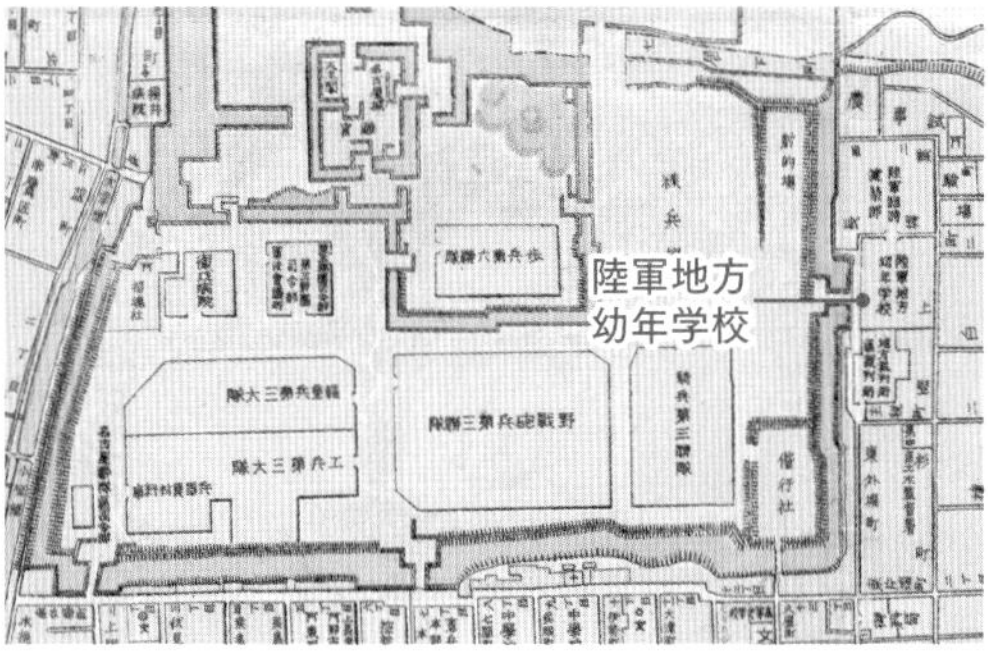

図6　「名古屋及熱田市街実測図」 1900年　伊藤正博蔵

図7　大杉栄の生徒姿

心を覚醒させたらしい。語学も、ドイツ語、フランス語を学び、もともと父を通じてロシア語も親しんでいた。後に、投獄されるたびに、外国語をひとつマスターするという「一犯一語」の伝説もある語学の天才の素地も養われていた。やがて退校処分を受け、上京し、東京外国語学校仏語科を卒業し、平民社に入り、『平民新聞』に「名古屋より」という初めての文章を発表したのがアナーキストとしてのデビューとなる。1904年(明治37)のことである。

あまり知られていないが、ファーブルの『昆虫記』を初めて翻訳したり、ダーウィンの『進化論』を翻訳した一面に、名古屋の幼年学校で過ごした少年時代がしのばれる。

この学校に入りながら、軍人にならず、他の方面で活躍した人々がいる。大杉の自伝にも出てくる、洋画家となった中村彝、劇作家となり演劇界の重鎮となった岸田国士などだ。大杉より、中村は2年、岸田は5年下になる。中村は兄が同級で仲がよかった。文学座の創立にも携わったフランス文学者でもある岸田は、『名幼校史』では、夜尿症のために朝になると布団を干しに出るので笑われていた、などと書かれている。卒業生の筆になるので、軍人にならなかった者には容赦がない。まして大杉に対しては、「無道反逆の人」「泣き出した大杉栄」として嘲笑気味に描かれている。その反対に「信念と努力の辻政信先輩」とノモンハン事件の時の関東軍参謀を持ち上げたり、「正義派の甘粕正彦」という文章がある。偶然ではない、あの甘粕憲兵大尉は大杉の後輩であったのだ。「(大杉は)関東大震災に際し第九期生の甘粕正彦の槍玉にあがって殺されたが、当時、止むなき仕儀であったのだろう。しかしその甘粕も二十年後には満州国で劇的な自決で最後を飾った。」と記す『名幼校史』の立場は明らかだ。「甘粕事件」は、いまだに謎の部分が多いが、二人ともが名古屋陸軍地方幼年学校の出身であると知れば、犯行が突発的な凶行とは思えなくなるのではないだろうか。

大杉栄、伊藤野枝と一緒に殺された橘宗一少年の墓が東方5kmの丘陵地にあり、今も命日には墓前祭がおこなわれている。

明治名古屋の女学校

朝井佐智子

SSK

名古屋には「SSK」という略語がある、私の若い頃には憧れであり、2005年日本国際博覧会、愛称〈愛・地球博〉の頃には、「名古屋嬢」の注目とともに耳にする機会が増えた言葉である。「SSK」とは何か、名古屋の皆さんはご存じの方も多いだろう。他の地域の人にとってはスポーツや野球用品メーカー？と想像される方もおられるかもしれない。「SSK」は三つの学校、愛知淑徳学園・椙山女学園・金城学院のローマ字の頭文字を取ってそう呼ぶのである。最近、知り合いから名古屋には「SSK」というのがあるそうですね、と質問を受けたことがある。未だに「SSK」の言葉は健在なのである。個人的な見解ではあるが、以前であったら、箱入り娘のお嬢様で、お嫁さん候補としたい女性のいる学校としてあこがれの存在が「SSK」ですと説明としたかもしれない。現代にあっては、その風潮は残っているかもしれないが、母親も、祖母も、曾祖母もと何代も同じ学校の卒業生という家庭も少なくないのですよ、名古屋の代表的な女学校でもあり、そして今でも続く伝統校だという説明をするであろう。

この三校ともが明治に創立し、多くの女学生が学び舎に通学した。明治名古屋の町を闊歩した女学生たちは、当時もあこがれの存在だったのだろうとぜひ思い浮かべてほしい。

女学校の歴史

女学校は、家庭の主婦としての高等普通教育を施すことを目的として、1872年（明治5）に開設された官立の東京女学校が女子中等学校の始まりとされている。その後、1882年に東京女子師範学校（現・お茶の水女子大学）附属高等女学校が創設され、以後、女子の中等学校は高等女学校と呼ばれるようになる。1894年に「高等女学校規定」が、次いで1899年に「高等女学校令」が制定され、各府県に設置が義務づけられることによって、急速に女学校設置が実現していった。1896年栄町に「愛知県名古屋高等女学校」（のち、市立名古屋高等女学校、現在の市立菊里高校、図1）が、1903年に、南武平町に「愛知県立高等女学校」（戦後に明倫中と合併して県立明和高校、図2）が設置されたのは、この法令の施行を受けてのことである。

高等女学校は「中等以上の社会に於ける女子」を対象として「須要なる高等普通教育

を為す」（同令1条）ことを目的としていたが、実際には良妻賢母主義に基づき、家事、裁縫、芸事中心の「花嫁修業」も兼ねた女子教育を目指すものであった。そのため高等女学校入学志願者も多く、市立、県立の高等女学校が設立されただけでは、希望者全員を受け入れることができず、選抜試験合格者のみしか入学できない狭き門という状況が生まれていた。こうして高等女学校入学難を解消すべく、私立の女学校設立が待望されることになったのである。

図1　市立名古屋高等女学校（『愛知県写真帖』）1910年

図2　愛知県立高等女学校作法室（『愛知県写真帖』）

図3　私立愛知淑徳高等女学校（『愛知県写真帖』）

愛知淑徳学園

女学校入学希望者の増加という時代の要望に応える形で、1905年（明治38）「愛知淑徳高等女学校」は、名古屋市中区西新町2丁目15番地に設立された。校長に小林清作が、幹事に吉森梅子が就任した。志願者も多く西新町校舎では手狭となったため、翌1906年名古屋市東区東新町9番地に校舎を移転することとなった。そして同時に女学校から高等女学校の組織に改めることに決定し、愛知県下初の私立の高等女学校である「愛知淑徳高等女学校」として設立認可された。当時の学科は、修身、国語、英語、地理・歴史、数学、理科、図画、体操、家事、裁縫、音楽とあり、やはり家庭で必要な実用的な科目が重視される傾向にあった。ただ、特徴的なのは英語を必修としている点である。女子が英語を学ぶ必要がないと考えられていた時代に将来を考えれば女子にも英語が必要であることを強調していたところは、先見の明があったのであろう。年額16円の授業料を払うことができる都市における中流以上の女学生が、「髪をマーガレットに結い、海老茶の袴に日和下駄」で通学する姿は、当時の人にもモダンな存在と写ったことだろう。初代校長・小林清作のうちだした「謙譲優雅」、「質実剛健」の校訓は、愛知淑徳学園の伝統精神となって、現在も脈々と流れているという。

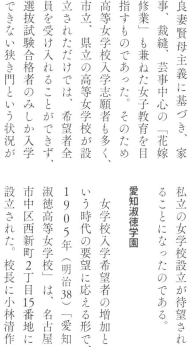

椙山女学園

　椙山女学園は、1905年（明治38）に椙山正式《まさかず》、今《いま》子《こ》夫妻が開校した名古屋裁縫女学校を起源とする（図4）。名古屋市富士塚町（現・東区泉一丁目）の武家屋敷跡を利用し、当初は小規模な私塾として開始した。裁縫女学校として良妻賢母の女子教育を目指しており、設立趣旨に「技芸教育の発達を図るは、急務中の急務たり」とあるように、裁縫、技芸に熟練させることによって、女子の教育を充実させることに主眼を置いていた。とはいえ当時の教科をみると、裁縫のほかに修身、国語、数学、地歴、家事、音楽、図画も課されていて、実科高等女学校の指導内容とほぼ同様の教育内容である。裁縫女学校という形態ではあるが、裁縫・技芸上達を目指す良妻賢母主義一辺倒ではなく、女性により充実した教育を提供することにも力を注いでいる一面も垣間見ることができる。また、人間として、一人の女性としての成長も目指しており、学問より実力を、知識より人格の涵養にも重点をおいている。昭和になり星が丘キャンパス開設時に、創設者の正式が「人間橋由来記」と名づけられた記念碑に、「古人の歌に／人となれ人　人となせ人／というのがある。人間完成、これこそ学園創設の精神であり、学校教育終極の目標である。諸君よ、人間になろう」と刻んでおり、「ひとを大切にできる人間」、「ひとと支えあえる人間」、「自らがんばれる人間」の三つを兼ね備えた「人間になろう」という目標は、創設当初から現在までつづく一貫した人間教育の考え方である。

図4　私立名古屋裁縫女学校（『愛知県写真帖』）

　椙山の女学生も、髪は日本髪か束髪に結い、海老茶のあんどん袴姿で日和下駄をカラコロと鳴らしながら歩いたそうで、袴の裾に縫い付けられた波形の黒いテープが名古屋裁縫女学校の生徒であることを特徴づけていた。

金城学院

　日本における近代女子教育は、ミッション・スクールから始まったと言われることが多い。名古屋における女子教育も女学校ではあるが、1888年（明治21）の私立名古屋清流女学校がエーピー・アトキンソンによって設立され、翌1889年には、アメリカの南長老教会アニー・ランドルフ宣教師がロバート・E・マカルピン博士と協力して、女学専門冀望館を設立している。冀望館《きぼうかん》は当初、名古屋市東下竪杉町54番のランドルフの私邸を開放した私塾の形で始まったが、1890年に校名を「私立金城女学校」（現在の金城学院）と改称し、1900年、白壁4丁目64番地（現在地）に校舎を移築し、生徒の増加に伴う規模の拡大をはかった（図5）。ランドルフは、日本女性の社会的地位が低く、「女子に学問は無用」などと言われていた時代にあって、聖書の教えに基づいて、女性に知識や技能を身につけさせるとともに感性、徳性なども重視した全人教育を実践した。金城学院のモットーは、旧約聖書箴言1章7節の「主を畏《おそ》れることは知恵の初め」で、「主」とは、キリスト教では神を指し、「畏れる」とは、この世に命を与えられている存在（人間）としての分をわきまえ、へりくだることを意味しているとのことである。中部地区最古の女子教育機関として、このモットーを社会貢献という形で実践し、現在も地域の女子教育をリードしている。

図5　第3回卒業生の記念写真　金城学院蔵

　大正期の1921年ではあるが、全国でもっとも早く採用したセーラー服（セパレート式）の制服を着こなして、白壁界隈を歩く姿は日本の近代を感じさせてくれよう。

数々の高等女学校と女学校

　もちろん、女学校は、愛知淑徳学園・椙山女学園・金城学院ばかりではない。女子教育にたずさわった学校は次々と設立されていった。1907年市邨芳樹は「私立名古屋女子商業学校」（現在の名古屋経済大学市邨高校、図6）を東区下竪杉町に設置、翌1908年には、東区西新町に新校舎を建設し、各種学校から実業学校令による日本初の女子商業学校で教育をほどこした。

図6　私立名古屋女子商業学校（『愛知県写真帖』）

　明治40年代には、私立愛知高等裁縫女学校（裏門前町）、私立中京裁縫女学校（西新町）、私立愛知高等裁縫学校（東橘町）、私立平野裁縫女学校（南鍛治屋町）など裁縫を主とした女学校も次々とできあがってきた。1902年から10年間で20校が新設されるという開校ラッシュとなった。

　町立の高等女学校も名古屋市内中心地ばかりでなく、校外にも建てられ始めた。「熱田町立熱田高等女学校」（現在の市立向陽高校）が設置されたのもこの時期である。

　百年以上の時を経て、愛知淑徳学園・椙山女学園・金城学院を始め、現在も健在の女学校は他にもたくさんある。明治のころと場所も建物も服装も多くは変わってしまっているが、華やかな学生たちの声は、今も変わらず聞こえてくる。その姿にあこがれる人は少なからずいるのではないだろうか。

狂言共同社の設立

――狂言和泉流継承の組織を結成

林　和利

明治維新後の衰退

　江戸時代、尾張藩が召し抱えていた狂言方は和泉流であった。しかもその中心は山脇和泉家、つまり和泉流の家元である。名古屋は狂言和泉流の本拠地だったのである。

　ところが明治維新を迎え、廃藩置県によって収入源を失った狂言師たちの衰微は見るも無惨な状況であった。しかも、家元はじめ当時の同流有力役者たちが次々に他界するという不幸が重なった。

　家元の山脇和泉元賀（和泉流15世）が1876年（明治9）に没し、1877年に早川幸八（4世）、1878年に山脇得平（山脇和泉家支流の藤左衛門家当主）が没している。明治10年前後の3年間に、毎年1人ずつ専業有力者が逝去したのである。そのうえ、元賀のあとを継いだ元清が1881年、東京へ移住することとなった。

　あとに残されたのは素人出身の弟子ばかり。名古屋の狂言界は存続が危ぶまれる事態となった。

名古屋狂言会の結束

　そのような状況下の1884年、3月9日と16日の両日にわたって山脇元賀・四世早川幸八・九世山脇得平の物故三師追悼会が上園町の古春舞台で催され、能6番と狂言14番が上演された。その中に、山脇得平門下の角淵宣（外堀新太郎）による「狸腹鼓」と、早川幸八門下の井上菊次郎による「釣狐」という秘曲・大曲が含まれているのが注目される。素人弟子でありながら、そういう難曲が上演できるレベルの実力を備えた人たちが含まれていたということである。

　この催しを記念してその年、「和泉流猿楽狂言紀年碑」が名古屋西本願寺別院に建立された（現在は八事山興正寺に移設されている。図1）。碑文には、名古屋における和泉流狂言の伝統と、その憂うべき現状、三師追悼会を催したことなどが記されており、裏面には追悼会の狂言に出演した人々を含む16人の名前が刻まれている。

　三師追悼会として盛大な能・狂言の会を開催できたことは、残された素人弟子たちの自信になるとともに、名古屋の狂言界を一致協力して継承する機運が醸成した。その機運が組織として実を結んだのが狂言共同社である。記念碑裏面に記された人たちの中から、次の7名が成立メンバーとなって、1891年に結成された。

　角淵宣（弁護士、山脇得平門下）、井上菊次郎（仏具商、早川幸八門下）、伊勢門水（旗商、早川幸八門下）、河村鍵三郎（酒造業、野村又三郎門下）、三橋正太郎（早川幸八門下）、山本久平（野村又三郎門下）、田中庄太郎（山脇得平門下）。（図2）

受け継がれる伝統

彼らは、維新後に師匠の手から離れた装束や面・道具類を回収するとともに、各自が所有していた物を持ち寄って共同管理とした。出演交渉の窓口を一本化し、演目や配役は合議のうえで決めた。出演料もすべて会計担当が管理し、運営諸経費が明らかにされるとともに、配当も合議によっておこなわれた。つまり、明治中期という時点において、先進的な民主運営がおこなわれていたわけであり、その点も高く評価されなくてはならない。狂言共同社の二大原則は、「一致協力」と「全員出勤・全員奉仕」であった。

狂言共同社の活動は、結成後約130年を経た現在も脈々と受け継がれており、名古屋における狂言の伝統を守り続けている。

井上菊次郎

狂言共同社結成メンバーの中で、演者として注目すべきは井上菊次郎である。

わずか8歳にして名古屋城内の舞台に出勤。1916年（大正5）に定住覚悟で上京し、皇居内で催された展覧能で「宗論」のシテを勤めるほどの実力を示した。東京でも重鎮として認められ、「寝音曲」や「柿山伏」の名演技が語り継がれている。

図1　和泉流猿楽狂言紀年碑
昭和区の八事山興正寺境内にある。1884年、物故三師追悼会を記念して建立された。

図2　狂言共同社結成のころ（明治期）個人蔵

（後列）
伊勢門水
野村広之助
（後の十世野村又三郎信英）
河村鍵三郎
田中庄太郎

（前列）
井上鉄次郎
河村文太郎
岡谷清次郎
山本弘太郎
河村保之助
岡谷哲治郎

大須は映画街になった

小林貞弘

名古屋で映画（活動写真）が初めて公開されたのは、1897年（明治30）3月1日の末広座（末広町）においてであった。以後、名古屋の映画興行は、新守座（本重町）や音羽座（南伏見町）といった劇場における巡回興行を中心に展開した。

1910年3月には、鶴舞公園で第10回関西府県連合共進会が開催された。それに先立つ2月には名古屋市電公園線（上前津—新栄町間）が、さらに、翌1911年6月には御黒門線（上前津—大須間）が新設された。

大須へのアクセスは便利になった。もともと、盛り場には商業施設や娯楽施設からなる空間の密集状況と、そこに群がる不特定多数の人々の密集状況があった。新しい娯楽が登場し認知されていくなかで、密集状況は一段と加速していった。

1908年1月25日には大須観音境内に名古屋最初の映画館（活動写真常設館）として文明館が開館した。1909年3月31日には大須仁王門前に電気館が、1910年7月1日には大須公園前に世界館が、1912年7月5日には大須公園前に太陽館が、それぞれ開館した。1912年（大正元）12月末までに大須には4館の映画館が存在した。大須は、名古屋随一の映画街になった。大須の映画館は後に20館以上に及んだ。

ただし、この映画街という言葉は、単に映画興行が盛んな地域という意味だけには収まらない。映画館は、大須の空気に明らかに影響を及ぼしたからである。たとえば、興行に付随した絵看板や弁士や女給などは、風紀を害するものとして非難された。次の記事は、1916年のものであるが、明治40年代の大須の雰囲気も似たり寄ったりのものであったと推測される。

さしも熱鬧の巷である大須境内にも、幾らか夜らしい気分の漂ひ始めた午後十時過、瓦斯電燈の光が、あくどい画看板の絵の具に照添ふ活動常設館の表には、客の影も疎らになつて、機械室でフヰルムの回転する音が小耳に響いて来る、その頃になると、活動写真の木戸銭も、ウンと相場が下つて一人前二銭となる「お馴染の日本旧劇は尾上松之助是からが僅た二銭、サア被入来い〳〵」と表方の印絆てんが銅羅声《どらごえ》を張上る、斯やつて拾ひ込だ一人前二銭づゝの収入は、所謂別途収入といふ事になつて、下足番や、呼び込や、出札姫の、その夜の余禄となるとやらで、さてこそ一生懸命

のドーラ声をふり絞る次第と判つた
（チョン兵衛記　スキー画「◆大須界隈（二）」、「新愛知」1916年10月19日、図1）

「木戸銭」や「銅鑼声」という言葉は、先行する娯楽で培われたものが映画興行にもそのまま継承されたことを示している。その一方で、「瓦斯電燈の光」や「フ井ルムの回転する音」は、まさに映画が新時代の娯楽であることを象徴しているようでもある。新旧入り混じった感のある映画館は、まさに大須の混沌とした空気を上書きすることになった。

図１「新愛知」1916年10月19日

男女のパラダイスとしての映画館

大須に映画街という新たな側面が加わるうえで、新聞は大きな役割を果たした。その背景には共進会の開催があった。共進会は、大須にますます人を呼び込むことになった。

数多くある共進会関連の記事に、「夜の共進会」という連載記事があった。この記事で確認されたのは、男女の新たな密会場としての映画館である。瓦斯電灯の光は近代の象徴であったと同時に、盛り場に新たな闇を生み出した。闇は、映画館を「男女のパラダイス」として飾りつけた。

大須は又大した賑ひで、云ふまでもなく共進会戻りの影響である。先づ第一着に的を定めたは電気館の活動写真。当世男女のパラダイスは、什うしても此の活動写真である
（夜行甲記者「夜の共進会(11)△会場は不得要領△電気館戻の男女」、「新愛知」1910年5月18日）

この連載記事は、「世の自堕落なる青年男女の頭上に加ふるの痛棒を一揮」して終わっている。しかし、筆誅は、これだけでは終わらなかった。「夜の共進会」は、小説家の中川雨之助による連載記事「色魔退治」への橋渡しになった。色魔とは「女たらし」のことである。

「色魔退治」は、1911年（明治44）10月2日から計9回にわたって「新愛知」紙面に連載された。「交尾期の動物」に喩えられた色魔には、学生や書生を始め、職工や会社員など様々な職業のものが含まれていた。年齢層も若者から老人まで多岐にわたった。その手口や狙われやすい女性の特徴なども紹介された。色魔にとって大須は、日常の行動圏内にあって、職場や住居といった「ケの空間」の延長上にあったのである。盛り場では誰もが味わう一種の高揚感のようなものが、彼らをして大胆な行動に走らせた。

共進会を起点にした都市文

明の発達は、人々の行動時間帯を拡大し、結果として盛り場の暗黒面を際立たせた。そこに新聞の反復する力が加えられた。大須は、日常的な空間とは著しく隔たった危ない空間としてルポルタージュの対象になった。映画館は、男女が密会する空間として、色魔がうごめく空間として、広く認識されていった。

大須を所轄していた門前署は、映画館に対し、作品の選定はもとより、男女席の区別や観客席を覗ける程度の電灯の設置を求めた。私服警官をしのばせるなどの対策を講じていたものの、その効果はほとんどなかったという。

子供のたまり場としての映画館

雨之助は、「色魔退治」以前に、「活動写真通」という連載記事を、1910年（明治43）10月16日から計4回にわたって寄せている。雨之助は、映画や映画業界に関する知識を披露して、最後を「活動写真の全盛に連れ社会教育上の関係に就て大分世間に種々の議論が高まつて来たやうだ」と結んでいる。そして、「活動写真と小児」（「新愛知」1910年11月6日）という記事のなかで、雨之助は次のように書いている。少し長いが、引用しておきたい。

> 活動写真と小学生徒の利害関係に就て大分問題が八釜しくなり懸て来た。現に名古屋でも各常設館を歩いて見ると成程活動写真と小学生徒とが密接な関係を持つて居るといふ事が能く分る。何時如何なる晩にでも一団の小学生がシーツに近い腰掛を占領して、拍手喝采で夢中になつて居らぬといふ事が無い。併も此の少年団の中には大人も洗足の活動通があつて映画に対して加へて居る批評を聞いても驚く計り巧者である。活動屋の方でも亦た之等の少年観客に重きを置いて木戸銭の割引は勿論舞台上の弁士までが一意御機嫌を取るに努めて駄洒落を吐くもラツパを鳴らすも、只是れ命の儘と云つた趣がある。
>
> 処が当時活動界の流行は甚だ怪からん方面に傾むいて、悲劇となく喜劇となく写真には悉く恋愛臭い匂のあるものか、然らずんば子供に悪戯を教へるやうな滑稽物、又は泥棒、賭博といつたやうな如何にも感心仕まつれぬ脚色の物が殆んど七八分を占めて、而も其れが大受大評判なので、就中新馬鹿大将悪戯の巻なんと来たら、少年観客は其こそ大喜び、キヤツキヤツと跳ね廻つて喝采する処を見ると子を思ふ親の目には只々寒心の至りだらうと想はれる。
>
> 唯に悪戯の巻計りでない、多くの西洋物は何れも之れも見てさへ虫唾の走るやうな接吻の安売で男と女が抱附たりくッ附たりする処が写真の生命になつて居る少なくも三四時間換気の悪い小屋の中で塵埃に咽せながら目に見る物は終始悪戯と泥棒と博奕と接吻とで一貫して居るのだ、敢て爰に管々しい理屈を並べるには当らぬ、此の分り切つた事

実に向つて父兄も学校教師も更に関渉しないのと、活動屋が遠からず被むらねばならぬ打撃を知らず顔に振舞て居るのとは実に訳が解らない。

諸芸能とは異なって、誰もがすぐに「通」になれるという点で、映画は、確かに子供向けの安価な娯楽であった。さらに、換気の悪い館内に長時間居座ることで生じる一種の麻痺状態が懸念された。雨之助が映画館で目にしたのは、「活動写真通」である子供の、教育上憂慮せざるをえない姿であった。彼らは映画館に入り浸り、「悪戯と泥棒と博奕と接吻」ものの作品に狂喜し、弁士はそんな子供たちのご機嫌を取るのに終始している。共進会以降の名古屋では、市視学の設置をめぐって教育が一つのトピックになっていた。映画による悪影響が懸念されるようになった状況に追い討ちをかけたのが、フランスの犯罪映画『ジゴマ』である。

ジゴマと不良青年団

『ジゴマ』（図2）は、1911年（明治44）11月1日に浅草の金龍館で封切られた。旧劇や新派物などの映画に飽きかけていた当時の人々にとって、衝撃的な映画であった。

ジゴマと云ふ不思議な片仮名が、人々の口から口へ唱へられる前に、逸早くその片仮名を見つけ出したのは、浅草へ行く活動写真の見物人であつた、去年の暑い夏も過ぎて、節冷涼の秋に入らうとする頃、浅草の活動写真街に踏み込んだ人人は、金龍館前のアクどい絵看板の中に、「ジゴマ」の三字を発見した事と思ふ
（「ジゴマ（八）悪感化と悪影響」、「東京朝日新聞」1912年10月4日）

『ジゴマ』は、映画の主たる客である子供たちや精神的に未熟な若者に悪影響を与えるものだとして懸念された。新聞紙上にも『ジゴマ』を糾弾する記事があふれた。警視庁は、1912年（大正元）10月20日以後、「ジゴマ」と名のついた映画・演劇の興行を一切禁止にした。

図2 『ジゴマ』の一場面

名古屋における『ジゴマ』上映は、1912年4月6日の御園座に遡る。御園座は、1897年5月に南園町に開場した。東京の明治座を模したモダンな大劇場である。その外観はルネサンス式洋風建築を誇った。アーチ型の高い天井にはシャンデリアがつるされていた。『ジゴマ』は、「頗る非常大博士」こと駒田好洋率いる映画の巡回興行のプログラムに組み込まれていた。幕間には管弦楽器が演奏され、高尚な上映空間に華を添えた。興行に際して駒田は、「通俗教育普及」「清新高尚趣味」「学生と家庭を本位とし

た娯楽物」といった宣伝文句を掲げている。初日15銭均一という破格値での興行は、連日超満員の大成功を呼び込むことになった。

では、具体的にどういった人たちが『ジゴマ』を観たのだろうか。1911年4月13日の「名古屋新聞」紙面には、「映画の高尚なる為め学生児童を始め各上流紳士紳商家族間に歓迎されつつあり」とある。その中には少年の頃の江戸川乱歩もいた。共進会当時栄町に進出した百貨店伊藤呉服店は、従業員300人の大団体で御園座に足を運んだと報じられた。

御園座における『ジゴマ』上映が示唆するものは大きい。それは、犯罪の温床である盛り場から隔離され、さらに高級感のある空間で上映された場合、作品は精神衛生面での安全性を保証され、また、非難から切り離される可能性である。社会的名士の来場や高級呉服店のネームヴァリューもこの保証に大きく寄与することになったはずである。

御園座興行から約5カ月後の1912年9月16日には、『ジゴマ』(前編)が太陽館で公開された。太陽館は、この年の7月に、文明館・世界館・電気館に次いで、大須に4番目に誕生したばかりの映画館であった(図3)。名古屋では2回目の『ジゴマ』上映となるこの時期においても、この映画を糾弾する記事はなかった。それどころか、1912年9月23日の「新愛知」紙面では、ジゴマに挑む名探偵の不屈の健闘が「勧善懲悪の戒めとするに足る」と評価されており、事件を誘発する類の危険な作品とは受け止められていなかった。そして、前編の上映が終了してまもない10月10日から、同じ太陽館において、今度は『ジゴマ』(後編)が封切られた。

しかし、このジゴマ賛歌も、急速に終息を迎えた。『ジゴマ』の上映が東京では禁止されることになったと報じられたのである。

> 皆兇族の巧妙なる犯罪行為を主として脚色したるものにして、名を探偵物と云へど事実は寧ろ主客転倒の傾きあり社会人心の好奇に投じて歓迎せらるるだけに其及ぶ処も決して少々にあらず公安良俗を害するの事実すら早く既に現はるるより警視庁に於ては愈々此等のフィルムに就き絶対禁止の方針を定め已に興行を許可せるものは来る二十日を限度とし其以後は一切許可せざるべき旨厳達したりと尤も当地に於ては未だ何等の沙汰なし
>
> (「ジゴマの禁止」、「新愛知」1912年10月11日)

10月11日の時点で「未だ何等の沙汰なし」と報じられているが、上映禁止に向けて迅速な対応をみせた。10月13日をもって『ジゴマ』は、打ち切られることになった。

ジゴマの模倣犯とされる輩が続出し、紙面をにぎわせたのは、これ以降である。合鍵やセルヒネといった犯罪の手口を「ジゴマ式」と報じる記事もあれば、『ジゴマ』が犯行の間接的な動機になったと

報じる記事もあった。大須は、もともと人が密集しているため犯罪が起こりやすく、映画に感化された不良少年・青年たちの巣窟にもなった。そのなかに「GM団」なる不良グループが存在した。

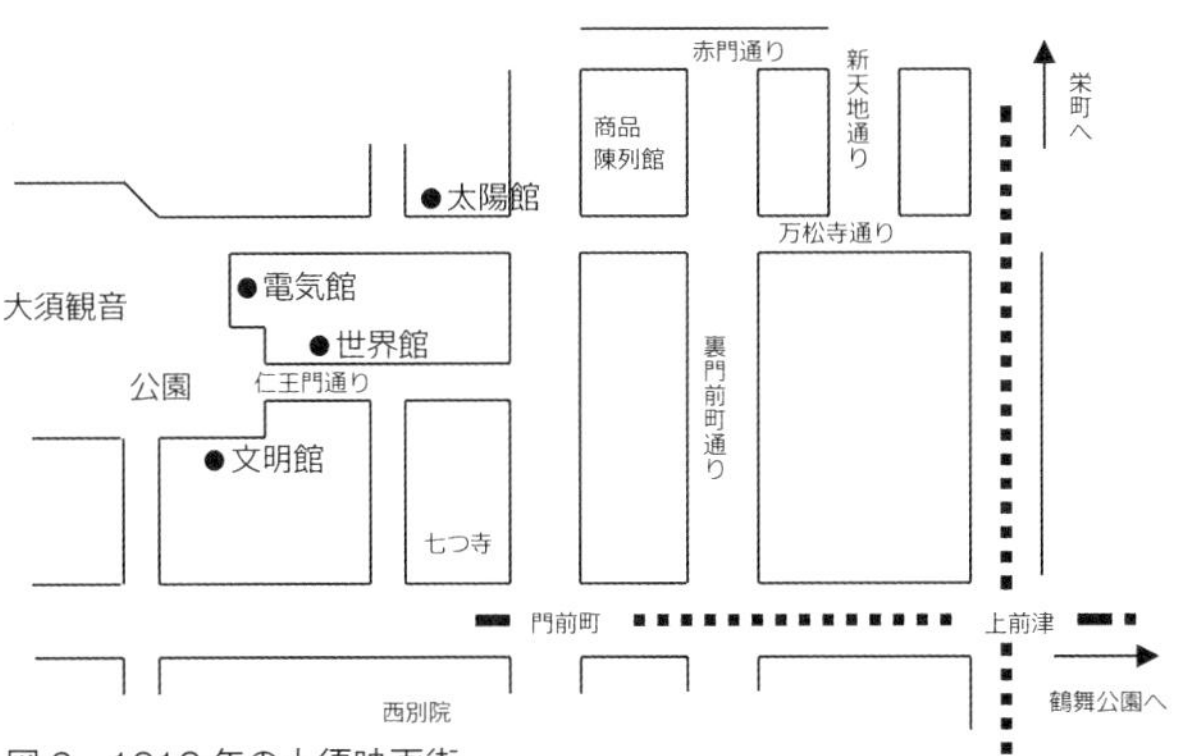

図３　1912年の大須映画街

記者一夜市内大須公演の雑沓に紛れて公園名物の一つとなつて居る彼の空気銃の前に立た時、端りなくも怪しむべき青年の一団が、店番の白粉姫を相手に卑語俗説、傍ら人も無げに振舞ふのを認めたことがある、これが動機で段々彼等の内幕に深く探訪の歩を進めて見ると豈図らんや茲に端なくも新に出来た不良青年GM団といふ怖るべく憎むべき団体のあることを突止めたのである。

▲恐喝、姦淫、飲食、GM団と英字を団名に冠したのは如何なる理由か解らぬがGとMと何だか当世流行の「ジゴマ」を連想させる団名である、尤も吹けば飛びさうな烏合の輩のみで到底世界の大怪賊ジゴマの後塵をすら拝することは出来ぬが、彼等の悪事は主に大須付近の飲食店、空気銃店などを縄張り内として恐喝、姦淫、無銭飲食などお定まりの罪悪を働き無垢の年少学生を魔道に引入れ、或ひは又純潔なる少女を堕落の淵に誘き入れるのである。

▲団員の顔触れ　彼等の或者は目下団員三十余名に過ぎないが、遠からず五十名を募つて盛んに団の勢力を発揮するのだと揚言して居る、咄、団の勢力も糞も有たものか、善良な青年に向つて団員になれと迫り、若も肯入れねば腕力に訴へて金にしやうといふような悪辣至極の筆法を以てして、それで団員が殖たも無いものである、団員なる青年の顔触を見ると堕落書生の一群が中心になつて、これに面白半分の職人連や、立派な学籍のある青年などが雷同してゐるのである、こんな輩の寄合だもの警官の一喝にでも遭へば蜘蛛の子を散り失せる筈なのが、而も毎夜大須公園の電灯の影や活動写真館の暗黒裡に狐鼠ついて居るのである。

（「不良青年GM団」、「新愛知」1912年10月17日）

未熟な者、堕落した者、色欲に溺れた者。老若男女を問わず、彼らは、虚構と現実をないまぜにしたような映画館に引き寄せられた。「電灯の影」「暗黒裡」とあるように、映画館は、盛り場大須が持つ裏の顔を確かに映し出していたのである。

明治の4大呉服店

菊池満雄

本町通

明治時代、名古屋に4つの大きな呉服店があった。茶屋町のいとう呉服店（現・松坂屋）、本町五丁目の大丸屋呉服店（現・大丸）、玉屋町の十一屋呉服店（後の丸栄）、同じく桔梗屋呉服店である（図1）。茶屋町は現在の中区丸の内二丁目、本町五丁目と玉屋町は現在の錦二丁目にあたる。いずれも近世以来のメインストリートである本町通に店舗を構え、しのぎをけずっていた。

営業の形態は、江戸期以来の座売りと呼ばれるもので、「良賈《りょうこ》は深く蔵す」を守って商品は蔵におき、客の求めに応じて出して見せるやりかたであった。

図1　明治の4大呉服店（「新愛知暦双六」）1909年

1894年（明治27）の日清戦争を機に産業革命が起こり、国民の生活向上と都市への人口集中が進んだ。来店客の増加は、従来の呉服店に大きな変化をもたらし、百貨店への胎動とでもいうべき陳列方式が現われた。その理由を、「25年回顧座談会」（『阪営販売時報』昭和10年6月1日号）が、「茶屋町時代の売出しが座売りから立売り（陳列販売）に変わったのは、座売りでは（増加した）客の収容ができなかったため」と語っている。

陳列場をわが国で最初に設けたのは、東京日本橋の三井呉服店である。越後屋から合名会社三井呉服店に改組改称した2年後の1895年のことであった。「土蔵造りの店舗の2階大広間を全部打ち抜いて陳列場とし、ガラス張りのショーケースをならべ、店員の手をわずらわせず、客が商品を自由に吟味できるようにしたのである」（高橋潤二郎『三越三百年の経営戦略』）

名古屋においては、1901年2月19日（旧正月1日）に陳列場を開始した十一屋（小出）呉服店を以て嚆矢とする。

翌1902年10月5日、大

図２　茶屋町のいとう呉服店

図３　いとう呉服店の陳列販売　1907 年

丸屋（下むら）呉服店が続いた。

それから更に3年後の1905年10月10日、いとう呉服店が陳列販売に踏み切った（図2）。

陳列販売に切り替えるにあたり紆余曲折があったことは、松坂屋上野店の昔を語った「創立25周年記念　回顧座談会」（『銀営販売時報』1935年6月）からもうかがえる。

「陳列式になる前か、制度の改められる頃か、店内にも進歩組と保守組と分かれて相当意見があったそうですが？」

「東京からなんでも火の手を上げにゃならんと云うので、六人組（仕入方）の連判状を作り、意見を出したものです」

「名古屋は土地柄どうしても保守的の人が多かったんでしょう」

「まだ座売りの頃、陳列式にして売出しをやろうと云うので、下へ板を敷いて布を張り、ちょうど出張売出しのような式でやった事がありますが、加藤善三郎さんでしたかが、どうしても仕入れをしない。勤番衆（名古屋本店から派遣されたお目付役）と談判があって漸くやる事になりましたが、しかしよく売れましたね」

こうして上野店を経て、名古屋店もようやく重い腰を上げたのであるが、これには後に百貨店の初代社長となる祐民の決断が大きかった（図3）。

「（1905年）10月、日露戦役後、元禄模様が流行した。その時分、社長（祐民）が初めて店に関心を持たれ、元禄が流行《はや》るからその意匠を陳列したら、人気があるだろうからやってみよと云われ、元禄（模様）の衣装をかり集めて、2階から（1階の）店にかけて陳列し立売りをした。これが陳列会の最初のものです。素晴らしい人気で予定以上の売上げが出来ました。呉服店が目覚めたのはこの時です」（「創立25周年記念　回顧座談会」『名営販売時報』1935年4月）

大丸屋呉服店は、陳列場の開設を新聞広告で訴求した（1902年、図4）。

陳列場開設広告

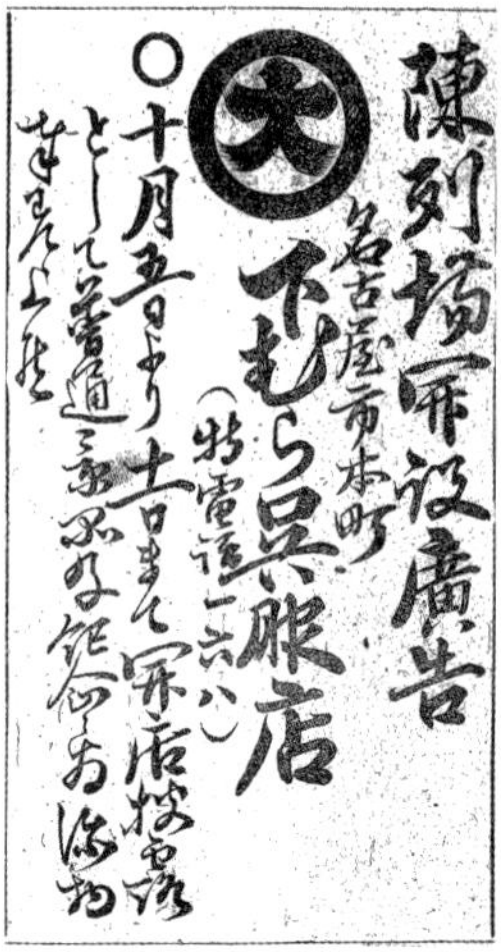

図４　陳列場開設の新聞広告（大丸屋）

図５　陳列場増設の新聞広告（十一屋）

名古屋市本町
　下むら呉服店
（特電話一六八）
○十月五日より十一日まで開店披露として普通景品及び紀念に添物として差し上げ奉り候。

一方、十一屋呉服店は、大丸の陳列場開設にあわせ、陳列場を更に増設することで対抗した（図５）。10月５日が初日で、景品を付けるところまで大丸屋呉服店と同じである。

余談であるが、大丸屋呉服店と十一屋呉服店は、店舗が近接している関係もあってか、特にライバル意識が強かったようである。電話の新設の件でもそれがわかる。

名古屋で市内電話の通話が開始されたのは、１８８９年10月11日のことで、初日の加入者は２０４人であった。十一屋呉服店が１６５番、大丸屋呉服店が１６８番であることから、両店は競ってこの日に加入したことが推察できよう。３３６番のいとう呉服店の加入は、募集開始から４日後の10月15日のことであった。

広小路通

近代都市の発展は、ほとんどが新しい交通機関の出現によってもたらされる。

名古屋に官営の鉄道が開通したのは１８８６年。笹島—熱田間であった。

そこで、当時の名古屋区長吉田禄在は、現在の栄から伏見付近までの１km足らずの距離であった広小路を、笹島駅（現在の名古屋駅の南方３００m）まで延長して、交通と商工業の発展を図ろうとした。

この笹島—久屋町間（広小路線）を、１８９８年に路面電車が走り出した。

１９０８年には、栄町—熱田駅前（熱田線）が開通した。

１９０９年刊行の『新編名古屋案内』（名古屋経済会）が、広小路通の近未来を予告している。

鉄道の出来た今日、西名古屋停車場と東千種停車場との間を、電車を以て連絡する広小路通は、事実上の中央幹線道路で、新時代の縦筋にあたるものだ。

旧縦筋の本町通、御園筋、七間町筋などは、相変わらず殷賑な中央目抜きの土地であるが、それさえ新進発展の気勢《いきおい》の熾《さか》んな広小路通にはかなわぬ。（中略）

広小路通は、熱鬧《とう》繁栄の商区となるのが当然の運命だ。そして是が事実に現れるのは、今おそらく10年をまたないであろう。

＊当時はお城の大手に向かう町筋を縦筋といったが、ここでの縦筋はメインストリートの意

図６　栄町のいとう呉服店

名古屋が開府三百年で盛り上がっていた1910年、呉服店業界に大きな変動があった。3月1日、いとう呉服店が、新時代のメインストリートになりつつあった広小路の栄町に進出し、デパートメントストアを開業したのである（図6）。

当時の新聞が、「行灯より電灯に変わった以上の進歩」（「名古屋新聞」）、「白亜の洋館、雲にそびえて見るから広壮な建築」（「新愛知」）と絶賛し、名古屋市民に熱狂的に迎えられた、いとう呉服店の新築店舗の概要は、次のようであった。

高さ49尺（15m弱）、建坪320坪（1056㎡）、店舗面積850坪（2806㎡）の近世復興式（ルネサンス様式）を基調とした地上3階、地下1階建てで、屋上には大小4個の優雅なドームがついていた。

木造ながら、柱回りを花崗岩と煉瓦、外壁を備中花崗岩で覆った外観は、一般から「あまりに立派すぎる」と評されたほど。ショーウインドーは全部で8面。3m×2・4mの輸入ガラスが2枚ずつはめこんであった。

1カ月後の4月3日、桔梗屋呉服店も本町通沿いに新たに洋館を建築し、百貨店に転業した。

桔梗屋呉服店は、新店舗の場所が旧繁華街であったのに加え、総面積が約250坪と、いとう呉服店の3割程度しかなかったのが響いて、百貨店としての発展はかなわなかった。

両店を見ていた十一屋呉服店は1915年（大正4）、本町通の玉屋町から広小路に移り、さらにその4年後の1919年、洋館に改築して百貨店を開業した。後の丸栄である（ちなみに三つの百貨店の建物は、すべて鈴木禎次が設計した）。

そして盛り場から取り残された大丸屋呉服店はなすすべもなく、1910年11月、名古屋における182年の歴史に幕を閉じた。

このように、店舗の立地は呉服店、百貨店の盛衰を大きく左右した。この業界が立地産業といわれる所以である。

日本有数の近代都市へ
――第10回関西府県連合共進会の開催

寺沢安正

明治政府は殖産興業の一環として、魅力ある輸出品目育成と農工業生産物を出品させ一般に展覧して品評、審査をおこない表彰する博覧会を各地で開催した。国内物産を一堂に集め、生産技術の交流、向上を図り、出品者の向上心や競争心を奨励するもので、国内産業の開発、発展を促すのが目的である。

名古屋での開催

愛知県は1909年（明治42）、第10回関西府県連合共進会を名古屋市で開催することを決め、名古屋市、名古屋商業会議所と協議に入り準備を進めた。1910年は名古屋開府三百年にあたることもあり、これに関する催しも併せて実施することになった。

開催場所

会場は、現在の鶴舞公園と名古屋大学医学部および附属病院のあるところを合わせた地域。約33ha（＝約10万坪）である。公園の設計は、東京の日比谷公園をはじめ日本各地の公園を設計した本多清六東京大学農学部教授が担当した（図1・2）。

公園の造成には精進川を改修（完成後は新堀川と改称）した浚渫土砂が使われた。当時、精進川は川幅が狭く湾曲して流れ大雨が降ると浸水被害をもたらしていた。

参加府県、開催期間、入場者数

参加府県は3府28県（近畿2府5県、中国5県、四国4県、北陸3県、愛知、岐阜、静岡の3県、関東甲信越1府8県）にのぼった。これは全国規模の勧業博覧会に匹敵するものであった。

開催期間は1910年3月16日から6月13日までの90日。期間中の入場者は263万人余りであった。ちなみに当時の愛知県の人口は約187万人余、名古屋市の人口は約40万人であった。

名古屋が国内第3位の都市にまで発展した時期にあたり、これまでの勧業博覧会や共進会に見劣りすることのないほど盛大であった。

会場へのアクセス

当時の鶴舞公園は名古屋市域外の御器所村の田圃の中で道路もなく会場へのアクセスが急がれた。

名古屋市では南大津通の上前津から鶴舞公園の会場を結ぶ南部道路と広小路通の新栄町から鶴舞公園の会場を結ぶ東部道路について軌道が敷設できる8間道路（＝約15ｍ）を新たに整備した。

名古屋電気鉄道株式会社では共進会の開催に合わせ観覧者輸送のため、公園線（上前津から新栄町間：主な停留所は上前津～記念橋～大池町～鶴舞公園～大学病院前～老松町～東陽町～新栄町）の路面電車を敷設、開業した。

当時、鉄道を利用して名古屋へ来るには東海道線の名古屋、熱田、中央線の千種の3駅を経由するしかなかった。会場の西を通る中央線の鶴舞駅の新設が最適と考えられたが時期尚早で、1928年（昭和3）、鶴舞公園で開催された御大典奉祝名古屋博覧会のときに設置された。

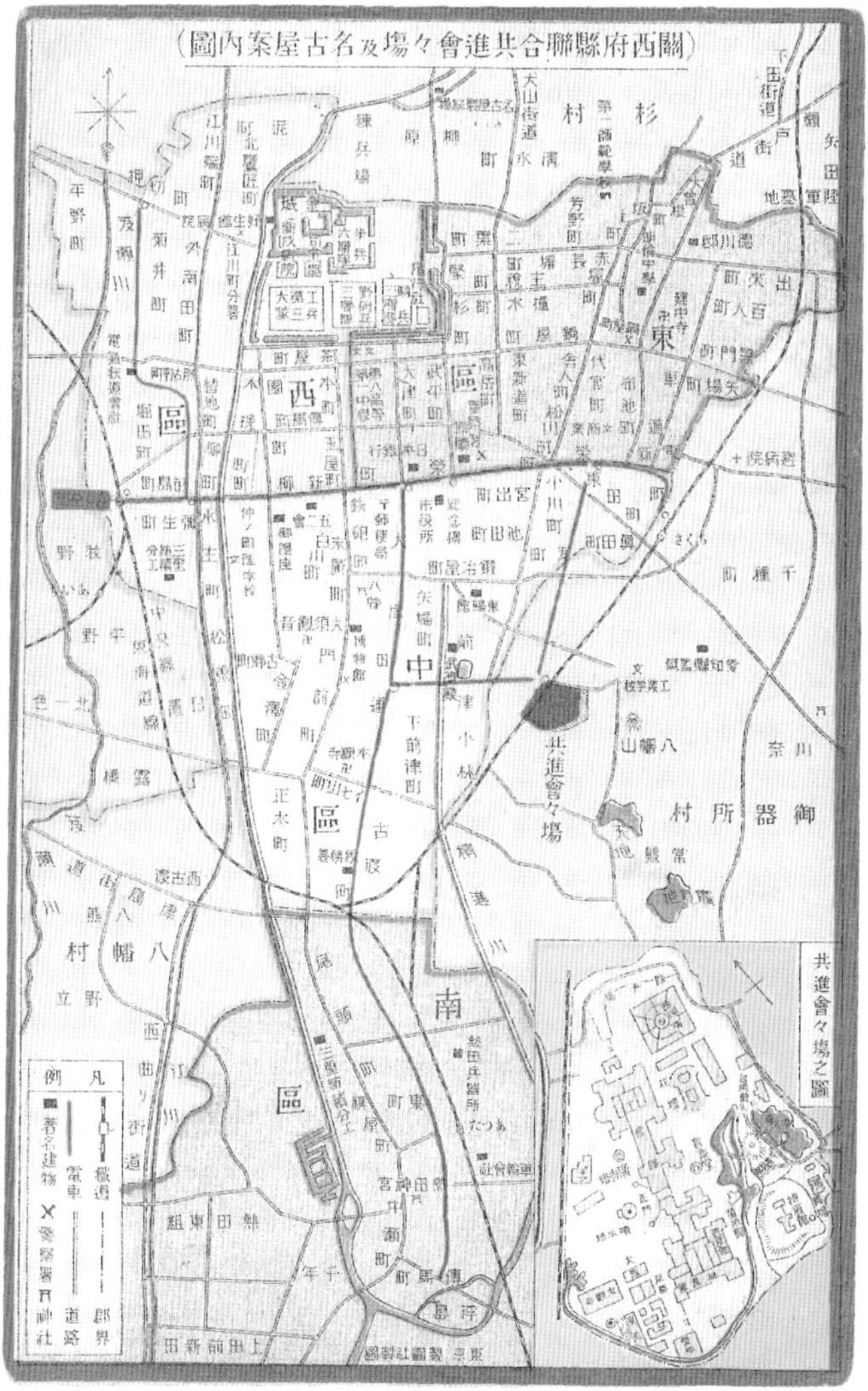

図1　関西府県連合共進会々場及名古屋案内図　名古屋市鶴舞中央図書館蔵

共進会場への電力

共進会場で使用する電力は、名古屋電灯が1908年（明治41）から着工した長良川水力発電所を完工させ、その電力を利用することを前提に整備が進められた。

共進会場の各パビリオンに電気イルミネーションで装飾することを計画し、工事一式を名古屋電灯が請負うことになったのである。長良川発電所は美濃和紙で知られる岐阜県美濃市にあり、その電力は特別高圧33kVで名古屋市西区の児玉変電所まで送電されることになった。途中木曽川の横断には、我が国初めての鉄塔が使われた。特別高圧送電時代の幕開けである。

開催前日の1910年3月15日午後7時30分、2万58

第十回關西府縣

複製不許

印刷者兼印刷所　名古屋市中區南桑名町三丁目五番地　工藤平東

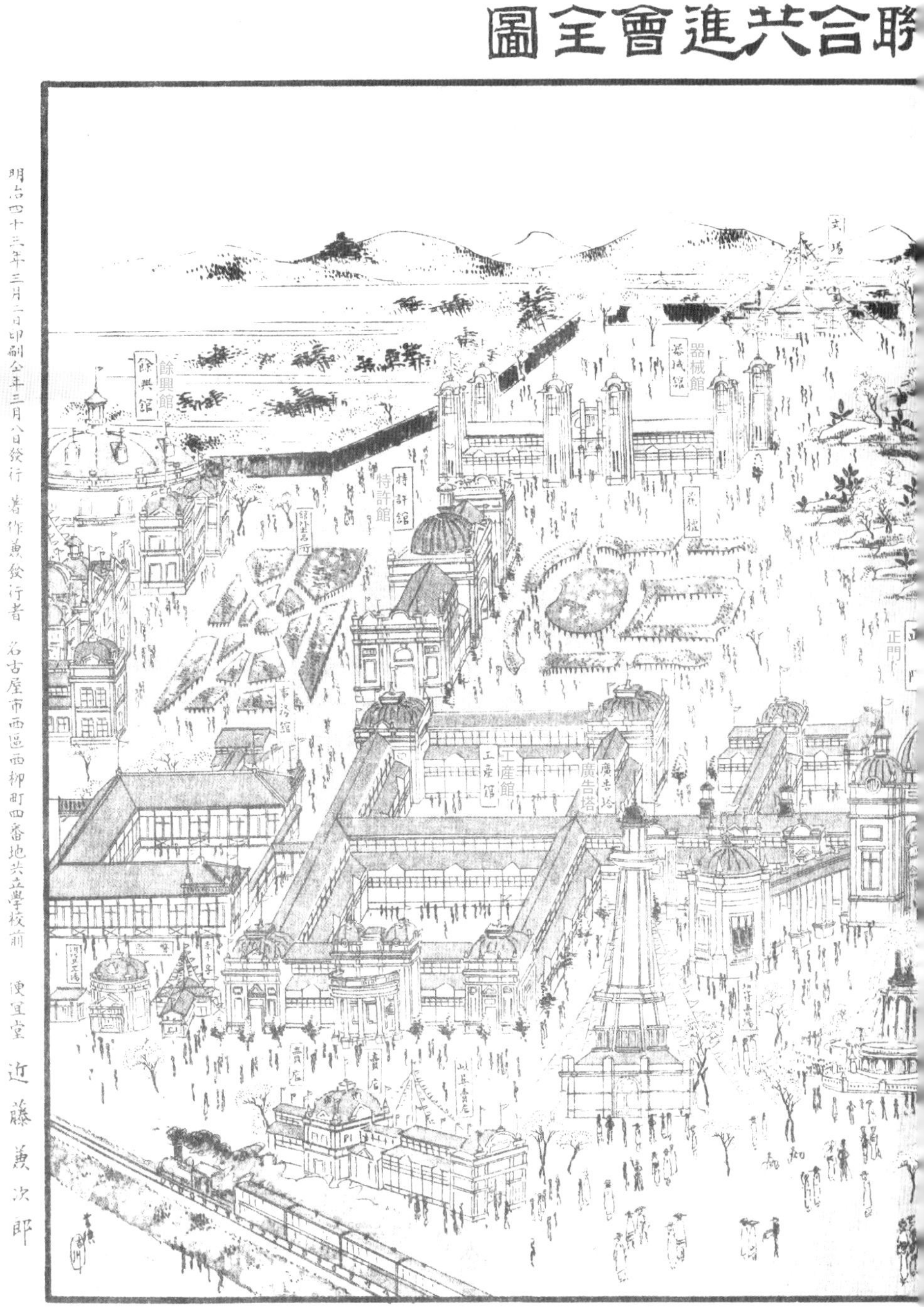

図２　「第十回関西府県連合共進会全図」　1910 年　高橋敬子氏蔵

00灯余のイルミネーションが漸次点灯され、さん然たる光輝を放った時、関係者一同は思わず万歳を叫んだという

図３　本館の夜景　でんきの科学館蔵

（図3）。「清き長良の水上に／築き上げたる発電所／あれが名古屋の夜を照らす／粋な明かりの元かいな」と唄われた。

共進会場巡り

さて、138−139ページの共進会全図を見ながら当時の会場を思い浮かべながら園内を歩いてみよう。地下鉄鶴舞駅を降り、JR中央線のガード下をくぐると広々とした広場がある。

図４　共進会会場全景　でんきの科学館蔵

正門および本館、広告塔、
——噴水塔（図４・５）

広場の中央にあるのは噴水塔である。噴水の高さは50尺（約16・5m）で、周囲にある8本の石柱は三重県鈴鹿産の寒水石を用いている。噴水内にある石などの配置は名古屋の茶道家、松尾宗見が設計した。

その左手にあったのが、高さ約68mの15階建て展望付き広告塔だ。水道のない時代、7階に噴水塔の水圧を得るための水槽や屋上に探照灯などがあった。

図５　噴水塔　名古屋市鶴舞中央図書館蔵

噴水塔の先にルネッサンス風建物。高さ15mほどの正門である。

——奏楽堂（図6）

会場のほぼ中央に洋式八角形の奏楽堂（建坪：41坪、高さ：

30尺（約10ｍ）があり、屋蓋は兜式円形塔、周囲の鉄柵は楽譜を表し、床下は楽手の控室に充てた。この奏楽堂と噴水搭は名古屋高等工業学校初代建築科鈴木禎次教授が設計し、今に見ることができる。

――貴賓館（図6）、カブトビール館、演舞場

　奏楽堂から胡蝶池に架かる鈴菜橋を西奥へ向かう。南側の吉田山に京都の金閣寺を模した記念館・貴賓館が建てられたが、戦災で焼失し、今は野球場として利用されている。その左奥にカブトビール館、演舞館があった。演舞館は千人を収容し、場内で節付清元梅吉、長唄杵屋甚五郎、常磐津岸沢伸助、西川流舞踊師匠西川石松による振付で、名古屋市内の9連妓、約800人が交代して演じた。

図6　貴賓館　奏楽堂
名古屋市鶴舞中央図書館蔵

――台湾館、式場

　浮御堂がある龍ケ池に出ると右手に名古屋高等工業（名工大）の正門が見えT字型の交差点がある。当時はバス通りもなく、この付近に台湾館と開会や表彰をおこなう式場があった。台湾館は台湾総督府により台南孔子廟に模して設計された台北の富豪・林本源の家屋で、階上に喫茶店を設け台湾人によるウーロン茶の接待をした。また隣の涼亭は台北にあった台湾最古の奏楽堂を移築した。

――花壇、機械館（図7）、特許館、飲食街、余興館など

　現在の名古屋大学医学部と附属病院の敷地の大部分は共進会の会場で、後に名古屋大学医学部の前身の愛知県医大に売却されたものである。この辺り約1500坪の花壇の周囲に機械館、特許館、飲食街、余興館などがあった。余興街では有料の旅順海戦館、回転曲馬、世界漫遊館、活動写真館などがあった。

　このように広大な会場に最大規模の博覧会を展開した。

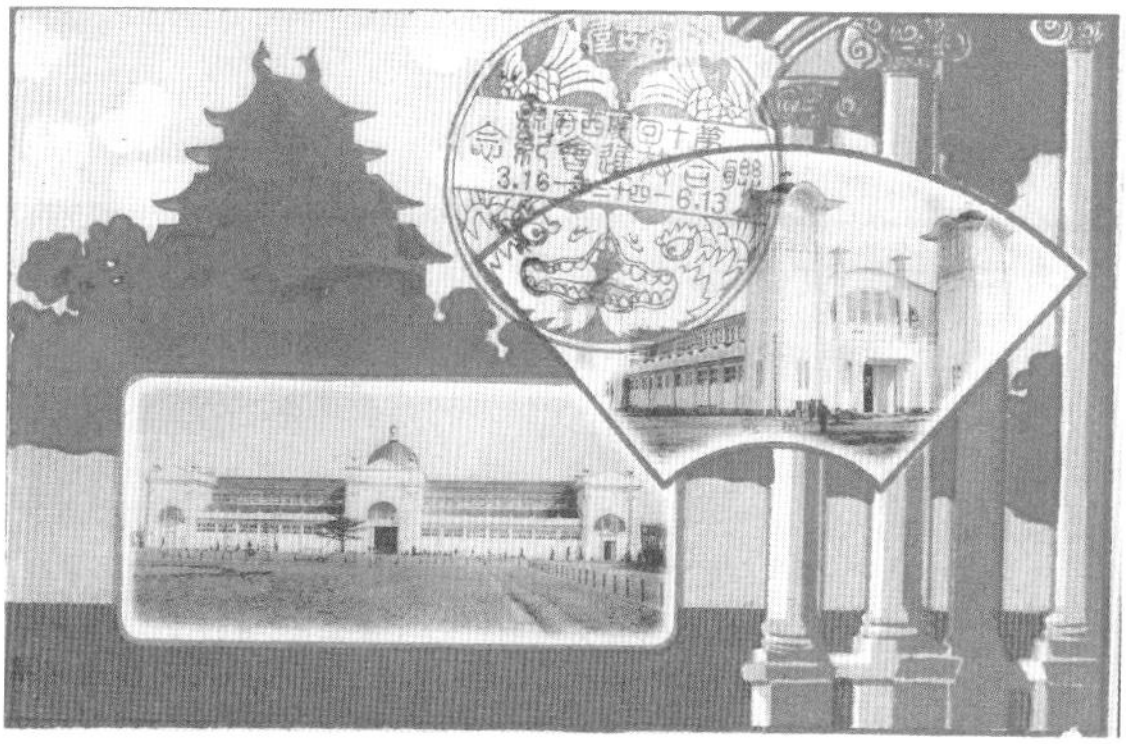

図7　機械館　名古屋市鶴舞中央図書館蔵

明治名古屋のあかり
——文明開化とともに

寺沢安正

図１　摺附木製造処眞燐社（『尾陽商工便覧』）1888年

明治のあかりは、江戸時代の行灯、蝋燭から石油ランプ、ガス灯、アセチレン灯、アーク灯などに移り変わっていく時代であった。これらはそれぞれの用途によって入り乱れて使用され、やがて白熱灯に大きく転換していった。時代を追ってみていこう。

マッチの登場

明治のあかりを語る時に忘れてならないものにマッチがある。明治の初めに輸入され、当時は擦付木《さつつけぎ》とも呼ばれた。このマッチは日常生活で火をつける便利なものとして急速に普及し、日本の重要な輸出商品の一つとなった。

名古屋では1880年（明治13）に杉山弥三郎が名古屋高岡町（現高丘町）に擦付木製造処「真燧社」を設立、マッチ製造を開始した（図1）。その後、小規模なマッチ業者が乱立し競争が厳しくなったが、1907年当時、愛知県のマッチ製造業者数は32、工場数39と、全国第3位の規模に発展した。

石油ランプ

横浜開港とともに日本に輸入された石油ランプは、これまでロウソクや行灯で暮らしてきた人々に驚きをもって迎えられた。ただし、当時の石油ランプは高価であった。1869年（明治2）に火屋《ほや》

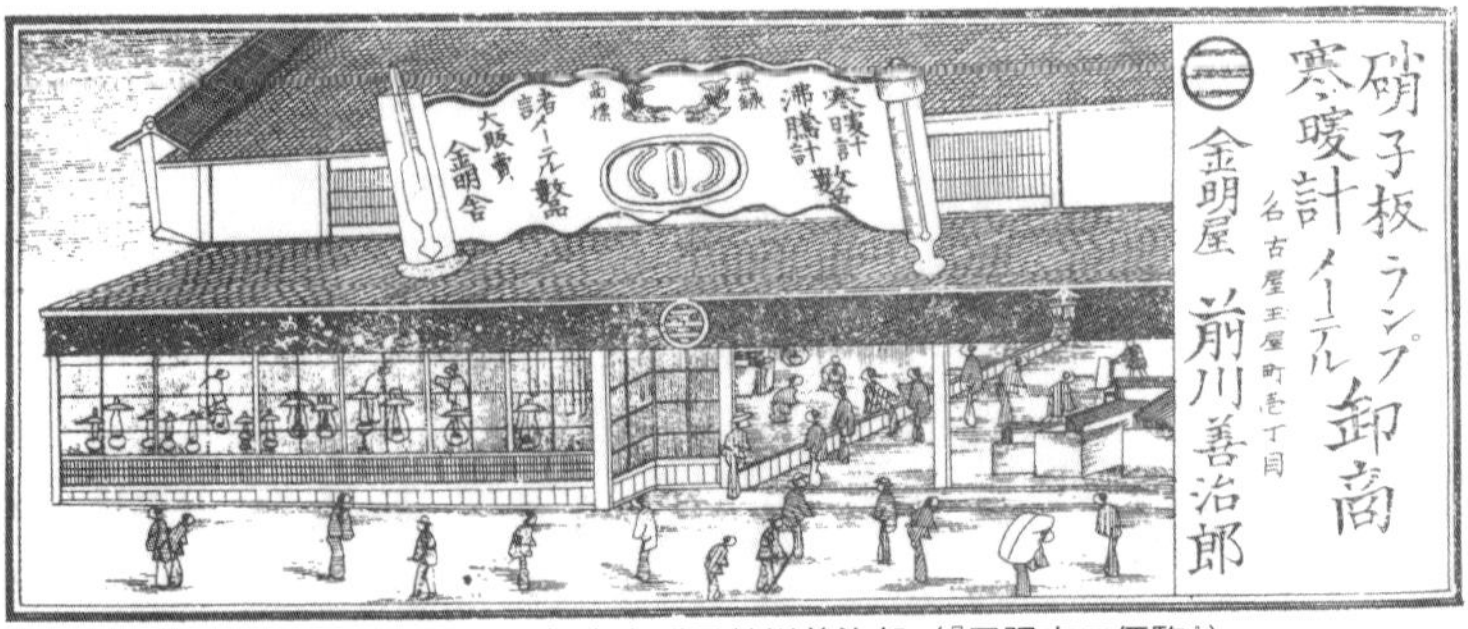

図２　硝子板ランプ寒暖計メーテル卸商金明屋前川善治郎（『尾陽商工便覧』）

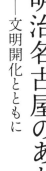

（ランプを覆うガラス製の筒）、1881年にバーナーが国産化され、灯油の量産とともに商店の門灯、軒灯や一般家庭などに普及していった。

名古屋でも久屋町に「ランプ製造販売所松本新平」、玉屋町「金明屋」などの商店があった（図2）。

ガス灯

ガス灯は石炭を乾留して発生する石炭ガスを灯火または燃料に使用するもので、このガスを生産するための設備が必要となる。

日本で最初のガス灯は1871年（明治4）のこと。大阪造幣局周辺で機械の燃料としてガスを流用する形でガス街路灯が点灯された。翌年に横浜の高島嘉右衛門が横浜瓦斯会社を創立し、十数基のガス灯が大江橋から馬車道、元町通りに設置された。東京では1873年に銀座煉瓦街でガス街路灯、翌年に京橋～新橋間に85基のガス街路灯が設置された。

名古屋でのガス灯利用は遅れた。ガス事業起業の計画は1896年頃からあったが、立ち消えとなっている。1907年になって奥田正香らによって、ようやく名古屋瓦斯株式会社が設立された。ガス工場は、当時は名古屋市外であった御器所村（現熱田区桜田町）に建設、並行してガス導管施設工事も進められた。

工事中だった1907年4月、愛知県商品陳列館で開催された「内国商工品共進会」で小規模なガス製造設備を造り、ガス灯やガス器具を出品、実演した。これが名古屋市内で初のガス灯で、開業後に本町～古渡町でガス街路灯が設置された。

電気のあかりへ

1878年（明治11）3月25日、東京虎ノ門工部大学講堂においてアーク灯が点灯された。現在、この日は電気記念日である。続いて東京銀行開業式で移動式発電機によって白熱電灯が灯され、文明開化の象徴となった。

名古屋では1886年、名古屋電灯を創立した丹羽精五郎の甥で、当時、工科大学生の丹羽正道によって名古屋区役所会議室で白熱灯40個、門前町で弧光灯1個の点灯実験がおこなわれた。電灯会社設立の機運が高まり、1887年に丹羽精五郎と士族の代表者によって勧業資金7万5千円で名古屋電灯会社が設立された。東京電灯に次ぐわが国2番目である。本社を大須にある阿弥陀寺内に設け、丹羽正道を電気主任技術者に迎えた。

名古屋電灯では電気事業の調査および機器購入のため、丹羽精五郎、丹羽正道の両名

図３　名古屋電灯会社
（『尾張名所図絵』）1890 年

を欧米に派遣。ニューヨークでエジソンに面会し助言を受け、1888年4月帰国した。名古屋区入江町と南長島町にまたがる360坪ほどの土地（現電気文化会館・でんきの科学館）を購入、発電所（＝電灯中央局と呼ばれた）を建設した。

日本帝国憲法が発布され、名古屋市政になった1889年12月15日に送電を開始した。開業当初の点灯数は名古屋区内41町、約400灯であった。電柱数は391本を敷設、日没から3時間の点灯であったため、3時間灯と呼ばれた。それ以降5時間灯、12時までの半夜灯、1890年4月から終夜灯を供給できるようになった。

開業当時の模様は『尾張名所図絵』にこう記されている。

「名古屋電灯会社は南長島町に在り。煉瓦の構造優麗にして煙突雲を凌ぎ市中各町に架設する電線は恰も蜘網のごとく廈頭にむらがり工場には精巧の器械を装置し煙筒一たび煙を吐ば則ち器械運転を始め電気次々に線を通じて市街需要の各戸点火す其灯光の鮮明にして光力の堅強なるは暗夜も亦尚白昼の想いあらしむ其美観実に謂うべくもあらざるなり」（図3）

翌年、1890年1月に名古屋千歳座で開業式が挙行された。「新愛知」に「開業式の風景」として記事が掲載されている。

「式場の飾付等は頗る壮観を尽くし場中には無慮200有余の電灯を引き夜に入れば尽く之を点じ或は之を消し或は之を点じ或はうす暗く或は明瞭になせし等は頗る人意を驚かせし程なりき殊に式場の入口に鉋屑をもってアーチを造り其中真に電灯を全通し置き夜に入りて之を点じたるが如き又舞台の内に松樹を樹て綿を以て積雪の模様に擬し夜に入れて其積雪中に電気を点ぜしが如きは人目を驚かしめたる程なりき」（「新愛知」1890年1月12日）

競業会社・愛知電灯の設立

名古屋電灯の開業後、電灯需要は順調に伸び、名古屋城内二の丸に置かれた名古屋第三師団にも電灯が点いた。

1891年（明治24）1月に帝国議事堂が漏電により焼失、同年10月には濃尾地震により煙突が折損倒壊した。さらに翌年の1892年3月に大須観音の大火が発生する。出火原因は漏電ではなくローソクだった。これらを機に石油ランプから電灯への転換が多くなり、増大の一途をたどった。やがて地元の有志が愛知電灯株式会社を設立、那古野村大字広井（現中部電力名駅南ビル）に下広井発電所（出力60kW）を建設した。

両社は電灯料金の値下げなどで名古屋電灯と競争を繰り返したり、石炭価格の上昇などもあって経営が苦しくなった。1896年に開催された日本電気協会総会で、名古屋で二つの電灯会社が並立することは何の得策もないということで、当時、京都電灯社長だった大沢善助の斡旋に依って合併した。

交流発電所と電力供給の開始

電気には直流と交流がある。当初の電気は直流方式で、低圧供給なので、電灯の送電距離が長くなるにつれ電圧が下がる状態になった。つまり、だんだん暗くなってしまう。

このため交流式高圧送電に切り換え、電気モーターなどが利用できるだけの電力の供給が可能になった。さらに変圧器の発明によって電圧を高くでき、遠くまで送電できる長距離高圧送電が確立され、発電方式は直流から交流になった。

これにより堀川沿いの名古屋市水主町に交流式発電所（出力300kW）を1901年（明治34）に建設、1917年に廃止されるまで4期にわたり増設工事をおこない、出力合計1600kWの主力発電所となった（図4）。

図4　水主町にあった交流式発電所（『愛知県写真帖』）1910年

このような状況下、日露戦争により電灯・電力需要が増加する中で東海電気株式会社（1901年岡崎電灯の経営者が中心となって、矢作川の支流田代川に小原発電所出力100kW）、引き続き巴川発電所（出力750kWを建設）、1901年に名古屋へ進出し、激しい価格競争を始めた。こうした競争は両社の経営を圧迫するとして事業統一が高まり1965年に合併した。

電灯時代への転換

当初の名古屋電灯はあかりを売る会社であり、電灯料金は高く生活灯というよりは贅沢品であった。このため1907年（明治40）頃までの電灯普及率は約10％くらいであった。同年、名古屋瓦斯株式会社が設立、営業を開始すると広小路一帯にガス灯が灯り、急速に普及し激烈な競争が生じ、無理な競争を避けるため休戦協定が結ばれた。

しかし、白熱灯にも大きな技術開発がおこなわれ、炭素フィラメントから金属フィラメントが登場した。1907年頃から採用され、タングステン電球が発明されると、その耐久性、効率や経済性など優位になり、明治時代の終わりから昭和時代にかけて電灯普及率が大幅に増加した。

名古屋の石炭需要と石炭商

森　靖雄

製塩地帯であった伊勢湾周辺

名古屋やその周辺地域で石炭が使われ始めた時期は、1880年代初頭（明治10年前後）以後と推定される。石炭（初期はもっぱら九州炭）が先か亜炭《あたん》（褐炭《かったん》。近隣産地は瑞浪＝現・岐阜県可児市）が先かは、どちらもこの頃から名古屋へ移入され始めたと推定され、現状では決めがたい。

初期に使用されたのは塩田で、伊勢湾周辺は日本有数の製塩地帯であった。知多半島では、中世以来土器製塩が盛んで、その器具である角形《つのがた》土器が大量に出土する。西三河の三河湾周辺は、忠臣蔵事件の背景として吉良《きら》（現・愛知県西尾市）と赤穂《あこう》（現・兵庫県赤穂市）の塩の市場競争があったのではないかという俗説が流布するほど、著名な製塩地帯であった。

名古屋南部では、近世中期以降「汐田《しおた》」（現・名古屋市緑区鳴海《なるみ》町）やその辺り一帯が代表的な潮入り型塩田地帯であった。当時の塩田風景は近世末期の『尾張名所図会』「星崎」（現・名古屋市南区大同町駅付近）などに遺されているし（図1）、明治末年頃の景観とみられる『愛知県写真帳帖』（1910年5月、現在の鶴舞公園で開かれた第十回関西府県連合共進会開催を記念して発行）には、『尾張名所図会』と酷似した図2のような塩田風景が収録されている。

塩田における製塩法と石炭の使用

これらの図や写真の製塩工程を簡単に説明すると、遠浅の浜辺に満潮を利用して海水を引き込んだ後、水路を閉じて次の満潮を待つ。その間に水分が蒸発して砂粒に塩の結晶が付着したところで、その砂を掻き集めて真水を張った大型の盥《たらい》に入れて塩の結晶を溶解させる。砂が沈殿したところで、上澄み液を掬い取って「塩釜《しおがま》」（大型の鉄釜）で煮詰めると、塩が再結晶して「粗塩《あらじお》」ができあがる。

こうした塩田では、絵図や写真の所々に見える煙突を備えた小屋で、昼夜を分かたず濃塩水を煮詰める作業がおこなわれ、長時間火持ちする燃料が求められた。ただ、製塩ではともかく安価が求められ、低質の石炭や亜炭（褐炭・岩《いわ》木《き》とも呼ばれた。メタセコイヤなどの埋積物）が使用された。

石炭は、大別して塊状の「塊炭《かいたん》」（塊の大きさにより、大型の1級と小さい2級に大別される）、粒径2㎝以下はおおむね屑扱い、さらにそうした選別過程で篩い落とされた細粉は「粉炭《ふんたん》」と呼ばれる。こうした屑炭や粉炭は明治末期になると、タドンや練炭の

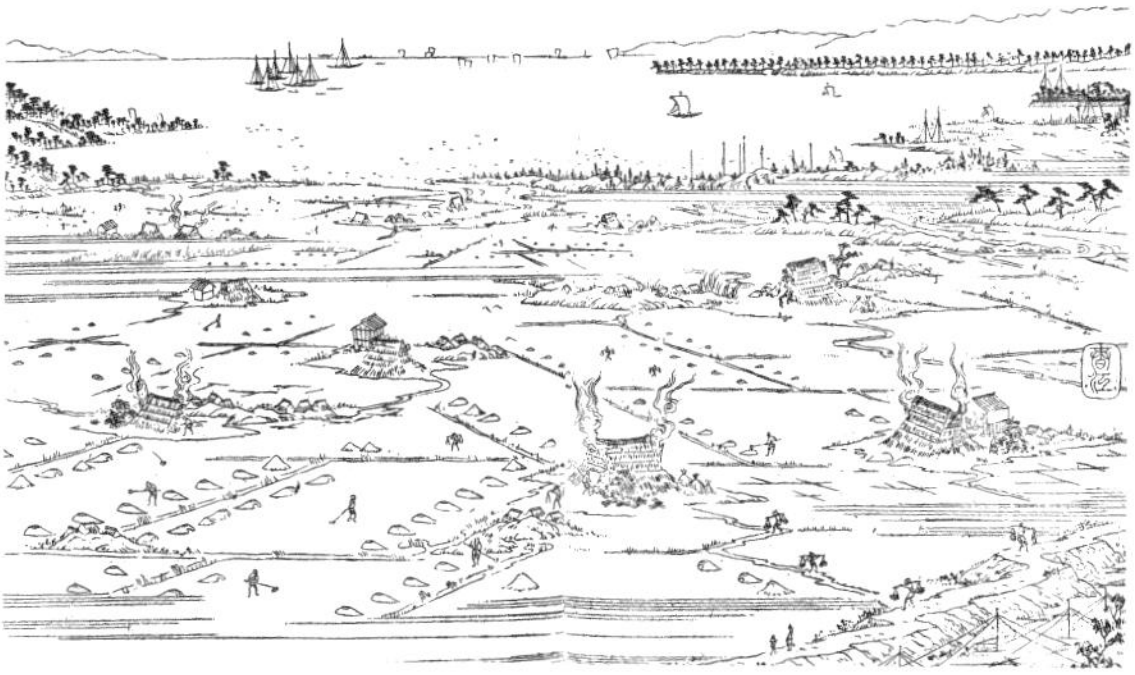

図１　星崎（『尾張名所図会』）

図２　潮入り型塩田風景（『愛知県写真帖』）1910 年

材料として使用されるようになるが、明治中期までは産業廃棄物に近く、製塩場などごく限られた用途しかなかった。製糸工場で使っていたという記述も見られるので、繭《まゆ》を茹でるのに使った工場もあったかもしれない。いずれにしても当時ぶすぶすとしか燃えない屑炭や粉炭は、扱いやすい燃料ではなかった。

「愛知石炭商会」の創業

そうした燃料は燃料商が扱っており、その中に石炭を扱う店もあった可能性があるが、これまでのところでは明治中頃までの実態がつかめない。そうした中、１８８９年（明治22）９月に、熱田町（現・名古屋市熱田区）の旧熱田港（現・名古屋港）「七里の渡し」に近い内田町に「愛知石炭商会」が開業した。創業したのは下出民義（以下、下出）であった。元々は堺県（現・大阪府＝明治初期の堺県は大阪府よりも広く、和泉から南河内まで県域であった）岸和田村（現・大阪府岸和田市）の出身で、15歳から「四等助教」という資格で現在の大阪府河内長野市にあった加賀田小学校の教員になった。教員一人で年齢はばらばらな50人ほどの小学１～４年生を教える学校であった。20代初めに士官学校入学を志して上京するが合格せず、帰郷して大阪市安治川の高等小学校で教員をしながら、夜学で開校した関西法律学校（現・関西大学法学部）へ通って欧米の「商法」（日本にはまだ法律としての「商法」はなかった）などを学んだ。

　関西法律学校卒業後、同じ安治川高等小学校の校長に就任したが、同校で教務主任をしていた同僚から、その実家が石炭商で、法人化することへの協力を頼まれ、「有限責任大阪石炭会社」の設立に参加した。当時は「東京まで運べば石炭問屋が言い値で買ってくれた」という時代であったがそれも限度があり、運賃がかかりすぎて東京市場をメインにするわけにはいかなかった。この新会社設立を機に商売替えを勧められて同社の社員になり、名古屋や四日市へも出張して、当時の大企業であった熱田町（現・名古屋市熱田区尾頭町）の尾張紡績（のち東洋紡績と合併）や名古屋紡績（現存の名古屋紡績株式会社とは別企業）など有力企業へ石炭（塊炭《かいたん》）を売り込んだ。ちなみにその数年後から三井資本が名古屋へ進出し、石炭も取り扱い始める。

　大阪の石炭会社は2年ほどで倒産し、下出はそれを機にこれまでの有力営業先であった名古屋へ移って独立したのであった。名古屋での独立に当たっては、伊藤、関谷、名古屋紡績関係者ら在名の有力企業家が3000円を出資（貸付け）するなど支援した。この時、下出は29歳であった。

省線納入業者の仲間入り

　1889年（明治22）頃はまだ名古屋で石炭（塊炭）を使う工場はごく少なく、年間の消費量は「600トンから多い年で1000トンぐらい」であった。それが、1897年（明治30）頃には、愛知石炭商会だけで「一か月五、六百噸《とん》…（中略）…鉄道に納めるのは噸、それ以外は斤《きん》を単位とした。一万斤といえば即《すなわ》ち千六百貫である（編注、1600貫＝600トン）」という規模に拡大していた。

　ここで「鉄道に納める」という話が出てくるのは、次のような事情があったからである。下出が「愛知石炭商会」の経営者として活動し始めてみると、業界のトップクラスは当時の省線（現・JR）への納入業者数人であることがわかった。しかも取扱量が桁違いに大きい。省線では炭塊サイズが20cm近い大きさの「1級炭」を、水洗いしてから納品する必要があった。少量しか得られない大型の1級炭を安定的に入手するには、炭鉱を経営あるいは支配しないと無理である。

　そこで、九州の峰地炭鉱（蔵内治郎作経営）に3万円出資して同炭鉱から1級炭を安定して供給してもらう方途を確保し、省線納入業者の資格を得た。『（福岡県田川郡）川崎町史』上巻によると、「蔵内鉱業株式会社」は1883年（明治16）に当時20歳の蔵内保房が借区して始めた炭鉱であった。『川崎町史』によると、「一週間近くかかって若松（石炭積出港）まで運んでも、一万斤の石炭の価格が四円五〇銭、手元にはわずか二〇銭の利益しか残らなかった。…（苦労話、中略）…明治30年代前半までには、田川郡内外に数坑の経営をなすまでになり、筑豊地区の炭鉱経営者として知られるようになった。（660〜662ページ）」とされている。下出が出資したのは炭鉱経営を拡大しつつあった時期であった。

　当時は、「石炭そのものは、三井、三菱や安川などが話しあって（編注、受注量を）分配しあった」「場所（同、供給先）の協定もあった」ということなので、今でいう「談合」で受注配分を決めていたわけである。

その商売仲間の一人であった北海道炭鉱（以下、北炭）の久保田専務から、当時、北炭の監査役であった福澤桃介を紹介されるとともに、間もなく愛知石炭商会が中部・関西の北海道炭専売権を獲得する。北海道における炭坑の開発は、北海道開拓使の直轄事業であった。

粉炭の活用とM&A活動

1800年代の終わり頃は、ボイラーの普及と共に名古屋地区でも石炭需要が増加した時期であった。当時、石炭の大半は九州から運ばれ、若松港（現・北九州港）などから伊勢湾海域では四日市と武豊港に陸揚げされた。武豊からは、一部は船で運び出されたが、陸路で運ぶ分はおもに武豊線経由で熱田へ運ばれた。

愛知石炭商会では石炭の取扱量が飛躍的に増えるとともに、貯炭場などで発生する屑炭や粉炭も増えた。明治20年代にはまだそのおもな用途は前記の塩田ぐらいであったが、運賃をかけて運んでは赤字になるような価格であった。1990年代に下出は塩田での粉炭使用をヒントに、燃焼方法を改良して、これを塊炭の数分の一の価格で繊維会社などへボイラー用に売り込んだ。それにより、厄介な産業廃棄物であった屑炭や粉炭が商品化し、下出の収益にも大いに寄与した。

大正期には石炭焚きボイラーの普及が進み、石炭商も増えて「名古屋石炭商組合」（実態は県内網羅）が組織された。愛知石炭商会はその会長を務めた。

下出は他方で、北炭監査役でのちに電力王と呼ばれるようになる福澤桃介と組んで、木曽川水系に次々と発電所をつくったりした。また、経営不振や内輪揉めしている大手企業に頼まれて、今M&A（Merger and Acquisition）と呼ばれているような、経営の立て直しを得意としていた。こうした企業は、資金不足が内紛の原因になる場合が多いので、下出は、既存資金とほぼ同額の資金を福澤桃介に投資させ、倍額増資して、福澤を社長に据えることで内紛を抑えてしまう。しかし福澤は実際にはほとんど名古屋にいないので、自ら経営の立て直しを図って、安定したら引き下がるという手法をとることが多かった。代表的な成功例としては、名古屋電灯と名古屋電力の合併や、名鉄電車と競合資本の協力による名鉄本線の着工（岐阜—熱田間の敷設権を東京資本が持っていたため、熱田—豊橋間の敷設権が有効に機能しなかった）などがよく知られている。

下出は、こうして儲けたカネで、東邦商業学校を創設したり、社会政策の出版で知られる下出書店の経営支援、日本社会学会の創設期資金支援、吉野作造らによる「明治文化研究会」への金銭支援など、今日メセナ活動と呼ばれる社会的活動に多額の資金的支援をおこなった文化人でもあった。（この項、『川崎町史』以外の引用個所はおもに『下出民義自伝』による）

明治中期に変わった熱田神宮の社殿

山本耕一

昔は違った熱田神宮の建築様式

図１　熱田神宮

現在の熱田神宮の社殿の建築様式は、伊勢神宮と同じ「唯一神明造り」である（図1）。伊勢の社殿は、内宮も外宮も三重の玉垣に囲まれて、一般の参拝者の目から直接見ることはほとんどできないが、熱田神宮の社殿はもう少しオープンで、唯一神明造りってこんなふうなのか……と眺めるにはむいている。筆者の職業は絵描きで、ある時期、神社建築に興味を持ち、唯一神明造りを絵にしたいと思ったことがあったが、伊勢のガードは固いので、熱田神宮の写真を撮り、それで作品をつくった。絵描きにとっては、熱田神宮はとてもありがたいおやしろである。

ところが、この、熱田神宮の社殿の建築様式が、昔は、今見るものとは大きく異なっていたことを知る人は意外に少ない。

伊勢の唯一神明造りは、出雲の大社造りとならんで、古くから伝承されてきた重要な神社建築の一様式である。熱田神宮もヤマトタケルの古代からずっとこの地に鎮座してきた古社なので、伊勢と同じ唯一神明造りはしっくりきて、ほとんどの人が、熱田神宮は昔からこの建築様式だった……と無意識に思っていてもふしぎはない。

ところが、なんと、熱田神宮の社殿が今見るかたち、つまり唯一神明造りになったのは意外に新しく、１８９３年（明治26）のことである。その後、１９３５年（昭和10）に大規模な改修があったが、唯一神明造りはそのまま踏襲。しかし第二次世界大戦の空襲で境内を焼かれ、火は本殿の屋根にまで及ぶ。本殿は幸い焼失を免れたが、万一のことを考えて解体された。戦後、しばらくは本殿のない状態が続いたが、１９５５年にようやく再建。これが、今われわれが目にする熱田神宮の社殿であり、再建には、１９５３年の伊勢神宮の第59回式年遷宮で出た古材を譲り受けたという。つまり、明治の中期以降は、戦時下と戦後の一時期を除き、ずっとあの唯一神明造りの社殿を人々は眺めていたことになる。

では、明治中期より前は、熱田神宮の社殿はどのようなスタイルであったのか……というと、なんと、一宮の真清田神社（図2）と同じ「尾張造り」と呼ばれる建築様式だったという（図3）。この「尾張造り」は、その名のとおり尾張地域に広く分布する神社建築の一様式で、津島にある津島大社（津島神社）もそうである。ということは、明治中期より前に熱田神宮を参拝すれば、われわれの目に映るのは真清田神社や津島大社と同じような社殿が広がる光景であったということになる。

図２　真清田神社（『愛知県写真帖』）1910 年

図３　明治初期のころとおもわれる熱田神宮
名古屋市鶴舞中央図書館蔵

神社にとって、社殿の建築様式はとてもだいじなもので、その神社におわす神様と不可分とさえいえる。それを変えてしまうということは神様への冒涜になりかねず、ふつうの信仰の感覚では絶対にありえない。この点は、たとえば、伊勢の遷宮のときに、唯一神明造りにも飽きたから、今度は出雲の大社造りで建てたら？……という意見が出てきたと考えれば、その「ありえなさ」が明らかになろう。そんなことはだれも言い出さないし、考えもつかない。むろんその逆も絶対にありえない。それほどに、その神社におわす神様と社殿の建築様式は不可分で一体となっていることがわかる。ところが、その「ありえない」ことが、熱田ではおこなわれてしまった。その結果が、われわれが今見る熱田の社の社殿である。

建築様式が変わった理由は？

では、なぜ、そんな〈暴挙〉が１８９３年（明治26）という時点でおこなわれてしまったのか……一つ考えられるのは、幕末から明治初頭にかけての「国家神道」の影響であろう。熱田神宮は、「三種の神器」の一つである草薙の剣をご神体としており、そのような「格式の高い神社」の建築様式が、大社とはいえ一地方の神社である真清田神社や津島大社と同じでは具合が悪い。伊勢と同じ建築様式でないと「ありがたみ」が薄いのではないか？　と、そういう考えが働いたのではないだろうか。熱田神宮は、明治のはじめから「伊勢と同格」の待遇を国に働きかけ、建築様式の変更も、当時の宮司であった角田忠行氏が熱心に陳情をくりかえし、明治天皇の裁断が下って唯一神明造りに全面的に建て替えることになったという。要するに、幕末から明治にかけての「国家神道を軸にした国づくり」という大きな流れの中で、熱田神宮の社殿も今見るようなかたちに変えられてしまったということである。

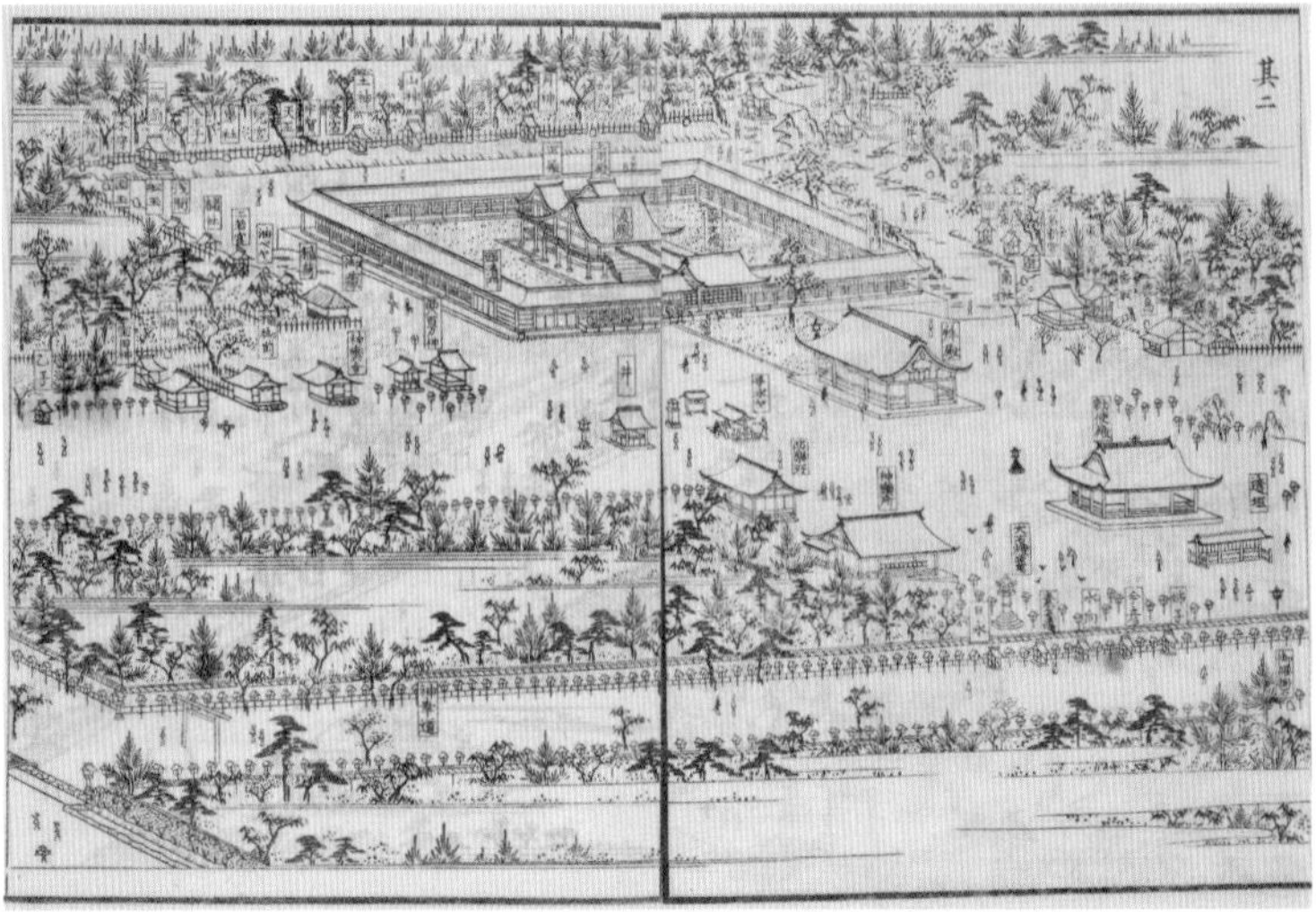

図４　熱田（『尾張名所図会』前編）国文学研究資料館 三井文庫旧蔵資料

　ものごとが大きく変わってしまうと、しばらくは違和感を覚えた人もいたに違いない。しかし、それが何十年、何百年もたってしまうと、「昔からそうだった」みたいに落ち着いてしまう。熱田神宮の社殿が唯一神明造りになった1893年から数えるともう130年近くたっているわけで、「尾張造り」の熱田神宮を見ている人は当然一人もいないだろうし、建築様式が変わったことを知る人も減る一方であろう。江戸末期から明治初期に描かれた『尾張名所図絵』を見ると、熱田神宮の社殿はたしかに「尾張造り」になっている（図4）。「なるほど、江戸時代はそうだったのか……」と思っても、それが大きく変えられたのが明治の中頃であったとは……やはり、軽い驚きを覚える事実ではある。

つくられる「伝統」

　幕末から明治期にかけての「国家神道」の影響力は想像以上に大きく、それは第二次大戦の敗戦まで続いた。というか、今現在もなお続いているといえるだろう。熱田神宮に参拝する人々は、そこに伊勢と同じスタイルの社殿が建っていてもなんの違和感も覚えない。はるか古代からこうだった……と無意識に思う。しかし、江戸時代に熱田の社にお参りした人々が見た光景は、確実に今われわれが見ているものとは大きく違っていた。

さらに、建築様式の変更だけではなく、各地の神社に伝わる固有の祭や風習も「国家神道」によって大きな改変を受けたといわれる。各地の神社で祭をおこなう人々は、今の姿がはるか昔から続いていると思いがちだが、それは意外に新しいものかもしれない……こういうことは、「昔のこと」を覚えている人々が鬼籍に入るにしたがいますますわからなくなり、ついに「歴史の闇」に沈んでしまう。

「国家神道」については、各方面からいろんな意見があると思うが、「もう終わってしまった過去のこと」ではなく、今もなお、われわれの目に映る光景やものの考え方に大きな影響を持っていることは再認識するべきであろう。「明治は良かった。その後がダメだった」という司馬遼太郎みたいな考え方もあるが、あの戦争に全国民を巻きこんだ「力」は、実は幕末、明治期から（あるいはそれ以前から）はじまっている。そして、その影響は敗戦で終息したように見えても、今もなお、基層からわれわれのものの考え方を彩っているのかもしれない。

「国家神道」は、今から見ればきわめて特異な考え方に見えるが、では、なぜ、そんな「奇妙な思想」が一時期ではあれ、多くの国民の心をとらえたのか……この点は、専門家の詳細な研究にまたなければならないが、やはり、当時、怒濤のごとく押し寄せた「西洋のものの考え方」とくに「キリスト教」の影響は大きかったのではあるまいか。キリスト教は一神教だから、すべての価値の中心に「神」を置く。デカルト以降、この中心の主は「神」から「人間の理性」に移ったが、「一つの中心が万物を統べる」というものの考え方の枠組みには変わりがない。幕末から明治期にかけての日本の人々は、「八百万の神々」ではとうていこの一神教的思考には勝てない……そのことを肌で感じたのではないだろうか。根底をなんとかせんと負ける……その思いが、「天皇中心の国家神道」となっていったと考えても違和感はないように思われる。

熱田神宮の社殿が唯一神明造りに改造された明治中期は、そのような思潮が完成期に向かう、まさにそんな時代だったのではないだろうか。熱田の森に佇むと、境内を渡る風は古代から変わらないのだろうけれど、それを巡る人間側の思いは、各時代の地上の嵐に翻弄されているようにも思える。今の神明造りの社殿がこの先、いつまでこのまま受け継がれていくのだろうか……。そのとき、この街と人々の生活はどんなふうになっているのだろうか。

参考文献

＊名古屋市や愛知県の市史・県史や名古屋関連の基本的な歴史的史料は省いた。

愛知県協賛会『愛知県写真帖』1910年
愛知県『愛知県写真帖』1913年
愛知県『愛知県会史』甲・乙、1915年
愛知県編『愛知県史蹟名勝天然記念物調査報告　第2巻』愛知県郷土資料刊行会、1973年
愛知県議会史編纂委員会『愛知県議会』第一巻 明治編上、1953年
愛知東邦大学地域創造研究所『戦時下の中部産業と東邦商業学校―下出義雄の役割』唯学書房、2010年
愛知東邦大学地域創造研究所『中部における福澤桃介らの事業とその時代』唯学書房、2012年
愛知東邦大学地域創造研究所『下出民義父子の事業と文化活動』唯学書房、2017年
愛知東邦大学地域創造研究所『下出義雄の社会的活動とその背景』唯学書房、2018年
秋山稔他ほか編『新編泉鏡花集』別巻2、岩波書店、2006年
朝日新聞西部本社編『石炭史話　すみとひとのたたかい』謙光社、1970年
安藤政二郎『瀬戸ところどころ今昔物語』陶都新聞社、1940年
家田作吉「日本廃娼史に輝く平田牧師」、「廓清」第29巻5号、1939年5月
石川寛「名古屋離宮の誕生」、「愛知県史研究」第12号、2008年
泉鏡太郎『新編泉鏡花集』別巻1、岩波書店、2005年
井上寛司『「神道」の虚像と実像』講談社、2011年
伊藤秀吉『日本廃娼運動史』不二出版、1931年、1982年復刻
伊藤秀吉『紅燈下の彼女の生活』不二出版、1931年、1982年復刻
大石嘉一郎ほか編著『近代日本都市史研究』日本経済評論社、2003年
大澤米造『幕末明治大正・回顧八十年史』第23編、東洋文化協会、1938年
太田正公『尾三地理（完）』1889、90年
大野一英『大須物語』中日新聞本社、1979年
小川京子『石つぶての中で』不二出版、1984年
尾崎久弥『下出民義自伝』（『東邦学園五十年史』別冊付録）東邦学園、1978年
片桐栄三『名古屋南部史』臨川書店、1952年
片山杜秀『皇国史観』文芸春秋、2020年
加藤庄三（1947年谷口宮三郎述）『新居への道』上・下、私家版、1978年

可児町編『可児町史』1980年
唐沢斗岳『名古屋の建設者吉田禄在翁を偲ぶ』名古屋女子商業学校、1938年
「狂言」100号記念特集号、狂言共同社、1967年
金城学院百年史編集委員会『金城学院百年史』1996年
川崎町史編纂委員会『川崎町史』上巻、『川崎町史』下巻、2001年
芥子川津治「きしめん由来記」、長井恒『日本の食文化大系』第15巻うどん通、東京書房社、1982年
小林貞弘『新聞に見る初期日本映画史─名古屋という地域性をめぐって』学術叢書、2013年
小林貞弘『名古屋の映画館の歴史　10907-2018』増補改訂版、河合文化教育研究所、2019年
学園史編纂委員会『愛知淑徳学園百年史』愛知淑徳学園、2006年
斉藤俊之助編『東大曽根町誌』名古屋郷土叢書第3巻、国書刊行会、1986年
重森三玲『日本庭園史大系』第12巻、社会思想社、1973年
篠田康雄『熱田神宮』学生社、1973年
島洋之助『百万・名古屋』名古屋文化協会、1932年
島薗進『国家神道と日本人』岩波書店、2010年
下八十五『娼妓たちの目覚め』幻冬舎、2014年
「正七位吉田禄在事績調書」、「叙位裁可書　大正五年　叙位巻七」（国立公文書館蔵）
新修名古屋市史資料編編集委員会『新修名古屋市史』第5巻、2000年
「枢要雑書」名古屋市史編纂資料（名古屋市鶴舞中央図書館蔵）
椙山女学園百年史編集委員会『椙山女学園百年史』2007年
助川徳是「「紅雪録」「続紅雪録」考」、「文学」第51巻第6号、岩波書店、1983年
高橋潤二郎『三越三百年の経営戦略』サンケイ新聞社出版局、1972年
鶴舞公園振興協会／中部庭園同好会『鶴舞公園』1962年
東邦学園九十年誌編集委員会『下出民義自伝（注解版）』（『東邦学園九十年誌』別冊）東邦学園、2013年
東邦学園九十年誌編集委員会『東邦学園九十年誌』東邦学園、2014年
東邦学園大学地域ビジネス研究所『近代産業勃興期の中部経済』唯学書房、2004年
中塚明『日本人の明治感をただす』高文研、2019年
名古屋駅『名古屋駅八十年史』1967年
名古屋港管理組合『名古屋港築港史』1953年
名古屋市『名古屋都市計画史』上巻、1957年
名古屋市編『大正昭和名古屋市史』第5巻・金融交通編、1954年

名古屋市教育委員会『明治の名古屋人』１９６９年
名古屋市教育史編集委員会『名古屋教育史Ⅰ 近代教育の成立と展開』２０１３年
名古屋市建設局 編『名古屋都市計画史』上、１９５７年
名古屋市博物館『狂言でござる　狂言共同社と尾張の狂言』狂言共同社結成１２０周年記念特別展カタログ、２０１１年
名古屋市役所編『名古屋案内』１９１３年
名古屋市役所編『大名古屋』１９３７年
名古屋消防史編集委員会『名古屋消防史』１９８９年
名古屋地方気象台『愛知県災害誌』普及版、愛知県、１９７１年
名古屋別院史編纂委員会編『名古屋別院史』通史編、１９９０年
日本キリスト教婦人矯風会「東京婦人矯風雑誌」（明治21年4月~同22年6月）復刻、不二出版、１９８４年
日本キリスト教婦人矯風会『日本キリスト教婦人矯風会百年史』１９８６年
日本近代史研究会『画報近代百年史』第3巻、国際文化情報社、１９５１年
日本近代史研究会『画報近代百年史』第8巻、国際文化情報社、１９５２年
日本工業会／財団法人啓明会『明治工業史』鉱業編、学術文献普及会、１９６８年
服部鉦太郎『明治・名古屋の顔』六法出版、１９７３年
服部鉦太郎『明治・名古屋の事物談』泰文堂、１９７８年
林和利『なごやと能・狂言―洗練された芸の源を探る』風媒社、２００７年
原武史監修『昭和天皇　御召列車全記録』新潮社、２０１６年
平田平三「我邦に於ける自由廃業の先駆」、「廓清」第23巻9号、１９３３年9月
平野豊二『大須大福帳』私家版、１９８０年
松浦國弘監修『近代都市の衛生環境〔名古屋編〕』第1巻~5巻、近現代資料刊行会、２０１３年
松永直幸「中山道鉄道の採択と東海道鉄道への変更―東西両京連絡鉄道に関する三つの問題」、「日本歴史」７５５号、２０１１年4月
松永直幸「熱田駅の移転と熱田運河の開削・埋立」、名古屋郷土文化会「郷土文化」２２５号、２０１６年
水野時二『古井村の変遷史』光専寺、２００４年
村上重良『国家神道』岩波書店、１９７０年
村瀬正章「芋川うどん発祥の地について」、「郷土文化」第50巻第1号、名古屋郷土文化会、１９９５年
「吉田禄在君伝」名古屋市史編纂資料（名古屋市鶴舞中央図書館蔵）
鷲尾重一編『名古屋市中区史』中区役所、１９４４年

おわりに

読者の方々は、名古屋にこんな明治があったのか、と数多くの発見をされたことと思う。

私の発見で、意外であったが嬉しかっだのは、第2章の第3節「明治35年の名古屋をゆく」で、「ただ、『誰が何といつても、名古屋には美人が多い』のだ」の一文で、色が白いうどんばかり食っているからという話の後に、「きしめんと言つて貰いたいね。是は他所に類が無からう」と解説がついていた。これによって近年讃岐うどんに侵略されてきた名古屋のうどん業界に、きしめんブームが復活することになろう。

意外であり弱点を知ったのが、第2章第1節の「明治建築のすゝめ」にある洋風建築の中のレンガ造りである。濃尾地震で倒壊したレンガ造りの名古屋郵便局の写真は痛々しい。

その他多数の発見は割愛するが、本書「おわりに」での最後に、「本書をもって、まちに出て、どんどん歩いて、名古屋の明治を味わってください」と記して〆としたかったのだが、訂正せざるを得なくなった。昨年から始まったコロナ禍が依然として激しく、GO TOトラベルをお勧めできないからである。

その代わり、本書トピックの「明治初期 愛知県下のコレラ禍―衛生行政の始まり」を熟読していただきたい。末尾に記された1886年（明治19）の全国のコレラ患者数は15万5923人、死者10万8405人、愛知県内のコレラ患者死者862人、という死者数に驚かされるが、それ以上に「村八分の恐怖」という節に心が痛んだ。

溝口常俊

［著者紹介］（50音順）
朝井佐智子（あさい・さちこ）愛知淑徳大学非常勤講師
伊東重光（いとう・しげみつ）守山郷土史研究会会員
伊藤正博（いとう・まさひろ）堀川文化探索隊会員
菊池満雄（きくち・みつお）J. フロントリテイリング史料館フェロー
木下信三（きのした・しんぞう）愛知文学史誌会代表
小林貞弘（こばやし・さだひろ）河合文化教育研究所研究員
高木聖史（たかぎ・さとし）名古屋市鶴舞中央図書館司書
寺沢安正（てらざわ・やすまさ）中部産業遺産研究会顧問
林 和利（はやし・かずとし）伝承文化研究センター所長
村瀬良太（むらせ・りょうた）建築史家
森 靖雄（もり・やすお）愛知東邦大学地域創造研究所顧問
松浦國弘（まつうら・くにひろ）愛知学院大学名誉教授
松永直幸（まつなが・なおゆき）鉄道史学会会員
真野素行（まの・もとゆき）名古屋市市政資料館調査協力員
安井勝彦（やすい・かつひこ）南歴遊会
山下達治（やました・たつはる）あいち文学フォーラム理事
山本耕一（やまもと・こういち）野外活動研究会会員

［編著者紹介］
溝口常俊（みぞぐち・つねとし）
1948年、名古屋市生まれ。1979年、名古屋大学大学院文学研究科博士課程単位取得退学。現在、名古屋大学名誉教授。専門は歴史地理学、地域環境史、南アジア地域論。博士（文学）
主な著書・論文に『日本近世・近代の畑作地域史研究』（名古屋大学出版会、2002年)、『歴史と環境―歴史地理学の可能性を探る』（編著、花書院、2012年)、『古地図で楽しむなごや今昔』（編著、風媒社、2014年)、『明治・大正・昭和　名古屋地図さんぽ』（監修、2015年)、『古地図で楽しむ尾張』（編著、風媒社、2017年)、『名古屋の江戸を歩く』（風媒社、2021年)、溝口常俊「文久4年（1864）宗門改帳にみる北内田村の家族構成」『重要文化財馬場家住宅研究センター報告2016』（名古屋大学、2017年）などがある。

装幀／三矢千穂

＊カバー図版／表：広小路通り（大正期）名古屋都市センター、村瀬良太着彩
御園座　（明治中期）名古屋市鶴舞中央図書館蔵
裏：明治初年の熱田神宮本殿　名古屋市鶴舞中央図書館蔵

名古屋《なごや》の明治《めいじ》を歩《ある》く

2021年6月10日　第1刷発行　（定価はカバーに表示してあります）

編著者　溝口 常俊
発行者　山口 章

発行所　名古屋市中区大須1丁目16番29号
電話 052-218-7808　FAX052-218-7709
http://www.fubaisha.com/
風媒社

乱丁・落丁本はお取り替えいたします。　＊印刷・製本／シナノパブリッシングプレス
ISBN978-4-8331-0198-1